DONALD H. YOTT

ASTROLOGIE UND REINKARNATION

DONALD H. YOTT

ASTROLOGIE UND REINKARNATION

Die lange Reise der Seele

Deutsche Erstveröffentlichung
Hamburg 1994

Die Originalausgabe erschien 1989 bei
Samuel Weiser, Inc.
Box 112 – York Beach, Maine
unter dem Titel *Astrology and Reincarnation*

Übersetzung und Lektorat: Rolf Schanzenbach, Hamburg
Herausgeber: Wolfgang Bartolain, Hamburg
Umschlaggestaltung: Uli Breyer
Satz: Verlag Hier & Jetzt, Hamburg
Druck: Fuldaer Verlagsanstalt, Fulda

gedruckt auf chlorfrei gebleichtem Papier
und ohne Folienverpackung ausgeliefert

ISBN 3-926925-19-1

INHALT

TEIL 3:
DAS DREIECK VON SATURN, JUPITER UND MERKUR 193

ANMERKUNG DES HERAUSGEBERS

Es ist uns eine Freude, das vorliegende, aus drei Teilen bestehende Werk von Donald Yott zu veröffentlichen. Zum ersten Male wurden diese Arbeiten der Öffentlichkeit Ende der 70er Jahre vorgestellt. Es handelt sich hier um Unterrichtsmaterial, welches Studenten bei Workshops von Herrn Yott aufzeichneten und später überarbeiteten. Das Material, das auf diesen Workshops vorgestellt wurde, erläuterte die Faktoren des Horoskops, welche mit Karma und Reinkarnation zusammenhängen. Es geht hier darum, daß Charakterzüge, die aus früheren Leben resultieren, deutlich werden, damit der Mensch an ihnen zu arbeiten beginnen kann.

Donald Yott starb im Jahre 1981. Er hat über lange Zeit hinweg an dem von ihm gegründeten *North Jersey Metaphysical Center* gearbeitet. Einen großen Teil seiner Zeit widmete er seinen Mitmenschen, was ihm die Achtung derjenigen, die ihn persönlich kannten, eintrug. Auf Verlangen der Leser – welche auch heute noch seine Arbeit hinsichtlich des Prozesses von Wachstum und der Entwicklung der Seele außerordentlich hilfreich finden – haben wir in dem vorliegenden Band drei Aufsätze vereinigt.

ÜBER DEN AUTOR

Donald Yott war für mehr als 50 Jahre selbst ein Student der okkulten Wissenschaften. Er widmete sein Leben der Astrologie und der Metaphysik, und in beiden Fächern unterrichtete und schrieb er. Er erwarb seinen akademischen Grad an der *Drew University*. Weitere Studien unternahm er am *William Patterson College*, am *Montclair State College*, an der *Rutgers University*, am *Mexico City College* und an der *Universität von Valencia*. Er gründete das *North Jersey Metaphysical Center*, an dem er seit 1956 Vorlesungen über okkulte Wissenschaften abhielt. Donald Yott starb am 9. November 1981.

TEIL 1

RÜCKLÄUFIGE PLANETEN UND REINKARNATION

WANN EIN PLANET RÜCKLÄUFIG IST

Wenn wir davon sprechen, daß ein Planet rückläufig ist, gehen wir von der Bewegung des Planeten aus, wie wir sie von der Erde aus sehen. Irgendwann in unserem Leben sind wir bestimmt schon einmal in einem Zug unterwegs gewesen, der einen anderen Zug überholte. Wenn wir mit einem höheren Tempo an einem anderen Zug vorbeifahren, bekommen wir den Eindruck, daß der andere Zug sich rückwärts bewegt. Dabei ist uns bewußt, daß dem in Wirklichkeit nicht so ist. Wenn sich die Erde auf ihrer Umlaufbahn schneller bewegt als der Planet, den wir beobachten, ist es ebenfalls so, daß dieser rückwärts zu laufen *scheint*. In diesem Falle sagen wir, daß ein Planet rückläufig ist.

Die Rückläufigkeit beruht auf dem Schein, nicht auf der Realität. Wenn ein Planet rückläufig ist, geht einiges von der Kraft, die mit dem betreffenden Planeten verbunden ist, verloren. Oftmals ist es so, daß rückläufige Planeten der Schlüssel für die persönlichen Komplexe des Menschen sind. Wenn sich die Erde auf ihrer Umlaufbahn mit der gleichen Geschwindigkeit wie der beobachtete Planet zu bewegen scheint, bezeichnen wir diesen Planeten als *stationär*. Rückläufige Planeten im Horoskop stehen für Bereiche, in denen es einige Zeit dauert, bis die Dinge laufen. Die Sonne und der Mond sind niemals rückläufig.

Carol Kelleher
Saddle River, New Jersey

Einleitung

Die Wichtigkeit von rückläufigen Planeten im Hinblick auf Reinkarnation ergab sich aus kurzen, aber aussagekräftigen Anmerkungen, die in den Aufzeichnungen von Frau Alice D. Fowler gefunden wurden. Alice D. Fowler war eine angesehene, außerordentlich weise und medial veranlagte Astrologin und Homöopathin. Aufgrund ihrer astrologischen Arbeit war sie in der ersten Hälfte unseres Jahrhunderts weithin bekannt. Mit ihrem Zeitgenossen und Freund Irys Vorel kam sie auf dem Gebiet der Astrologie und der Reinkarnation zu bahnbrechenden Erkenntnissen.

Wie es bei jeder Pionierarbeit der Fall ist, war es an anderen, weitere Forschungen auf den erschlossenen Feldern zu leisten. Der Autor dieser Zeilen hat seit 1955 daran gearbeitet, Erkenntnisse über das Wesen und die Bedeutung der rückläufigen Planeten zu gewinnen, auf dem Fundament der Anmerkungen von Frau Fowler. Daß die Anmerkungen auf Wahrheit beruhen, hat sich durch die Beobachtung von Phasen der Rückläufigkeit im Zusammenhang mit dem menschlichen Leben erwiesen.

Was hat Frau Fowler nun so Bemerkenswertes gesagt? Um sie zu zitieren: »Rückläufige Planeten zeigen die negativen Charakterzüge, die aus der Vergangenheit übernommen worden sind.« In diesem Satz liegt der Kern ihrer Aussage, welcher bei aller Einfachheit viele Türen zur Deutung des Horoskops öffnet, was den Zusammenhang zu Karma und Reinkarnation betrifft.

Eine Frage ist im Hinblick auf diesen planetarischen Zustand von besonderem Interesse: *Was hat es zu sagen, wenn rückläufige Planeten positiv oder negativ aspektiert sind?* Nach sorgfältiger Abwägung und der Untersuchung von vielen Horoskopen ist es die Meinung des Autors, daß bei rückläufigen Planeten

1. positive Aspekte darauf hinweisen, daß die negativen Charakterzüge in nur wenigen Inkarnationen entwickelt worden sind. Der Geborene erhält hier eine neue Chance – gewissermaßen eine Bewährungsfrist;
2. negative Aspekte anzeigen, daß der Mensch die schlechten Charakterzüge über viele Inkarnationen hinweg zum Ausdruck gebracht hat. Aufgrunddessen bestehen in diesem Leben größere Herausforderungen. Diese stellen andererseits die Energie sowie die Gelegenheiten für eine mögliche Transformation dar.

Rückläufige Planeten im Horoskop sind als Brennpunkte im Hinblick auf Entwicklung und Veränderung anzusehen. Das Material in diesem Buch soll zeigen, auf welche Weise ein rückläufiger Planet – positiv oder negativ aspektiert – auf den Charakter des Menschen einwirkt und welcher Zusammenhang hier zu den Erfahrungen und Ereignissen des Lebens besteht.

Es gibt unter den Astrologen unterschiedliche Ansätze bezüglich der rückläufigen Planeten. Das Entscheidende ist aber, daß es sich hier um negative Charakterzüge handelt, die ihre Wurzeln in der Vergangenheit haben. Wir wollen zum Beispiel annehmen, daß in einem Horoskop Neptun sowohl rückläufig als auch schlecht aspektiert ist. In diesem Fall können wir davon ausgehen, daß dieser Mensch jetzt – wie in der Vergangenheit auch – dazu neigt, andere zu täuschen und sich Illusionen hinzugeben (weil die negativen Neptun-Eigenschaften Mangel an Verständnis sowie Betrug sind). Es könnte sich hierbei aber auch um Selbsttäuschung handeln, insbesondere dann, wenn Neptun im gleichen Zeichen wie die Sonne oder der Aszendent steht oder sich im 12. Haus befindet.

Es ist wichtig, auf die Qualität zu schauen, in der der Planet steht. Auf diese Weise können wir etwas darüber herausfinden, wie es um die negativen Charakterzüge der Vergangenheit bestellt gewesen war.

Der rückläufige Planet ist ein Brennpunkt im Hinblick auf die Entwicklung in diesem Leben. Natürlich ist es das Horoskop in seiner Gesamtheit, das anzeigt, welchen Weg wir für unsere Entwicklung nehmen sollten (wobei sich aber Entwicklung nicht nur auf das Ich bezieht, sondern auch auf Bewußtheit und auf die verschiedenen Ebenen der Realität). Je mehr rückläufige Planeten sich im Horoskop befinden, desto größer ist das Potential für Entwicklung und Wachstum im aktuellen Leben.

Viele Menschen schauen auf ihr Horoskop mit den darin enthaltenen rückläufigen Planeten und fürchten, daß sie Forderungen bedeuten, denen sie nicht gerechtwerden können. Dies trifft aber nicht zu. In diesem Fall ist es nur so, daß ein größeres Potential für Entwicklung gegeben ist. Wir können dies mit einem Horoskop vergleichen, das viele Quadrate, Oppositionen oder Quinkunx-Aspekte enthält. Oftmals sieht sich der Mensch, der ein solches Horoskop hat, als Verlierer an. Dabei stehen negative Aspekte aber für Herausforderungen beziehungsweise für die Möglichkeit, über sich hinauszuwachsen.

Häufig ist es sogar so, daß das Leben für Menschen mit vielen positiven und wenig problematischen Aspekten derart einfach ist, daß sie nichts leisten und niemals etwas fertigbringen. Negative Aspekte sind nichts anderes als eine Form von Energie, die dich dazu bringt, etwas zu leisten und dich den Problemen zu stellen, um sie zu überwinden. Wenn der Mensch zu viele positive Aspekte in seinem Horoskop hat, kann ihn das träge machen. Möglicherweise ist für ihn dann alles selbstverständlich. Rückläufige Planeten haben hier die gleiche Wirkung wie negative Aspekte. Sie bedeuten Energie sowie den Antrieb, etwas zu leisten.

Der rückläufige Planet kommt auf eine andere Art und Weise zum Ausdruck als die zur Geburtszeit direktläufigen Planeten. Bei der Rückläufigkeit handelt es sich gewissermaßen um eine automatische Reaktion, welche mit karmischen Faktoren zu tun hat. Wir können hier den Vergleich zu dem absteigenden Mondknoten ziehen, mit welchem ebenfalls die Tendenz besteht, das zu werden, was der Mensch in der Vergangenheit war.

Wir wollen dies an einem Beispiel verdeutlichen. Angenommen, Jupiter ist im Horoskop sowohl rückläufig als auch schlecht aspektiert. Dies könnte bedeuten, daß der Mensch in einem früheren Leben ein Trinker gewesen ist. Befindet sich dieser Jupiter im 9. Haus, ist davon auszugehen, daß diese Person viele Vorurteile hatte – und daß jetzt die Tendenz zu einer ähnlichen Einstellung besteht. Es würde sich hier also bei der Trunksucht oder der voreingenommenen Haltung um einen innerlichen Charakterzug handeln.

DER RÜCKLÄUFIGE MERKUR

Mit dem rückläufigen Merkur im Horoskop ist die Art zu kommunizieren und die Haltung dem Leben gegenüber von einer eher unpraktischen Weise, was eine Wiederholung der Vergangenheit darstellt. Mit der Rückläufigkeit sind hier auch Nervosität und Rastlosigkeit als ein Überbleibsel aus früheren Leben verbunden beziehungsweise die Tendenz, eine nervöse Art von Energie zum Ausdruck zu bringen und auf eine unausgeglichene Weise auf Geschehnisse zu reagieren. Hiermit könnten auch Eigenschaften wie Furcht oder eine übermäßige Neigung, sich Sorgen zu machen, einhergehen. Es wäre in diesem Falle möglich, daß über jedes Detail endlos diskutiert wird oder daß der kleinste Vorfall Anlaß zu Ängsten gibt.

Die Rückläufigkeit von Merkur zeigt, daß die Art zu denken in der Vergangenheit rein theoretisch und unpraktisch gewesen und von Zügen der Impulsivität gekennzeichnet war, was zu Chaos und Verwirrung geführt hat. Wenn das Denken nun auf die gleiche Weise vor sich geht, ist aufs neue Konfusion und Verwirrung zu erwarten.

Es muß daran erinnert werden, daß der *höhere* Merkur-Ausdruck in Genauigkeit, in Ordnung und in Perfektion besteht. Was den *niederen* Ausdruck betrifft, hat er mit diesen Eigenschaften nicht das geringste zu tun – was nichts anderes heißt, als daß der betreffende Mensch sich darum bemühen muß, die höheren Eigenschaften zur Entwicklung zu bringen. Hierauf sollte er seine Gedanken richten, und hier sollte er etwas vollbringen.

Eine Sache, auf die wir beim rückläufigen Merkur unsere Aufmerksamkeit lenken müssen: Möglicherweise glaubt der Mensch im Bestreben, die Probleme zu überwinden, perfekt sein zu müssen. Das führt zu Frustrationen, weil es nur wenigen vergönnt ist, vollkommen zu sein. Es wäre hier leicht möglich, daß der Mensch seinen Zielen nicht gerecht wird und deshalb Enttäuschung verspürt. Gleichermaßen besteht möglicherweise die Neigung, andere danach zu beurteilen, ob sie vollkommen sind. Wenn wir hier als Beispiel eine Hausfrau nehmen, könnte mit dem rückläufigen Merkur die Neigung zu Pedanterie und übermäßiger Ordnungssucht zu verzeichnen sein: Daß immer alles an seinem Platz zu sein hat, in dem richtigen Schrankfach oder in der richtigen Schublade. Die Frau aus dem Werbespot, die zu jemandem zu Besuch kommt, ein Härchen findet und sagt: »Ihr habt ja eine Katze«, wäre die ideale Entsprechung dazu. Wir können davon ausgehen, daß hier sehr wohl die Tendenz gegeben ist, andere zu kritisieren: Merkur als Herrscher der Jungfrau in rückläufiger Stellung bringt den Menschen dazu, alles von seinen eigenen Ansichten aus zu analysieren und zu bewerten.

Beim Versuch, die Probleme zu überwinden, die mit einem rückläufigen Merkur verbunden sind, könntest du zusätzliches Karma auf dich laden. Wenn du einen bestimmten Charakterzug ablegen willst, verfällst du dabei vielleicht in die entgegengesetzte Polarität, welche ebenso negativ ist. Du solltest also durchaus Vorsicht walten lassen, wenn du darangehst, negative Charakterzüge in positive umzuformen.

Mit dem rückläufigen Merkur könntest du in der Vergangenheit ein Schriftsteller gewesen sein (Merkur herrscht sowohl über das gesprochene als auch das geschriebene Wort). Wenn dieser Planet im Skorpion steht, hast du möglicherweise pornographische Bücher wie der Marquis de Sade geschrieben.

Oftmals ist es so, daß sich der Mensch mit einem rückläufigen Merkur keine Gedanken darüber macht, was oder wie er etwas sagt oder was oder wie er schreibt (was insbesondere für die Stellung im Löwen gilt). Der Löwe ist direkt; er nimmt kein Blatt vor den Mund. Dieses Zeichen wäre nicht die konstruktivste Stellung für einen rückläufigen Merkur. Mit ihr dürfte die Neigung verbunden sein, die Macht des Wortes dazu zu benutzen, andere herumzukommandieren.

Mit dem rückläufigen Merkur im *Widder* könnten rechthaberische Züge verbunden sein und viel Ungeduld mit anderen, die weniger geschickt sind. Mit anderen Worten: Dieser Mensch sieht möglicherweise auf andere weniger Begabte herab und zeigt sich unter Umständen intolerant und jähzornig. Gleichermaßen wäre denkbar, daß er mit seinen Worten andere beleidigt (allerdings nicht in dem Ausmaß, wie es bei dem rückläufigen Jungfrau-Merkur der Fall ist). Beim *Zwilling* wiederum ist die Fähigkeit vorhanden, den wunden Punkt zu treffen. Kennzeichnend für den rückläufigen Widder-Merkur ist Heftigkeit und Ungeduld (welche allerdings nicht in dem Ausmaß wie bei der Stellung im Löwen oder in der Jungfrau zutage treten).

Wenn im Horoskop Merkur rückläufig ist, könnte es sein, daß der Mensch in der Vergangenheit etwas geschrieben hat, was er nun erneut zu Papier bringt. Dies hat seinen Grund darin, daß die Neigung besteht, Aktivitätsmuster der Vergangenheit zu wiederholen. Wir müssen auch daran denken, daß Merkur immer mit dem Allgemeinen und dem Praktischen zu tun hat, was zu entsprechenden Auswirkungen führt, wenn dieser Planet im Horoskop rückläufig gestellt ist. Es wäre ohne weiteres denkbar, daß die gleichen Interessen wie zu früheren Lebzeiten gegeben sind und daß diese auf die gleiche Weise zum Ausdruck kommen.

Was wir bei Merkur weiterhin berücksichtigen müssen, ist der Aspekt der Dienstbereitschaft. In dieser Beziehung findet sich der Mensch womöglich vor die gleichen Umstände wie zu früheren Lebzeiten gestellt, als von ihm Hilfsbereitschaft verlangt wurde. Wenn du beispielsweise früher ein Lehrer gewesen bist (und deine Lehrerstellung mißbraucht hast), könnte es sein, daß du heute auf dem gleichen Gebiet wie früher unterrichtest. Es besteht hier ein unbewußter Einfluß – die Jungfrau herrscht über das 6. Haus, welches dem 12. Haus gegenüberliegt –, was dafür verantwortlich sein könnte, daß die Person sich auf unbewußte Weise von dem Bereich fernhält, auf dem sie in der Vergangenheit etwas hätte leisten sollen. Die Tendenz wäre hier, daß dieser Mensch mit all den Einflüssen, die ihn in diesem Leben begleiten, auf das Feld des Unterrichtens geführt wird – er sich aber aufgrund des rückläufigen Merkurs dem widersetzt. Um es noch einmal zu wiederholen: Merkur ist der Herrscher der Jungfrau, und die Jungfrau herrscht über das 6. Haus, welches für Dienstbereitschaft steht. Das 6. Haus liegt dem 12. Haus gegenüber, und das 12. Haus ist das des Karmas und des Unbewußten, in welches alles andere einfließt.

Die Lektion, die hier im Leben gelernt werden muß, besteht darin, sich auf die richtige Weise zu verhalten und aufgrund der richtigen Motive tätig zu werden. Dies gilt unabhängig davon, in welchem Haus und in welchem Zeichen sich der rückläufige Merkur befindet. Die Motive und Antriebskräfte, aufgrund derer der Mensch aktiv wird, spielen in diesem Fall eine sehr große Rolle.

☿℞ ⓵ MERKUR RÜCKLÄUFIG IN HAUS 1

Der rückläufige Merkur in Haus 1 weist darauf hin, daß der Mensch Probleme damit hat, Entscheidungen zu treffen. Das hängt damit zusammen, daß sein Denken in dieser Hinsicht verlangsamt ist. Normalerweise bedeutet Merkur Schnelligkeit – Schnelligkeit beim Denken, beim Sprechen, beim Essen; alles geht schnell vor sich, auch das Fällen von Entscheidungen. Mit dem rückläufigen Merkur in Haus 1 aber besteht die negative Auswirkung, daß es zu Problemen kommt, weil der Mensch zuerst spricht und dann denkt.

Der rückläufige Merkur in 1 bedeutet bestimmte negative Charaktereigenschaften. Er zeigt, daß der Mensch daran arbeiten muß, Geduld und Unterscheidungsvermögen zu entwickeln. Er sollte sich davor hüten, andere vorschnell zu beurteilen, und er muß darauf achten, auf eine konstruktive Weise mit anderen zu kommunizieren. Natürlich ist auch der Aspekt der Dienstbereitschaft der Umwelt gegenüber von großer Wichtigkeit.

Mit dieser Stellung verbunden sind Rastlosigkeit und Nervosität sowie ein Mangel an Ausdauer. Wir können davon ausgehen, daß hier viele Projekte angegangen, aber nur wenige zu einem Abschluß gebracht werden.

Wenn zum Zeitpunkt der Geburt Merkur rückläufig war und beispielsweise zehn Tage später wieder direktläufig wurde, heißt das, daß es im zehnten Lebensjahr zu einer Veränderung kommen wird. Dabei handelt es sich um das Potential für diese Zeit. Dieser Betrachtungsweise liegt das Progressions-Schema zugrunde, bei dem wir einen Tag für ein Jahr setzen. Alle rückläufigen Planeten sind Brennpunkte des Horoskops, und in unserem Beispiel wäre das zehnte Lebensjahr im Hinblick auf merkurische Eigenschaften von außerordentlicher Bedeutung.

☿℞ [2]   MERKUR RÜCKLÄUFIG IN HAUS 2

In diesem Fall geht es wahrscheinlich um einen Menschen, der sein Geld auf spontane und unbedachte Weise ausgibt und dessen Werte sehr stark von Stimmungen und alltäglichen Vorfällen abhängen. Merkur steht für die praktische Seite des Lebens – rückläufig in 2 verrät er uns, daß der Mensch in der Vergangenheit zu große Aufmerksamkeit auf das Materielle gelegt hat und sich nicht für die höheren Werte des Lebens interessierte.

Beachte in diesem Fall, daß es sich um die Opposition zu Haus 8 handelt, welches die höheren Werte und das höhere Lernen im Hinblick auf die Suche nach Wahrheit symbolisiert. Insofern besteht die Lektion mit dem rückläufigen Merkur in Haus 2 darin, wahres Unterscheidungsvermögen zum Ausdruck zu bringen: zu erkennen, was wirklich wichtig und was nebensächlich ist. Wir dürfen es nicht dazu kommen lassen, daß äußerliche Merkmale unsere Aufmerksamkeit in Beschlag nehmen.

☿℞ [3]   MERKUR RÜCKLÄUFIG IN HAUS 3

Diese Stellung bedeutet eine besondere Betonung – aufgrund der Tatsache, daß die Zwillinge über das 3. Haus herrschen und Merkur die Zwillinge regiert. Das Entscheidende ist hier möglicherweise der kommunikative Bereich. Wir können die Schlußfolgerung ziehen, daß dieser Mensch in der Vergangenheit nicht auf konstruktive Weise mit anderen kommuniziert hat, was insbesondere aus der Kombination der Eigenschaften der Jungfrau und der Zwillinge resultiert. Dieser Mensch verfügte über kein gutes Urteilsvermögen. Wenn ihm jemand anderes nicht intelligent genug erschien, verweigerte er den Kontakt. Dies ist eine typische Zwillings-Eigenschaft: Wenn der Zwilling dich nichtssagend findet, verliert er jegliche Lust, sich weiter mit dir abzugeben. Auf eine intellektuelle Weise ist er sehr dünkelhaft.

Rückläufig in Haus 3 steht Merkur für den Sachverhalt, daß du dich mit Menschen jeglicher intellektueller Entwicklungsstufe auseinandersetzen mußt. Das Geben ist in der Kommunikation genauso wichtig wie das Nehmen. Der Mensch mit dem Merkur in 3 liebt es, geistig stimuliert zu werden. Dabei muß er aber lernen, seinerseits andere zu stimulieren.

Von etwas untergeordneter Bedeutung ist in diesem Fall, daß zu Geschwistern, den anderen Verwandten und zu den Nachbarn ein schlechtes Verhältnis bestand. Um hier zu Fortschritten zu kommen, muß dieser Mensch anderen gegenüber ein demokratischeres und realitätsbezogeneres Verhalten an den Tag legen.

☿ᵣ ④　MERKUR RÜCKLÄUFIG IN HAUS 4

Hiermit ist angezeigt, daß der Mensch in der Vergangenheit für viel Unruhe in seiner Umgebung gesorgt hat; aufgrund der Tatsache, daß das 4. Haus zum Ausdruck bringt, welchen Einfluß wir im Rahmen unserer persönlichen Entwicklung auf andere haben. Dabei besteht unser Zuhause nicht nur aus der materiellen Struktur des Gebäudes, in dem wir wohnen, sondern auch aus der Aura, welche unseren Körper beherbergt.

Beim rückläufigen Merkur in 4 ist davon auszugehen, daß in der Vergangenheit viel Ungeduld, Impulsivität oder Unvorsichtigkeit gegeben war. Möglicherweise hat dieser Mensch auch diejenigen, die in seinen Einflußbereich gelangten, mit seinen Äußerungen beleidigt (dies könnte insbesondere dann gelten, wenn Merkur im Stier oder im Skorpion steht).

Wir können aus der Analyse des Merkur-Symbols ableiten, welche Lektion in esoterischer Hinsicht mit dieser Stellung verbunden ist. Die Sichel steht für die Persönlichkeit, der Kreis verkörpert das Göttliche oder den Göttlichen Funken, und das Kreuz symbolisiert die Materie. Wir sehen also, daß Merkur das Instrument ist, welches uns für das Mentale und das Spirituelle zur Verfügung steht. Zu oft ist es so, daß wir das Spirituelle in uns dem Kreuz der Materie opfern. Der rückläufige Merkur verlangt aber, daß sich der Mensch auf eine positive und spirituell geprägte Weise seiner Umgebung präsentiert. In esoterischer Hinsicht zeigt Merkur die Pole, die einander gegenüberstehen – er bedeutet in diesem Fall, daß wir es in früheren Leben nicht geschafft haben, einen Ausgleich herzustellen. Es geht jetzt darum, einen Zustand der Harmonie zu erreichen. Diese Ausgewogenheit manifestiert sich in unserem aurischen Feld.

21

☿℞ ⑤   MERKUR RÜCKLÄUFIG IN HAUS 5

Wenn Merkur rückläufig in diesem Haus steht, können wir die Schlußfolgerung ziehen, daß dieser Mensch zu früheren Lebzeiten in Liebesdingen indiskret, rücksichtslos und unzuverlässig gewesen war. Ihm haben seine Affären nicht immer zum Vorteil gereicht. Des weiteren ist er der Verantwortung nicht gerechtgeworden, die mit der Erziehung von Kindern verbunden ist. Es ist davon auszugehen, daß er statt der Pflichten, die mit dem Leben verbunden sind, nur auf Spaß und Vergnügungen geachtet hat.

Löwe als Herrscher des 5. Hauses könnte ein Indiz dafür sein, daß in der Vergangenheit ein falscher Stolz zu beobachten gewesen war. In Verbindung mit der Rückläufigkeit dürfte dies bedeuten, daß Dünkelhaftigkeit der Kanal war, durch den der Mensch seine Persönlichkeit zum Ausdruck gebracht hat.

Die Lektion mit dem rückläufigen Merkur in Haus 5 besteht darin, hinsichtlich unserer Liebesbeziehungen von keinen falschen Motiven auszugehen, der Verantwortung für unsere Umgebung gerecht zu werden und Unterscheidungsvermögen im Hinblick auf Vergnügungen zu beweisen.

☿℞ ⑥   MERKUR RÜCKLÄUFIG IN HAUS 6

Merkur rückläufig in diesem Haus zeigt, daß Nervosität, Rastlosigkeit und Ungeduld in der Vergangenheit die beherrschenden Züge gewesen sind. Diesem Menschen fehlte es am klaren Blick dafür, welche Pflichten er hatte und inwiefern er anderen hätte zu Diensten sein müssen. Er hat kein besonders ausgeprägtes Gefühl dafür gehabt, was die Allgemeinheit brauchte. Hinsichtlich der Bedürfnisse des einfachen Mannes zeichnete er sich ebenfalls nicht durch Einfühlungsvermögen aus. Es ist davon auszugehen, daß hier eine überkritische oder gar sarkastische Einstellung denjenigen gegenüber bestand, die über oder unter ihm arbeiteten.

Gleichermaßen könnte sich dieser Mensch über allgemeine Trends seiner Zeit lustig gemacht haben. Er fühlte sich seinen Mitmenschen nicht verbunden, und deshalb war es ihm auch nicht möglich, eine positive Form der Auseinandersetzung mit anderen zu finden. All dies ist deshalb noch betont, weil die Jungfrau der

Herrscher des 6. Hauses ist, und die Stärken dieses Zeichens Unterscheidungsvermögen und Dienstbereitschaft sind. Insofern kommen mit dem rückläufigen Merkur diese Eigenschaften in negativer Ausprägung zum Tragen – was heißt, daß Ungeduld, Vorurteile und ein wenig entwickeltes Unterscheidungsvermögen im Vordergrund stehen. Vielleicht ist hier aber auch zu einem gewissen Ausmaß die zwillingshafte intellektuelle Voreingenommenheit gegeben, welche ein Indiz dafür wäre, daß diese Person in der Vergangenheit für andere Verachtung empfand.

Die Lektion, die hier gelernt werden muß, besteht darin, Verständnis, Geduld und Toleranz gegenüber gesellschaftlichen Trends zu beweisen. Weiterhin muß dieser Mensch für die Bedürfnisse der Allgemeinheit dienstbereit sein, ohne damit die Hoffnung auf persönliche Anerkennung zu verbinden.

☿R ⑦ MERKUR RÜCKLÄUFIG IN HAUS 7

Hier können wir davon ausgehen, daß es in der Vergangenheit in der Ehe, in den Beziehungen zu Partnern oder im Beruf zu Auflösungstendenzen gekommen ist. Ohne Zweifel war in diesem Fall eine übermäßige Kritiksucht und zuviel Ungeduld gegeben. Dieser Mensch hatte falsche Wertvorstellungen und war selbstsüchtig und unzuverlässig. Er hat andere und sich selbst getäuscht (das 7. Haus befindet sich in Opposition zu Haus 1, welches für das Selbst steht).

Der Mensch mit Merkur rückläufig in Haus 7 hat im Rahmen seiner Beziehungen nicht aus den bestmöglichen Motiven heraus gehandelt. Weiterhin wäre es vorstellbar, daß er anderen seine Ideen und Ideale nicht auf angemessene Art und Weise mitgeteilt hat.

Der rückläufige Merkur in Haus 7 bedeutet die Forderung, daß sich diese Person auf eine ernsthafte Weise präsentiert und sich von zweckmäßigen Motiven leiten läßt. Es ist mit dieser Stellung notwendig, vor dem Eingehen von Partnerschaften – ob es sich dabei um die Ehe oder um den Beruf handelt – gründlich nachzudenken.

☿℞ 8   Merkur rückläufig in Haus 8

Auch diese Position ist ein Ausdruck der Tatsache, daß der Mensch sich in der Vergangenheit an niederen materialistischen Werten orientiert hat. Die Suche nach Wahrheit wurde mit dieser Stellung nur auf eine sehr oberflächliche Weise betrieben. Dies hatte seinen Grund auch darin, daß es dieser Person ziemlich gleichgültig war, welches Ende die Dinge nahmen – ob es sich dabei um einen Job, ein Projekt, eine Freundschaft oder das Leben überhaupt handelte. Die Impulsivität und Unbesonnenheit, die im Reden und Handeln zum Ausdruck kam, tat ein übriges, daß Dinge immer wieder auf negative Weise endeten. Vielleicht handelt es sich hier auch um jemanden, der in der Vergangenheit ein falscher Prophet war.

Die Aufgabe besteht mit dieser Merkur-Stellung darin, auf eine rationalere Weise zu denken und zu handeln, die Dinge zu einem positiven Abschluß zu bringen und nichts unerledigt zu lassen. Gelingt dies, wird es in der Zukunft nicht mehr zu negativen Nachwirkungen kommen. Erforderlich ist hierfür aber, daß der Mensch auf eine ernsthafte Weise nach Wahrheit sucht und seine diesbezüglichen Erkenntnisse anderen mitteilt. Es geht darum, die richtige Art von Wissen zu verbreiten.

Dieser Mensch muß sehr gründlich analysieren, welche Art von Gruppen er sich anschließt. Es sollte sich davor hüten, irgendwo mitzumachen, wo schwarze Magie oder Satansrituale eine Rolle spielen oder wo Séancen abgehalten werden. Er sollte sich stattdessen auf eine praktische und realitätsbezogene Weise um das Verständnis der Wahrheit bemühen. Indem er in dieser Beziehung ein Beispiel gibt, transformiert er die Probleme, die mit dem rückläufigen Merkur in 8 verbunden sind.

☿℞ 9   Merkur rückläufig in Haus 9

Auch hier stehen Unbesonnenheit und Voreiligkeit im Vordergrund. Es wäre ohne weiteres denkbar, daß sich dieser Mensch im Leben als haltlos erwiesen hat, ohne feste Richtung, ohne Ziel und ohne Plan von einer Sache zur anderen springend. Ähnlich wie beim rückläufigen Jupiter könnte es sich hier um einen religiösen Fanatiker oder um eine bigotte Persönlichkeit gehandelt haben, die keine andere als die eigene Meinung hatte gelten lassen. Eine unangemessene Art und Weise, die religiöse Anschauung oder Philosophie in Wort oder Tat zum Ausdruck zu bringen, könnte in der Vergangenheit zu Konflikten oder zu Feindschaften geführt haben (es handelt sich hier um das Quadrat zu Haus 12, welches für die geheimen Feinde steht).

Was den rückläufigen Merkur in Haus 9 betrifft, war das Wissen von eher oberflächlicher Art. Der Geborene hat sich nicht darum bemüht, seine Erkenntnisse auf seine Lebensumstände anzuwenden. Ohne Zweifel hat es Kontakte zu negativen Gruppen gegeben, mit Aktivitäten, die zu Konflikten mit den herrschenden Anschauungen und/oder dem Gesetz führten. Wenn hier zu Merkur ein Spannungsaspekt von Mars aus gegeben ist, könnte das ein Indiz dafür sein, daß dieser Mensch aufgrund seiner Ansichten oder Aktivitäten eine Zeitlang im Gefängnis gesessen hat.

Die Lektion, die hier gelernt werden muß, besteht darin, auf die richtige Weise nach höherem Wissen und dem höheren Selbst zu streben und gemäß dem Christlichen Zentrum in sich selbst zu leben. Dieser Mensch muß sich bemühen, die Wahrheit in all ihren Facetten zu sehen; er muß versuchen zu lernen, und dann das Gelernte auf allen Bereichen auf praktische und realitätsbezogene Weise zur Anwendung bringen. Es ist mit dieser Stellung notwendig, jede Religion und jede Philosophie anzuerkennen – auch diejenige, die im Widerspruch zur eigenen steht. Auch wenn es dieser Person gegen den Strich geht: Das Gesetz, die herrschende Ordnung und die bestehenden Institutionen müssen anerkannt werden. Das Entscheidende dabei ist, daß die Rechte und die Freiheit der Mitmenschen zu akzeptieren sind.

☿ᴿ [10] MERKUR RÜCKLÄUFIG IN HAUS 10

Im Berufsleben bestand in diesem Fall in der Vergangenheit die Tendenz zu Unentschlossenheit, zu einem mangelhaften Gefühl für Verantwortung und vielleicht auch zu einer generellen Richtungslosigkeit. Das hatte zur Folge, daß dieser Mensch das Vertrauen seiner Vorgesetzten verlor und deshalb nicht vorankam oder gar Rückschritte hinnehmen mußte. Diese Eigenschaften haben unter Umständen dazu geführt, daß dem Menschen auf keinem Gebiet Anerkennung zuteil wurde. Wir können wohl auch vermuten, daß hier zu einem gewissen Ausmaß Verschlagenheit oder Hinterlist gegeben war – was sich nicht nur im Beruf manifestierte, sondern in allem, was mit Autoritäten zusammenhing. Vielleicht hat dieser Mensch in der Vergangenheit einen untergeordneten Beamtenposten bekleidet und bei seiner Stellung nur seine materiellen Vorteile im Auge gehabt.

Der rückläufige Merkur in 10 fordert Diskretion im Reden, ein gutes Wahrnehmungs- und Beobachtungsvermögen sowie eine umsichtige Vorgehensweise.

Derjenige, der diese Merkur-Stellung in seinem Horoskop hat, könnte Erfolge auf kommerziellem Gebiet erzielen. Er könnte sich auch als guter Beamter erweisen oder ein Verwaltungsamt ausüben – unter der Voraussetzung, daß er Ernsthaftigkeit, Ehrlichkeit und Zuverlässigkeit zum Ausdruck bringt. Wenn er die negativen Eigenschaften überwindet, die mit dem rückläufigen Merkur in 10 verbunden sind, wäre zum Beispiel eine beratende Stellung denkbar oder vielleicht auch die Position eines Regierungssprechers.

Im übrigen ist diese Merkur-Stellung ein Hinweis auf eine karmische Schuld gegenüber der Mutter. Es ist sehr wichtig, wie es hier um die Umstände im einzelnen bestellt ist. Merkur zeigt immer – ob rückläufig oder nicht –, auf welche Weise wir an unserem Karma arbeiten. Das 10. Haus ist das der Mutter, was bedeutet, daß hier ein karmisches Band gegeben ist. Der Geborene muß sich darüber klar werden, wie er an seinem Karma arbeiten kann.

☿℞ ⑪ MERKUR RÜCKLÄUFIG IN HAUS 11

An dieser Stellung können wir ablesen, wie unser gesellschaftliches Leben in der Vergangenheit beschaffen war, wie wir uns im Hinblick auf gesellschaftliche Funktionen verhalten und welche Art von Freunden wir ausgewählt haben. Wir können davon ausgehen, daß die Freunde von eher ordinärer Art und nur auf körperliche Freuden aus waren. Möglicherweise haben hier die Sexualität und materielle Erwägungen im Zentrum der Aufmerksamkeit gestanden.

Vielleicht hat sich dieser Mensch vorsätzlich mit Unterlegenen verbunden, weil ihm dies Anerkennung und das Gefühl der Überlegenheit verschaffte. Das wäre bei der Auswahl der Freunde ein niederes Motiv gewesen, mit der Folge, daß auch das gesellschaftliche

Leben und die sozialen Aktivitäten überhaupt negativ geprägt gewesen wären. Hier muß davon ausgegangen werden, daß die bei Merkur oftmals gegebene Oberflächlichkeit deutlich zum Vorschein gekommen ist.

Der Geborene hat es in der Vergangenheit daran mangeln lassen, sich in angemessener Form mit Gleichrangigen und Höherstehenden auseinanderzusetzen. Stattdessen beschränkte er sich darauf, mit Leuten zu verkehren, die unter ihm standen und die weniger intelligent als er selbst waren. Wir können davon ausgehen, daß er dies zu seiner persönlichen Befriedigung und seinem Vergnügen getan hat.

Die Lektion, die hier gelernt werden muß, ist, Unterscheidungsvermögen hinsichtlich der Freunde zu entwickeln, sich als zuverlässiger Partner zu beweisen und die Mitmenschen ihrem Wesen gemäß zu sehen. Die gesellschaftlichen Aktivitäten sollten sich darauf richten, andere geistig zu stimulieren. Hier ist die Fähigkeit zu entwickeln, mit Menschen jeglicher Bewußtseinsstufe kommunizieren zu können.

☿ᴙ ⑫ MERKUR RÜCKLÄUFIG IN HAUS 12

In erster Linie bringt der rückläufige Merkur in Haus 12 zum Ausdruck, daß es der Mensch in der Vergangenheit nicht geschafft hat, etwas von seinem Karma aufzulösen. Diese Stellung ist der Beleg dafür, daß die unterbewußten seelischen Qualitäten in der Vergangenheit abgelehnt wurden und im Alltag der Person keine Rolle gespielt haben. Impulsivität im Sprechen, Unbesonnenheit im Handeln und ein mangelhaft ausgeprägtes Unterscheidungsvermögen waren verantwortlich für mancherlei Ausbrüche und die Entstehung von geheimen Feindschaften. Mit der Opposition zu Haus 6 ist der Sachverhalt gegeben, daß sich dieser Mensch dem Konzept der Dienstbereitschaft anderen gegenüber verweigerte. Dies hatte wiederum zur Folge, daß seine spirituelle Entwicklung beeinträchtigt wurde.

In diesem Fall besteht die Lektion darin zu lernen, daß das Äußere das Innere widerspiegeln sollte und daß die seelischen Qualitäten entwickelt werden müssen und im Rahmen der Dienstbereitschaft zum Ausdruck zu bringen sind. Das Bewußtsein des eigenen Wesens muß ausgebildet werden, in Verbindung mit dem Bewußtsein für die Gruppe beziehungsweise für die allumfassende Richtung des Lebens. Auch hier gilt es, im Kontakt zu anderen hinsichtlich der Worte und Taten Unterscheidungsvermögen zu beweisen. Merkur hat mit diesem scharfen Blick und mit Beurteilungen zu tun – jeder Mensch mit einem rückläufigen Merkur im 12. Haus muß sich vor der Tendenz in acht nehmen, vorschnell zu urteilen. Es gilt hier, ein Bewußtsein für die eigene karmische Schuld zu entwickeln und in den verschiedensten alltäglichen Aktivitäten am Karma zu arbeiten.

DIE RÜCKLÄUFIGE VENUS

Die rückläufige Venus im Horoskop bedeutet bei positiver Aspektierung, daß der Mensch in der Vergangenheit die Venus-Eigenschaften (der Geschmack und die Wertvorstellungen) bei seiner persönlichen Entwicklung nicht zum Ausdruck gebracht hat. Das Positive besteht hier darin, daß der Geborene nun eine neue Chance erhält, die venusischen Eigenschaften zur Darstellung zu bringen. Mit der rückläufigen Venus ist in dieser Beziehung die Möglichkeit für persönliches Wachstum gegeben, gemäß den zwölf Häusern des Tierkreises und der Art und Weise, wie sie durch die Zeichen zum Ausdruck kommen. Die Venus rückläufig im Zeichen Jungfrau zum Beispiel würde auf die Entwicklung von Unterscheidungsvermögen, auf die Fähigkeit, harmonisch mit anderen zu kommunizieren und auf die Bereitschaft, anderen zu Diensten zu sein, hinweisen. Wir müssen die positiv aspektierte rückläufige Venus immer gemäß dem Zeichen, in dem sie steht, beurteilen und in Betracht ziehen, welche Angelegenheiten mit dem betreffenden Haus verknüpft sind.

Die Rückläufigkeit bedeutet hier bezüglich der Reinkarnation, daß es in der Vergangenheit zur Ablehnung oder auch zum Mißbrauch der venusischen Qualitäten gekommen ist. Auch hier ist wieder Genaueres zu sagen, wenn wir auf das betreffende Zeichen und Haus schauen.

Allgemein können wir aufgrund der Tatsache, daß die Venus sowohl über den Stier als auch über die Waage herrscht, davon ausgehen, daß in der Vergangenheit die Tendenz zum Sich-Gehenlassen bestand und daß dieser Mensch sich selbst sein größter Feind gewesen ist. Wir müssen hier bei der Interpretation sowohl die stierhaften als auch die waagehaften Züge in Rechnung stellen. Mit dem Stier kann dabei Gier, Vulgarität, der Mangel an Werten, Maßlosigkeit oder auch eine Neigung zum Gewöhnlichen gegeben sein. Im Hinblick auf die Waage wäre bei der rückläufigen und negativ aspektierten Venus die Tendenz zu beobachten, Unruhe zu stiften, hinter den Kulissen zu agieren, keinen Geschmack zu haben oder unsensibel gegenüber den Bedürfnissen der anderen zu sein. Weiterhin ist mit der rückläufigen Venus im Horoskop die Neigung verbunden, die Gefühlsmuster, Aktivitäten, Vergnügungen, Vorlieben und Eitelkeiten und vielleicht auch die Art der Ehe der Vergangenheit in diesem Leben zu wiederholen.

Wenn wir uns damit beschäftigen, was die Rückläufigkeit eines Planeten in negativer Auswirkung bedeutet, müssen wir untersuchen, in welchem Zeichen er zum Ausdruck kommt und welches das Zeichen ist, das über das betreffende Haus regiert. Hier handelt es sich um die subtileren Einflüsse, die uns prägen.

♀ℝ ☐1 VENUS RÜCKLÄUFIG IN HAUS 1

Hier können wir davon ausgehen, daß der Mensch in der Vergangenheit von einem selbstbezogenen Standpunkt aus zu romantisch veranlagt gewesen ist. Alles, was sich in dieser Hinsicht abgespielt hat, war auf den Wunsch gegründet, persönliche Befriedigung zu erfahren, in körperlicher wie in emotionaler Hinsicht. Das 1. Haus hat mit der äußerlichen Erscheinung zu tun, damit, wie die Welt die Person sieht. Insofern ist hier angezeigt, daß es in der Vergangenheit zum Mißbrauch der Persönlichkeit gekommen war. Näheres hierzu können wir aus der Qualität des betreffenden Zeichens ersehen. Ein Beispiel: Wenn die Venus rückläufig im Löwen in 1 steht, zeigt dies, daß der Mensch in der Vergangenheit arrogant, stolz, eitel, selbstzentriert und eigenwillig gewesen ist. Der Herrscher des 1. Hauses ist der Widder – insofern kommt es bei der negativ aspektierten rückläufigen Venus in 1 bei der Selbstdarstellung der Welt gegenüber zu einer Betonung von aggressiven Zügen.

Die Lektion besteht in diesem Fall darin, eine Persönlichkeit zu entwickeln, die im Kontakt zu anderen akzeptable Züge aufweist.

Weil es sich hier um die Opposition zu Haus 7 handelt, muß der Geborene im Rahmen seiner Lebensideale Rücksicht auf seine Mitmenschen nehmen. Er muß sich dieser in allen Bereichen und bei allen Aktivitäten bewußt sein.

♀ᴙ [2]   VENUS RÜCKLÄUFIG IN HAUS 2

Die Venus rückläufig in Haus 2 steht für das Bedürfnis, sich an Werten auszurichten. Diese Werte sind von zwei Standpunkten aus zu betrachten: 1. Von der allgemeinen Ebene aus muß der Wert der Dinge an sich und die Bedeutung von Sicherheit erkannt werden, und 2. muß vom esoterischen Standpunkt aus untersucht werden, was im Leben wichtig ist und was nicht. In anderen Worten geht es hier darum, Prioritäten zu setzen.

Mit dieser Stellung ist davon auszugehen, daß diese Person in der Vergangenheit zu großen Wert auf materielle Sicherheit gelegt hat. In diesem Leben besteht deshalb die Tendenz, Besitz anzuhäufen. Bei negativer Aspektierung könnte diese Person sich vom Glanz blenden lassen und zu Prunksucht neigen – dazu, mit seinem Besitz vor anderen anzugeben. Das würde deshalb geschehen, weil dies als Maßstab für Erfolg und Wert angesehen wird. Weiterhin könnte es so sein, daß dieser Mensch auch trivialen Gegenständen großen Wert zuschreibt und das Gefühl dafür verliert, was diese wirklich bedeuten. Gleichfalls denkbar ist die Neigung, sich über Unwichtiges zuviele Sorgen zu machen.

Mit der negativ aspektierten Venus in Haus 2 konzentriert der Mensch sein Augenmerk möglicherweise darauf, Juwelen oder Kleidungsstücke anzuhäufen, wobei er vielleicht noch jeden Geschmack vermissen läßt. Auch Eitelkeit wäre in diesem Zusammenhang ein Stichwort.

Die Lektion, die bei der negativ aspektierten Venus in Haus 2 gelernt werden muß, besteht darin, Werte auf eine neue Weise zu beurteilen und sich darüber klar zu werden, was wichtig ist und was nicht. Es geht hier um den angemessenen Einsatz von materiellen Besitztümern, in Verbindung mit Hilfsbereitschaft für andere.

♀ ℞ ③   VENUS RÜCKLÄUFIG IN HAUS 3

Die rückläufige Venus in negativer Aspektierung in diesem Haus hat damit zu tun, daß sich der Mensch als unfähig erwies, konstruktiv mit anderen zu verkehren. Zu früheren Lebzeiten bestand die Tendenz zu Gedankenlosigkeit, zu Extravaganz, zu Faulheit, Unbescheidenheit oder auch zu Impulsivität, was den Umgang mit anderen betrifft. Aufgrund dessen hat dieser Mensch sich ohne jeden Zweifel in der Schule nicht wohlgefühlt (hier ist auch die Opposition zu Haus 9, dem Haus der Freiheit und der höheren Bildung, gegeben): Er fühlte sich durch die schulischen Autoritäten eingeschränkt. Die rückläufige Venus zeigt, daß es nun notwendig ist, Selbstdisziplin zu entwickeln – woran es in der Vergangenheit gefehlt hatte. Außerdem können wir hier von der Annahme ausgehen, daß es aufgrund von Gedankenlosigkeit im Sprechen und von impulsiven emotionalen Reaktionen gegenüber anderen zu einem Zustand der Entfremdung gekommen ist. Dies gilt insbesondere für das Verhältnis zu Brüdern und Schwestern.

Wenn der Skorpion an der Spitze des 3. Hauses steht, wäre dies ein Anzeichen dafür, daß dieser Mensch keine Achtung für seine Gefolgsleute empfand, sondern Sarkasmus oder auch Boshaftigkeit zum Ausdruck brachte. Mit dem Zeichen Krebs an der Spitze von 3 könnte eine extreme Ausrichtung auf Besitz sowie eine übergroße Emotionalität in den Beziehungen zu anderen verbunden gewesen sein. Dieser Mensch war vielleicht übersensibel, sofort gekränkt und anfällig für die kleinste Beleidigung.

Die Lektion, die hier zu lernen ist, besteht darin, sich von einem Zentrum der Selbstdisziplin aus darzustellen und auf eine verfeinerte Art (Waage) mit anderen zu kommunizieren.

Wenn der Herrscher der Waage, die Venus, in einem Horoskop rückläufig ist, geht es darum, sich gemäß dem Wir-Konzept zum Ausdruck zu bringen, mit einer Haltung, die Aufmerksamkeit und Anteilnahme für unsere Mitmenschen verrät.

♀ ℞ ④   VENUS RÜCKLÄUFIG IN HAUS 4

Mit dieser Stellung ist angezeigt, daß diese Person in der Vergangenheit nicht besonders intensiv auf das, was in seiner Umgebung geschah, eingegangen ist. Auch hat er sich nicht darum bemüht, um sich herum eine harmonische und angemessene Atmosphäre zu schaffen. Das 4. Haus steht für unsere Umgebung und unser Zuhause, wobei das Zuhause auf der mundanen Ebene unser Haus beziehungsweise unsere Wohnung ist und auf der esoterischen Ebene unsere Aura beziehungsweise unser spirituelles Ich. In der Vergangenheit hat es diese Person daran fehlen lassen, ihr Zuhause auf eine angemessene Weise zu gestalten, was zur Folge hatte, daß es unbequem und unbehaglich war oder auch Züge von Chaos oder Zerrüttung widerspiegelte. Näheres kann hier an den Planeten abgelesen werden, die im Aspekt zur Venus stehen.

Die Aura repräsentiert die Gesamtheit unserer persönlichen Entwicklung, wie wir sie bis zum aktuellen Zeitpunkt durchlaufen haben. Sie stellt weiterhin dar, wie wir diese nach außen hin deutlich werden lassen. Mit der rückläufigen Venus ist angezeigt, daß es im Zusammenhang mit dieser Entwicklung Mängel gibt – was sich in unserem aurischen Feld widerspiegelt. Dies hat seinen Einfluß auf jeden Menschen, der in Kontakt mit unserer Aura kommt.

Der Geborene muß es hier lernen, die Züge seiner Persönlichkeit auf angemessene Weise zur Entwicklung zu bringen sowie eine positive und heilsame häusliche Struktur zu errichten, damit diejenigen, die in seine Einflußsphäre oder auch in sein Haus kommen, keine feindliche Energie vorfinden.

♀℞ [5]   VENUS RÜCKLÄUFIG IN HAUS 5

Mit dieser Stellung ist angezeigt, daß der Mensch sich zu früheren Lebzeiten dem süßen Leben hingegeben hat – was dann oftmals von schlimmen Folgen begleitet war. Das Hauptaugenmerk war hier auf Vergnügungen, auf die Sexualität und auf Liebesaffären gerichtet. Wenn der Mensch seine Kreativität zum Ausdruck brachte, dann deshalb, um Anerkennung für sein Ego zu erfahren (wobei es sich um einen Stier-Einfluß handelt). Möglicherweise haben wir es hier mit einem ehemaligen Spieler zu tun, der viel Geld verloren hat.

Weiterhin ist davon auszugehen, daß diese Person sich in ihren Beziehungen im Hinblick auf Liebe und Sexualität von falschen Wertvorstellungen hat leiten lassen. Unerwiderte Liebe ist ebenfalls ein Stichwort. Sehr oft weist die negativ aspektierte Venus in 5 darauf hin, daß es in der Vergangenheit zu Exzessen im Zusammenhang mit Sexualität gekommen ist. Wenn es der Mars ist, der im Spannungsaspekt zur rückläufigen Venus steht, ist zu mutmaßen, daß ungewöhnliche sexuelle Verhaltensweisen gegeben waren. Vielleicht handelte es sich hier um homosexuelle oder um lesbische Liebe. Was eventuell auch der Fall gewesen sein könnte, ist die Ablehnung oder sogar der Mißbrauch von Kindern. Heimliche Affären mit Menschen des anderen Geschlechts wären eine weitere Entsprechung.

Wenn die Venus in 5 rückläufig ist, müssen wir davon ausgehen, daß der Mensch wenig Befriedigung aus seinen Liebesbeziehungen schöpfen kann und in dieser Hinsicht nur wenig oder keine Anerkennung erfährt. Diese Person muß sich davor hüten, große Risiken im Leben einzugehen. Vielleicht ist es aber auch so, daß sie sich sehnlichst Kinder wünscht, ihr diese aber verwehrt bleiben. Die Saturn-Stellung könnte in diesem Fall nähere Aufschlüsse geben.

Die Lektion, die der Mensch mit der rückläufigen Venus in Haus 5 lernen muß, besteht darin, auf eine kluge und ernsthafte Weise zu lieben und in der Liebe nicht selbstsüchtig zu sein. Außerdem ist vor Impulsivität zu warnen. Außerordentlich viel Befriedigung könnte dieser Mensch erhalten, wenn er sich der Arbeit für behinderte Kinder verschreibt.

♀℞ ⑥ VENUS RÜCKLÄUFIG IN HAUS 6

Hier handelt es sich um das Haus, das von der Jungfrau regiert wird. Die Jungfrau ist charakterisiert durch Eigenschaften wie Unterscheidungsvermögen, durch die Fähigkeit zu lehren, zu kommunizieren und zu dienen sowie durch einen Sinn für Perfektion. Des weiteren haben wir es hier mit Gesundheit und der Allgemeinheit zu tun. Wenn die Venus im 6. Haus rückläufig ist, kommt es zu Auswirkungen hinsichtlich aller dieser Bereiche. Das ist insofern von besonderer Wichtigkeit, als es in Haus 6 um die Kulmination des Ich-Konzeptes geht, um die Vollendung der Selbstentwicklung. Das 6. Haus steht für den Abschluß der Reise des Egos bei der Entwicklung über die verschiedenen Inkarnationen hinweg, im Hinblick auf die Angelegenheiten der äußerlichen beziehungsweise der externen Welt. Wir haben es hier mit dem letzten Vorbereitungsstadium vor dem Übergang der Selbstbezogenheit oder auch des Ich-Konzeptes zum Wir-Konzept zu tun.

Die rückläufige Venus in diesem Haus ist ein Beleg dafür, daß der Mensch seine gute Gesundheit in der Vergangenheit mißbraucht hat – durch eine unsachgemäße Lebensweise oder auch durch die Mißachtung von Ernährungsvorschriften oder medizinischen Erkenntnissen. Des weiteren können wir davon ausgehen, daß kein gutes Verhältnis zur Allgemeinheit gegeben war und daß es der Geborene abgelehnt hat, anderen gegenüber Dienstbereitschaft erkennen zu lassen. Die Erfahrungen, die er gewonnen hatte, mochte er nicht mit anderen teilen.

Die Lektion, die hier gelernt werden muß, besteht in folgendem: im Blick für Details, in mehr Sorgfalt und Exaktheit, in Aufmerksamkeit für die Bedürfnisse des Körpers (weil die Seele nicht in einem kranken Körper zum Ausdruck kommen kann) und in einem positiv eingesetzten Unterscheidungsvermögen. Was letzteres betrifft, darf die Zugehörigkeit zu einer bestimmten Rasse, Farbe, Konfession oder sozialen oder ökonomischen Klasse keine Rolle spielen. Die Aufgabe dieses Menschen ist es, anderen vorbehaltlos seine Erfahrungen und sein Wissen weiterzugeben und selbstlos zu helfen. Der Wunsch nach Anerkennung oder einem beifälligen Schulterklopfen darf nicht das Motiv seiner Handlungen sein.

Mit der rückläufigen Venus in 6 könnte sich der Mensch der Aufgabe verschreiben, das Massenbewußtsein zu erforschen und etwas über die verschiedenen Niveaus herauszufinden, auf denen sich das menschliche Bewußtsein manifestiert.

♀℞ 7 VENUS RÜCKLÄUFIG IN HAUS 7

Mit der Venus rückläufig in Haus 7 ist der Mensch sich selbst sein ärgster Feind, wenn es um Partnerschaften geht, ob es sich dabei um die Ehe, um Freunde, den Beruf oder das Leben überhaupt handelt. Jedes Individuum hat eine Partnerschaft mit dem Leben. Bei der Stellung der rückläufigen Venus in Haus 7 ist die Opposition zu 1 gegeben – der Aspekt der Persönlichkeit ist also der Kanal, durch den sich die Eigenschaften manifestieren, die hier mit der rückläufigen Venus einhergehen. Mit dieser Stellung dürfte in der Vergangenheit die Tendenz zu Gedankenlosigkeit verbunden gewesen sein. Wir haben es in diesem Fall aller Wahrscheinlichkeit nach mit einem Menschen zu tun, der genommen, aber nur selten gegeben hat. Extravaganz, Rücksichtslosigkeit und Über-Emotionalität in den Beziehungen wären weitere zentrale Begriffe.

Wenn Venus in 7 rückläufig ist, zeigt uns dies, daß die Einstellungen und Haltungen im Hinblick auf die Ehe sowie alle anderen Partnerschaften in der Vergangenheit sehr auf das Ego bezogen waren. Habgier könnte hier ebenfalls eine Rolle gespielt haben.

Dieser Mensch muß es lernen, auf eine ernsthafte Weise zu lieben und nicht in erster Linie an sich, sondern an den Partner zu denken. Mit der rückläufigen Venus in 7 gilt es im Hinblick auf alle Beziehungen, Großzügigkeit und Zuneigung zu demonstrieren und Harmonie zu schaffen. Dieser Mensch hat die Pflicht, innerhalb seiner Familie für eine harmonische Atmosphäre zu sorgen sowie auf eine realitätsbezogene Weise romantisch zu sein.

♀℞ ⑧ VENUS RÜCKLÄUFIG IN HAUS 8

Dies zeigt, daß alles in der Vergangenheit ein unschönes Ende nahm, was seine Gründe in den Zügen der Persönlichkeit des betreffenden Menschen hatte. Es geht hier darum, welchen Ausgang Freundschaften, Anstellungen, Projekte und so weiter nahmen. Weil hier die Opposition zu Haus 2 gegeben ist, können wir davon ausgehen, daß falsche Wertvorstellungen die Ursache für störende Einflüsse gewesen sind. Weiterhin ist anzunehmen, daß dieser Mensch auf die Großzügigkeit anderer spekuliert hat und von anderen abhängig gewesen ist.

Wenn von Mars oder Pluto aus negative Aspekte zur Venus bestehen, hat dieser Mensch in der Vergangenheit möglicherweise eine Veruntreuung begangen oder auf irgendeine Art und Weise fremdes Geld mißbraucht oder auch gestohlen. Vielleicht ist er auch einfach mit anderer Leute Geld geflohen.

Zu früheren Lebzeiten dürften hier Kontakte zu Menschen bestanden haben, die sich mit metaphysischen Ideen beschäftigten und sich mit der höheren Wahrheit auseinandersetzten.

Wenn von Uranus aus ein Spannungsaspekt zur rückläufigen Venus in 8 besteht, wäre es vorstellbar, daß es sich um einen ehemaligen Astrologen handelt, der sein Wissen aus egoistischen Motiven für persönliche materielle Vorteile benutzt hat. Möglicherweise waren auch in einigen früheren Leben die Todesumstände außerordentlich unangenehm.

Was der Mensch hier lernen muß, ist, auf eine angemessene Weise mit dem Besitz anderer umzugehen, gleichgültig, ob es sich dabei nun um Geld oder um andere Dinge handelt. Er muß daran arbeiten, positive Werte zu entwickeln und seine Persönlichkeit immer wieder aufs neue beurteilen. Dies gilt insbesondere im Hinblick auf die Suche nach Wahrheit, damit ein harmonisches Ende von Geschehnissen und Entwicklungen möglich wird.

♀ʀ ⑨ VENUS RÜCKLÄUFIG IN HAUS 9

Wenn die Venus in diesem Haus rückläufig steht, läßt das hinsichtlich der Vergangenheit eine sehr dogmatische religiöse Position erkennen. Dies bezieht sich allerdings eher auf die äußerlichen Züge der Religion als auf das, was diese wirklich bedeutet. Diese Person hat es vorgezogen, sich an den Ritualen und prunkhaften Aspekten der Kirche zu orientieren. Es wäre insofern auch denkbar, daß es sich hier um einen bigotten Menschen gehandelt hat. Die Gefahr im jetzigen Leben besteht darin, in die gleichen Fehler zu verfallen.

Mit dieser Stellung ist ein Mangel an Selbstdisziplin angezeigt. Zu früheren Lebzeiten hat es der Mensch versäumt, sich auf geistige Weise zum Ausdruck zu bringen. Weiterhin hat er nicht das Gesetz und die allgemein anerkannten Werte und Normen akzeptiert.

Er muß es lernen, nach dem richtigen Weg im Leben zu suchen. Dabei sollte er von einer Basis ausgehen, die so breit wie möglich ist, nicht von einem begrenzten und engen Standpunkt aus. Es gilt mit dieser Stellung, den Wert aller Religionen anzuerkennen – weil jede Religion ihren Beitrag zum allgemeinen Wohl leistet. Es sollte hier insbesondere darauf geachtet werden, im Hinblick auf die mentalen Aktivitäten Beharrungsvermögen an den Tag zu legen. Der intellektuelle Ansatz hinsichtlich der Bedeutung des Lebens muß in diesem Fall durch eine spirituelle Interpretation bereichert werden.

♀℞ ⑩   VENUS RÜCKLÄUFIG IN HAUS 10

Die Venus rückläufig in Haus 10 zeigt, daß in der Vergangenheit die persönlichen Merkmale dieses Menschen sein Vorankommen behindert haben. Dies könnte mit dem Unwillen von Höherstehenden zusammengehangen haben oder auch damit, daß der Geborene keinen Nutzen aus den Besitztümern seiner Mutter ziehen konnte. Die Charakterzüge dieses Menschen haben es verhindert, daß er zu Ansehen gekommen ist. Möglicherweise hat er sogar versucht, durch einen üblen Leumund auf sich aufmerksam zu machen, was dann aber wieder aufs neue die Mißachtung seitens der Höherstehenden beziehungsweise der Mitmenschen zur Folge gehabt haben dürfte. Es mangelte in jedem Fall an Takt und Diplomatie.

Steinbock als Herrscher des 10. Hauses hielt für diesen Menschen – der sich so sehr nach Anerkennung, Ehre und Berühmtheit sehnte – in der Vergangenheit mancherlei Frustration bereit. Saturn herrscht über den Steinbock, und Saturn ist bekannt als Verneiner. Wenn die Venus in Haus 10 rückläufig ist, läßt dies erkennen, daß dem Menschen in der Vergangenheit all die Dinge versagt geblieben sind, nach denen er sich so sehr gesehnt hat.

Hier muß der Mensch lernen, durch die Entwicklung von positiven Wertvorstellungen, durch Rücksichtnahme sowie durch die Zurschaustellung von konstruktiven Charakterzügen die Anerkennung der Umgebung zu gewinnen. Auf diese Weise wird es ihm möglich sein, Fortschritte hinsichtlich seiner Position zu erzielen. Es geht hier darum, daß er seine Venus-Eigenschaften transformieren muß.

♀℞ ⑪   VENUS RÜCKLÄUFIG IN HAUS 11

In rückläufiger Stellung ist die Venus in Haus 11 ein Beleg dafür, daß sich der Mensch in der Vergangenheit eher mit Unterlegenen eingelassen hat, mit Leuten, die von ordinärer Art waren und die ordinäre Interessen hatten. Dem Geborenen hat dies zu seiner Befriedigung gedient. Entscheidend war dabei nicht das Mitgefühl, sondern die Bedürfnisse seines Egos. Sein Verhalten verriet dabei wenig Beständigkeit.

Einige Astrologen sind der Auffassung, daß jemand mit dieser Venus-Stellung in diesem Leben die gleichen Freunde wie in der Vergangenheit hat und daß sich das Muster der sozialen Aktivitäten nun wiederholt. Wie dem auch sein mag: In negativer Aspektierung bedeutet die rückläufige Venus in 11, daß der Mensch in der Vergangenheit seine Aktivitäten hauptsächlich auf die Sexualität, auf ein wildes ausschweifendes Partyleben oder ähnliches gerichtet hat.

Dieser Mensch muß sich der Aufgabe stellen, wahre Werte im Umgang mit seiner Umgebung zu entwickeln beziehungsweise sich mit Leuten zu verbinden, deren Interessen konstruktiv und positiv sind. Er muß der Verlockung widerstehen, in destruktive soziale Verhaltensmuster zu verfallen. Er sollte sich darum bemühen, sich auf eine verfeinerte und zivilisiertere Art und Weise zum Ausdruck zu bringen. Intellektuelle oder spirituell orientierte Betätigungen sind für ihn wichtiger als minderwertige Formen der Unterhaltung.

♀℞ 12 VENUS RÜCKLÄUFIG IN HAUS 12

Wenn die Venus in diesem Haus rückläufig ist, bedeutet dies eine besondere Betonung des karmischen Faktors – aufgrund der Tatsache, daß Haus 12 für das Karma steht. Diese Stellung zeigt an, daß der Mensch gefordert ist, seine seelischen Qualitäten im Rahmen seiner Persönlichkeit zum Ausdruck zu bringen, oder anders ausgedrückt: daß das Innere und das Äußere zu einer Einheit werden. In der Vergangenheit war dem nicht so gewesen. Dieser Mensch hatte sich nicht für sein seelisches Zentrum interessiert, sondern für sein Ego.

Das 12. Haus steht für die Vollendung des Zyklus durch die zwölf Tierkreiszeichen, für die Vollendung der Entwicklung des Egos. Hier sollte der Mensch eine ausgewogene Beziehung zwischen dem Äußeren und dem Inneren erreicht haben. Des weiteren geht es in Haus 12 darum, daß das Wir-Konzept zur Reife kommt (die Opposition zu Haus 6, welches für die Vollendung des Ich-Konzeptes stand).

Die Venus rückläufig in Haus 12 ist ein Beleg für die Polarität zwischen dem Ich und dem Wir. In der Vergangenheit bestand hier keine ausgewogene Beziehung. Nun aber hat der Mensch aufs neue die Möglichkeit, diesen Gegensatz zu überwinden.

Die Aufgabe besteht hier darin, sich von der Vorstellung des Selbstes zu lösen, zugunsten einer von Mitgefühl geprägten Bewußtheit für die Universalität der Menschheit: für das Dasein und die Einheit von allem. Neptun ist es, der über das 12. Haus regiert, was ein Ausdruck der Tatsache ist, daß der Mensch sich hier um wahre Spiritualität bemühen sollte, welche durch die Vereinigung von Seele und Persönlichkeit zum Ausdruck kommt. Das ist es, was diese Venus-Stellung vom Menschen verlangt: selbstlosen Dienst an der Menschheit im weitesten Sinne. Dies ist der Schlüssel für die Transformation der rückläufigen Venus in Haus 12.

DER RÜCKLÄUFIGE MARS

Wenn Mars im Horoskop rückläufig steht, ist dies ein Hinweis darauf, daß die Person in der Vergangenheit ihre Energie mißbräuchlich oder auch gar nicht eingesetzt hat. Näheres zum Einsatz von Energie können wir immer daran ablesen, wie Mars im Horoskop gestellt ist.

Die Mars-Energie kommt entweder auf direkte, positive und unmittelbare Art und Weise zum Ausdruck oder aber hauptsächlich auf dem Gebiet der Sexualität, in Form von Launenhaftigkeit oder von Gewalt. Wenn Mars rückläufig steht, können wir an seinem Zeichen und Haus Näheres dazu ablesen, welche Mars-Eigenschaften betont sind und welche abgelehnt werden. Manche Zeichen oder Häuser bedeuten eine Verstärkung von Eigenschaften, die mit dem betreffenden Planeten verbunden sind. Hier sind wir bei der Interpretation gefordert, gleichgültig, ob es sich um einen rückläufigen Planeten handelt oder nicht.

Negative Mars-Eigenschaften sind ein animalisches Wesen, eine Überbetonung des Sinnlichen sowie ein unbeherrschtes, impulsives oder auch gewalttätiges Verhalten. Mit einem negativen Mars – rückläufig oder nicht – erregt der Mensch Anstoß und steht in der Gefahr, Unfälle zu erleiden. Damit verbunden sind weiterhin eine Neigung zur Vulgarität, Ungeduld und Reizbarkeit.

♂℞ ① MARS RÜCKLÄUFIG IN HAUS 1

Der rückläufige Mars in negativer Aspektierung in Haus 1 bedeutet hinsichtlich der Beziehungen eine übergroße Aggressivität, eine Tendenz zur Prahlerei, Eigenwilligkeit, ein Strohfeuer von Emotionen sowie ein sehr streitbares Wesen. Hier gibt uns das Zeichen einen Hinweis auf die persönlichen Eigenschaften, die im Laufe der letzten Inkarnationen entwickelt wurden. Die Persönlichkeit steht für das äußerliche Selbst – es geht hier darum, wie die Welt den Menschen sieht. Insofern ist mit dem rückläufigen Mars in diesem Falle der Sachverhalt verbunden, daß der Mensch in der Vergangenheit negative Charaktereigenschaften zur Entwicklung gebracht hat. Als Reaktion darauf kommt es in diesem Leben zu gewalttätigen Aktionen, zu einem Übermaß an Impulsivität, zu Wut über Äußerungen oder Ansichten von anderen, zu Rastlosigkeit und oftmals auch zur Verschwendung von Energie. Letzteres könnte sich auf destruktive sexuelle Bedürfnisse oder Praktiken beziehen.

Alle Aktionen und Reaktionen der Persönlichkeit aus der Vergangenheit werden in dem aktuellen Leben wiederholt. Die Tendenz ist, auch jetzt für das zu kämpfen, was schon früher angestrebt wurde. In diesem Zusammenhang ist es logisch, daß dieselben Schwierigkeiten und persönlichen Probleme wie früher in Erscheinung treten.

Die Energie, die mit dem rückläufigen Mars verbunden ist, könnte im Wortsinne kreativ-schöpferisch sein. Vielleicht handelt es sich hier um einen Menschen, der in der Vergangenheit zu sehr auf das Sexuelle ausgerichtet gewesen war.

♂℞ ② MARS RÜCKLÄUFIG IN HAUS 2

Der rückläufige Mars an dieser Stelle zeigt, daß die Vergangenheit vom Mangel an Wertvorstellungen gekennzeichnet gewesen war. Dieser Mensch hat kein Verständnis für Dinge und für Schönheit gehabt. Er richtete sein Augenmerk hauptsächlich auf das Schaffen von Sicherheit und auf materielle Besitztümer. Dabei kam es ihm darauf an, anderen seinen Erfolg vor Augen zu führen – oftmals auf eine prahlerische und prunksüchtige Weise. Des weiteren dürfen wir von einem Mangel an gutem Geschmack ausgehen.

Ohne Zweifel haben wir es bei dem Menschen mit einem rückläufigen und verletzten Mars auch mit einer Neigung zur Täuschung zu tun. Bei dem Bestreben, Besitz und Erfolg zu erwerben, könnte er sich unlauterer Methoden bedient haben.

Wenn Mars in Haus 2 steht – direkt- oder rückläufig –, ist die Fähigkeit gegeben, an Geld zu kommen. Die Aspekte sowie die Tatsache, daß es sich in unserem Fall um den Zustand der Rückläufigkeit handelt, lassen uns Näheres dazu erkennen, wie dieser Mensch zu seinen Besitztümern gekommen ist. Wenn hier ein Spannungsaspekt von Pluto aus gegeben ist, können wir die Vermutung aussprechen, daß in der Vergangenheit Verbindungen mit Kriminellen bestanden. Es könnte sein, daß dies bewußt oder unbewußt auch in diesem Leben wieder der Fall ist.

Des weiteren ist hier davon auszugehen, daß der Geborene Erbschaften, die er gemacht hat, mißbräuchlich nutzte. In diesem Leben könnte deshalb die Tendenz bestehen, sich Illusionen im Hinblick auf Erbschaften hinzugeben. Es wäre auch möglich, daß dieser Mensch eine ablehnende Haltung gegenüber dem Vermächtnis einer anderen Person hat. Diese Einstellung könnte andere beeinflussen: Vielleicht beschließen Verwandte oder Bekannte, weil sie sich beleidigt fühlen, diesen Menschen in ihrem letzten Willen nicht zu bedenken.

Die Lektion, die mit dem rückläufigen Mars in 2 zu lernen ist, besteht darin, Energie konstruktiv zum Erwerb von materieller Sicherheit einzusetzen. Sehr wichtig dabei ist, wie der Mensch seine Besitztümer nutzt.

Mit dieser Stellung muß sich der Geborene davor hüten, persönliche Fortschritte zu Lasten seiner Mitmenschen zu erzielen. Wenn er auf seine eigene Energie baut und sich davor in acht nimmt, in Abhängigkeit von anderen zu geraten, kann er selbst der Garant seines Erfolges sein.

♂℞ ③ MARS RÜCKLÄUFIG IN HAUS 3

Wenn Mars in diesem Haus rückläufig steht, bringt das zum Ausdruck, daß zwischen diesem Menschen und seinen Brüdern und Schwestern und den anderen Verwandten nicht das beste Verhältnis bestand. Wir müssen hier davon ausgehen, daß wenig Selbstdisziplin vorhanden gewesen war, was im Hinblick auf jegliche Art von strukturierter oder organisierter Aktivität zu Problemen geführt hat (ein Stichwort: die Schule). Es könnte sich hier um einen typischen schulischen Problemfall gehandelt haben. Möglicherweise widersetzte sich der Geborene allem, was ihm (zum Beispiel von Lehrern) gesagt und was von ihm verlangt wurde. Der rückläufige Mars in Haus 3 ist ein Zeichen für mangelhafte Selbstdisziplin – was die Schule, die Religion oder die Gesellschaft überhaupt betrifft. Es könnte sich hier um ein Kind gehandelt haben, das den Nachbarn immer wieder üble Streiche gespielt hat, das im Konfirmandenunterricht für Unruhe sorgte oder das in der Schule die Lehrer zur Weißglut brachte.

Der Zustand der Rückläufigkeit läßt in diesem Fall weiterhin erkennen, daß der Mensch sich nicht gut mit seinen Geschwistern auseinandersetzen konnte – sowohl im Hinblick auf das gesprochene als auch das geschriebene Wort. Das gleiche gilt für die Beziehungen zu Verwandten, zu Mitschülern, Lehrern, Nachbarn und anderen mehr. Im aktuellen Leben dürfte dieser Mensch immer wieder aufs neue für Chaos und Verwirrung sorgen und immer wieder Unfrieden in seiner Umgebung stiften. In der Vergangenheit hat er andere zu seinem Vorteil benutzt, und nun könnte er die Erfahrung machen, daß er von seinen nahen oder fernen Verwandten abgelehnt wird.

Die Lektion, die mit dem rückläufigen Mars in 3 zusammenhängt, besteht in der Entwicklung von Selbstdisziplin sowie darin, den Verstand auf geistige Bereiche wie die Wissenschaften oder die Mathematik zu richten – auf alles, was Analyse oder Tiefgründigkeit erfordert. Dieser Mensch muß lernen, Takt und Geduld zu haben. Er muß sehr darauf achten, was er sagt und schreibt.

♂R ④ MARS RÜCKLÄUFIG IN HAUS 4

Mit dem rückläufigen Mars in Haus 4 ist angezeigt, daß der Geborene sich in der Vergangenheit als Vaterfigur präsentiert hat, allerdings auf eine dominierende, aggressive oder auch grausame Art und Weise. Im Zuhause dürften Züge von Schroffheit, Einschränkung und von Kontrolle zu beobachten gewesen sein. Dieser Mensch zeigte sich als autoritärer Despot, er war nicht geneigt, die

Rechte derjenigen, die mit ihm zusammenlebten, anzuerkennen. Er war des weiteren nicht dazu bereit, andere Meinungen gelten zu lassen. Das, was er für richtig hielt, setzte er mit aller Macht und ohne jedes Augenmaß durch. Alles sollte auf die Art und Weise geschehen, die er für richtig hielt.

Weil es von Haus 4 aus zum Quadrat zum 1. Haus, dem Haus der Persönlichkeit, kommt, treten bestimmte Charakterzüge bei den Handlungen des Geborenen deutlich hervor. Sein aurisches Feld war von diesen negativen Zügen erfüllt. Jeder, der in Kontakt mit ihm kam, war gezwungen, auf diese zu reagieren. Dies führte oftmals zu großem Leid. Wir müssen uns in diesem Zusammenhang daran erinnern, daß die Aura und der physische Körper unser Zuhause in diesem Leben darstellen.

Dieser Mensch dürfte unter einem jähzornigen Vater zu leiden gehabt haben (als Reaktion auf die Vergangenheit) und in unsicheren, frustrierenden und chaotischen häuslichen Umständen aufgewachsen sein. Der Herrscher des 4. Hauses ist der Mond – Mars in rückläufiger Stellung in 4 weist auf eine karmische Schuld gegenüber der Mutter hin, der sich der Mensch in der Vergangenheit nicht bewußt war. Vielleicht liegt der Grund für diese Schuld in der Tatsache, daß er gegenüber seiner Mutter gewalttätig wurde.

Die Lektion, der sich der Mensch mit dem rückläufigen Mars in Haus 4 stellen muß, besteht darin, für angemessene und positive häusliche Umstände zu sorgen. Es geht dabei nicht nur um materielle Faktoren. Von grundlegender Wichtigkeit ist auch, daß im Zuhause eine Atmosphäre des Glücks herrscht. Hierauf kommt es an, und hierbei spielt es keine Rolle, ob dies nun von außen anerkannt wird oder nicht.

♂ᵣ ⑤   MARS RÜCKLÄUFIG IN HAUS 5

Mit dem rückläufigen Mars an dieser Stelle stehen alle Dinge im Vordergrund, die mit dem 5. Haus zusammenhängen: Liebesaffären, Kinder und Vergnügungen.

In der Vergangenheit hat der Geborene im Hinblick auf Liebesaffären die Menschen des anderen Geschlechts nur zum Zwecke seiner persönlichen Befriedigung benutzt. Der hintergründige Löwe-Einfluß (das Zeichen Löwe herrscht über das 5. Haus) macht sich hier deutlich bemerkbar: Mit diesem Zeichen besteht der Wunsch zu dominieren. Hinsichtlich der Liebesaffären bringt Mars rückläufig in 5 zum Ausdruck, daß es der Geborene sein will, der bestimmt. Es ist hier das Quadrat zu Haus 2 gegeben, welches vom Stier beherrscht wird. Insofern könnte auch dessen animalische Natur Bestandteil des Problems sein, das aus der Vergangenheit in die jetzige Zeit übernommen wurde. Es ist in diesem Zusammenhang von besonderer Bedeutung, welche Aspekte zum rückläufigen Mars vorhanden sind, weil dies Rückschlüsse auf das Wesen von sexuellen Neigungen oder Praktiken ermöglicht. Neben diesen Praktiken können auch Vergewaltigungen, Homosexualität, die Neigung zum Lesbiertum oder dem sexuellen Kindesmißbrauch durch die Aspekte zum rückläufigen Mars angezeigt sein. Eine Rolle spielt hier auch, welches Zeichen an der Spitze des 5. Hauses steht.

Kinder hat dieser Mensch in der Vergangenheit nicht besonders geschätzt. Er zeigte sich in dieser Hinsicht von großer Ungeduld, Launenhaftigkeit und möglicherweise auch Grausamkeit (eventuell der Hinweis auf Kindesmißbrauch). Wenn der rückläufige Mars in 5 sich auch noch in einem eingeschlossenen Zeichen befindet, dürfte es für den Menschen sehr schwierig sein, Kinder zu bekommen. Das hat seinen Grund dann darin, daß er in der Vergangenheit Kinder abgelehnt oder mißbraucht hat.

Was die Vergnügungen dieses Menschen in der Vergangenheit angeht, ist auf eher ordinäre oder vulgäre Aktivitäten zu schließen. Das Sexuelle hat für ihn eine sehr wichtige Rolle gespielt. Weil es sich hier um die Opposition zu Haus 11 handelt, welches für Freunde und soziale Unternehmungen steht, kommen hier eher negative Züge zum Ausdruck. Diese Person dürfte sich zu denjenigen hingezogen gefühlt haben, die von ähnlichem Wesen wie sie selbst waren. Sie wird noch immer zu den Aktivitäten neigen, denen sie in der Vergangenheit nachgegangen war.

Die Lektion, die hier gelernt werden muß, ist der angemessene Ausdruck der Energien, die mit Liebesaffären, mit Kindern und mit Vergnügungen in Beziehung stehen. Dieser Mensch muß Rücksicht auf andere nehmen und in seinem Tun und Handeln Ernsthaftigkeit demonstrieren. Seine kreativen Aktivitäten müssen von dem Bestreben gekennzeichnet sein, die Probleme zu überwinden, die mit dem rückläufigen Mars in 5 verbunden sind.

♂ R ⑥   MARS RÜCKLÄUFIG IN HAUS 6

Mars rückläufig in diesem Haus bezieht sich in erster Linie auf die Gesundheit, die Allgemeinheit und auf die Umstände der Arbeit. In der Vergangenheit hat sich dieser Mensch einer guten Konstitution und großer Stärke erfreut. Mit dieser Stellung müssen wir aber davon ausgehen, daß er seine Gaben verschwendet und es abgelehnt hat, sich um seinen Körper zu kümmern. Der Kosmos legt uns die Aufgabe, für unseren Körper Sorge zu tragen, nahe – aufgrund der Tatsache, daß sich die Seele im Zusammenhang mit den physischen Erfahrungen im Körper weiterentwickelt. Es handelt sich hier um eine Pflicht, die wir mit großer Sorgfalt erfüllen müssen. In der Vergangenheit ist der Mensch dieser Aufgabe nicht gerechtgeworden. Was das aktuelle Leben betrifft, könnte daraus eine Neigung zu Unfällen resultieren (wir müssen in diesem Zusammenhang darauf achten, welches Zeichen an der Spitze dieses Hauses steht).

Negative Aspekte zum rückläufigen Mars in 6 lassen erkennen, unter welchen Krankheiten dieser Mensch zu leiden hatte. Des weiteren sind sie ein Hinweis darauf, daß er für die öffentliche Meinung und die Bedürfnisse der Allgemeinheit Geringschätzung empfunden hat. Auch weisen sie darauf hin, daß der Mensch seine Position nur zu seinem persönlichen Vorteil benutzte. Er hat nicht zu seinen Mitarbeitern oder Untergebenen gehalten, und er hat keinen Wert darauf gelegt, zu Gruppen – welcher Art diese auch gewesen sein mochten – eine positive Beziehung zu haben. Auch die Beziehungen zu anderen dürften durch die Qualitäten des rückläufigen Mars geprägt gewesen sein (Eigenschaften wie zum Beispiel Launenhaftigkeit, die Neigung zu Gewalttätigkeit und anderes mehr). Was bezüglich der Vergangenheit gleichfalls denkbar wäre, ist die Mißhandlung von Tieren.

Die Lektion, die mit dem rückläufigen Mars in 6 gelernt werden muß, besteht in Aufmerksamkeit gegenüber körperlichen Belangen (allerdings ohne in Extreme zu verfallen: Die Jungfrau ist das Zeichen, das über dieses Haus herrscht. Wenn der Geborene hier nicht aufpaßt, wird er möglicherweise zum Hypochonder). Eine angemessene Ernährungsweise und körperliche Betätigung sind in diesem Fall anzuraten. Was die Beziehung zu Mitarbeitern angeht, sollte dieser Mensch um ein harmonisches Verhältnis bemüht sein.

Geduld und Respekt gegenüber anderen und Dienstbereitschaft ohne egoistische Motive sind die Dinge, auf die die Energie beim rückläufigen Mars in 6 gerichtet werden sollten.

♂R ⁷ MARS RÜCKLÄUFIG IN HAUS 7

An dieser Stellung können wir ablesen, daß der Mensch in der Vergangenheit alle Formen der Partnerschaft – die Ehe, geschäftliche Beziehungen oder die Beziehung zum Leben überhaupt – nur zu seinem persönlichen Vorteil benutzt hat. In jeder Partnerschaft ging es ihm ausschließlich darum, den eigenen Willen durchzusetzen und die eigenen Interessen zu verfolgen. Was andere Leute wollten oder dachten, war ihm gleichgültig.

Seine Ehe war der Geborene möglicherweise nur aus einem rein körperlichen oder auch animalischen Bedürfnis heraus eingegangen. Der Partner war in diesem Fall unter Umständen nichts als ein Werkzeug zur persönlichen Selbstbestätigung. Die Beziehungen, die dieser Mensch führte, dürften durch außerordentlich intensive Emotionen, durch ein Übermaß an Leidenschaft sowie durch große Streitlust gekennzeichnet gewesen sein. Die Aspekte, die hier zum rückläufigen Mars bestehen, könnten möglicherweise auf ungewöhnliche sexuelle Praktiken, auf ungewöhnliche Verbindungen wie zum Beispiel zu Homosexuellen oder auf eheliche Untreue hindeuten. Im Hinblick auf das Berufsleben könnte dieser Mensch sehr autoritäre oder aggressive Züge gezeigt haben. Auch ist hier vielleicht, in Abhängigkeit zu dem Zeichen an der Spitze von Haus 7, Unzuverlässigkeit oder Unehrlichkeit in der Beziehung in Erscheinung getreten. Es ist in diesem Fall ohne weiteres möglich, daß Geschäftspartner betrogen worden sind (Mars herrscht auch über den Diebstahl). Im aktuellen Leben ist davon auszugehen, daß die Partnerschaften von Disharmonie, von Verlusten, Frustrationen und von Enttäuschungen gekennzeichnet sind.

Die Aufgabe, die dieser Mensch vor sich hat, liegt darin, anderen Aufmerksamkeit und Mitgefühl entgegenzubringen und ein ehrliches und zuverlässiges Verhalten zu zeigen. Den physischen Bedürfnissen in der Ehe darf nur mit viel Rücksichtnahme, Einfühlungsvermögen und Freundlichkeit nachgegangen werden. Dieser Mensch muß seine Einstellung dem Leben gegenüber immer wieder überprüfen. Es gilt, der Suche nach Wahrheit sehr viel Aufmerksamkeit zu widmen (weil der Mars auch über den Skorpion herrscht, welcher seinerseits das 8. Haus regiert).

♂ ℞ ⑧   MARS RÜCKLÄUFIG IN HAUS 8

Die Notwendigkeit, die mit dem rückläufigen Mars verbundenen Eigenschaften zu transformieren, ist besonders groß, wenn es um das 8. Haus geht, weil dies das Haus ist, das zu Mars als der niederen Oktave des Skorpion gehört. Mit dieser Stellung sind die Angelegenheiten, die mit dem 8. Haus zusammenhängen, besonders betont – wie das Karma überhaupt. Die Notwendigkeit zur Transformation der negativen Mars-Eigenschaften ist auch deshalb so groß, weil es sich hier um das Haus der Regeneration handelt.

Mars rückläufig in 8 ist ein Ausdruck der Tatsache, daß alles, was in der Vergangenheit ein Ende nahm – ob Beruf, Freundschaften oder das Leben überhaupt –, unter sehr emotionalen, unerfreulichen und mitunter gewalttätigen oder konfusen Umständen vor sich ging. Mit anderen Worten: Dieser Mensch hat in der Vergangenheit Freundschaften aufgrund einer Meinungsverschiedenheit und Beschäftigungsverhältnisse aufgrund von Jähzorn beendet. Dies stand damit in Verbindung, daß er unfähig dazu war, mit anderen auszukommen. Der Tod könnte hier mit außerordentlich viel Leid und Schmerz verbunden gewesen sein.

Weiterhin können wir dieser Stellung entnehmen, daß der Geborene anderer Leute Geld mißbraucht hat. Vielleicht handelte es sich hier um einen Blender, um jemanden, der Witwen und Kinder betrog und die Aufmerksamkeit der Öffentlichkeit für seine persönlichen Vorteile benutzte. Wir können dieser Stellung schließlich entnehmen, daß dieser Mensch irgendwann in der Vergangenheit auf eine negative Weise nach Wahrheit suchte. Was hier denkbar ist, wäre eine frühere Mitgliedschaft bei einer destruktiven Organisation (ein Stichwort dazu: Schwarze Magie).

In diesem Leben erlebt der Geborene ähnliche Umständen im Hinblick darauf, was für ein Ende die Geschehnisse nehmen. Möglicherweise gibt es die eine oder andere Versuchung für ihn, mit der seine Aufrichtigkeit geprüft wird (zum Beispiel, wenn er in einer Organisation das Amt des Schatzmeisters innehat). Dieser Mensch könnte sich vom Spektakulären und vom Aufsehenerregenden der Gebiete wie Astrologie oder Metaphysik angezogen fühlen. Er muß daran arbeiten, einen Blick dafür zu bekommen, wo wirklich Wahrheit zu finden ist.

Die Lektion, die mit dem rückläufigen Mars in 8 gelernt werden muß, besteht in der Entwicklung von Respekt, in einem ernsthaften Vorgehen und in unbedingter Aufrichtigkeit. Durch den Einsatz von Takt und Diplomatie können die Dinge ein positiveres Ende nehmen, welches diesem Menschen mehr nützt. Die Mitgliedschaft in Organisationen, die sich metaphysischen Aktivitäten sowie der unbedingten Suche nach Wahrheit verschrieben haben, könnte die Eigenschaften, die mit dem rückläufigen Mars verbunden sind, transformieren. Das Ergebnis einer solchen Tätigkeit ist dann möglicherweise eine schützende spirituelle Energie für das Ende des Lebens.

♂ᴙ 9 MARS RÜCKLÄUFIG IN HAUS 9

Wenn im Horoskop der rückläufige Mars in Haus 9 steht, handelt es sich entweder um einen Menschen, der seine Religion auf eine dogmatische Art und Weise praktizierte und niemandem das Recht auf eine eigene Meinung zugestand oder um jemanden, der sich vehement gegen Religion einsetzte. Viel hängt hier von den Aspekten zu Mars ab und von den Zeichen, in denen die betreffenden Planeten stehen. Nehmen wir einmal an, daß wir es hier mit einem Menschen zu tun haben, der zu früheren Lebzeiten ein religiöser Dogmatiker war. In diesem Fall wäre es möglich, daß es sich um jemanden handelt, der in der Vergangenheit andere wegen ihrer Religion verfolgt und vielleicht sogar körperlich gequält hat, zum Beispiel als Amtsträger der spanischen Inquisition.

Ohne Zweifel hatte dieser Mensch eine ausgeprägte und sehr eigenständige Lebensanschauung, unter Umständen mit Zügen, von denen andere sich beleidigt fühlten. Auch war der Geborene sehr auf sich bezogen und nicht besonders rücksichtsvoll. Was den Bereich der Erziehung und Ausbildung betrifft, kamen Ungeduld und Impulsivität zum Ausdruck.

Es handelt sich von Haus 9 aus um das Quadrat zum 12. Haus. Der rückläufige Mars in 9 zeigt, daß der Mensch in der Vergangenheit aufgrund seiner Impulsivität und seiner irrationalen Aktivitäten beschränkt war. Die Planetenaspekte und die Zeichen, in denen die betreffenden Planeten stehen, bringen nähere Informationen darüber, welcher Art diese Beschränkung war – ob es sich dabei möglicherweise um Krankenhäuser, um Anstalten für Geisteskranke oder um Gefängnisse gehandelt hat. Wenn zum Beispiel Pluto im Spannungsaspekt zum rückläufigen Mars steht, können wir auf kriminelle Handlungen schließen, die zu einer Inhaftierung führten. Spannungen von Uranus oder von Merkur aus könnten Störungen hinsichtlich der geistigen Verfassung anzeigen.

Die Aufgabe dieser Person ist es, die Meinungen und Überzeugungen der Mitmenschen zu respektieren und eine vernünftige Lebensanschauung zu entwickeln, die auf die alltäglichen Erfahrungen angewendet werden kann. Es geht hier um die Ausweitung der Perspektive im Hinblick auf Bildung sowie um eine ausgewogene Beziehung zwischen der eigenen erleuchteten Freiheit und dem Recht der anderen. Der Mensch muß sich auf eine Art und Weise verhalten, die erkennen läßt, daß er Wertvorstellungen hat – mentaler, emotionaler, physischer und moralischer Art. Wenn er dies tut, vermeidet er die Gefahr, sich selbst zu beschränken. Es geht hier des weiteren um die Verbindung der Mars-Energie mit dem höheren Selbst, welches das Christliche Prinzip einschließt.

♂R ⑩ MARS RÜCKLÄUFIG IN HAUS 10

An dieser Stellung können wir ablesen, daß der Geborene in der Vergangenheit dazu neigte, von einer Arbeit zu anderen zu wechseln, und daß er der Verantwortung, die er im Beruf gehabt hat, nicht gerecht geworden ist. Weiterhin dürfte er die Autorität, die ihm im Rahmen seiner Position zur Verfügung gestanden hat, mißbräuchlich eingesetzt haben. Es ging ihm in erster Linie um sein persönliches Fortkommen. Mit anderen Worten: Er hat sich keine Gedanken dazu gemacht, was er für seinen Beruf tun konnte, sondern nur dazu, was sein Beruf ihm brachte. Es könnte sich um jemanden gehandelt haben, der auf dem Schlachtfeld zu Ehren kam, es sich dann aber im militärischen Dienst oder auf einem anderen beruflichen Feld wegen seiner Ungeduld, seinem Jähzorn und seiner Selbstbezogenheit mit anderen verdarb und sein Ansehen bei den Vorgesetzten verlor. Ehre war für ihn etwas sehr Oberflächliches – in seinem Inneren hatte er von ihr keine Vorstellung.

Woran wir hier denken könnten, ist eine Tätigkeit im militärischen Sektor oder auf allgemeinem wirtschaftlichem Gebiet, zum Beispiel im Versorgungswesen oder bei etwas, was mit Analyse oder Statistik zusammenhängt. Alle diese Tätigkeiten dürfte dieser Mensch aber nur zu seinem persönlichen Vorteil ausgeübt haben. Als Extrem wäre denkbar, daß er sich hier sogar des Diebstahls schuldig gemacht hat (wobei er sich selbst vielleicht als Ausbund an Tugend hinstellte). Wir haben es in diesem Fall also vielleicht mit einem korrupten Beamten zu tun – was insbesondere dann der Fall sein könnte, wenn ein Spannungsaspekt von Neptun aus gegeben ist. Vorausgesetzt, daß bei letzterem die Zeichen Skorpion, Fische oder Zwillinge in Erscheinung treten: Könnte es sich dann nicht sogar um einen potentiell großen Arzt gehandelt haben, der den Hippokratischen Eid mißachtete und nur an persönlichen Vorteilen und Ruhm interessiert war und für den wahre Dienstbereitschaft keine Rolle spielte? Die negativste Auswirkung wäre hier der sadistische Arzt, der zum Beispiel ohne Betäubung operiert hat.

Der Mensch mit dem rückläufigen Mars in 10 muß es lernen, sich auf beharrliche Weise zu bemühen und seine Ziele mit Ausdauer zu verfolgen. Es kommt hier auf die Ernsthaftigkeit der Motive an. Ruhm und Ehre dürfen allenfalls Begleitumstände, nicht aber die eigentlichen Ziele sein, für die er in seinem Beruf arbeitet. Wenn er all dies beherzigt, werden sich sein berufliches Fortkommen und die Anerkennung der Vorgesetzten wie von selbst ergeben.

♂ᴿ ⑪ MARS RÜCKLÄUFIG IN HAUS 11

Der rückläufige Mars in 11 zeigt, daß sich der Geborene in der Vergangenheit vorwiegend mit unterlegenen Menschen vergnügt hat, mit Leuten, die von rauhem und ordinärem Wesen waren. Vielleicht war es aber auch so, daß bei den Freundschaften beziehungsweise den gesellschaftlichen Aktivitäten äußerliche Faktoren im Vordergrund standen – und nicht das, was diese wirklich bedeuteten. Auch hier ist wieder Näheres daran abzulesen, welche Aspekte zu Mars bestehen und welche Zeichen beteiligt sind. Insbesondere gilt dies im Hinblick auf die gesellschaftlichen Aktivitäten. In diesem

Zusammenhang denkbar wären auch sexuelle Ausschweifungen oder wilde Trinkgelage.

Mars rückläufig in den Fischen wäre ein Indiz dafür, daß der Mensch wenig Wert auf Freundschaften gelegt hat. Wenn es sich hier um das Zeichen Löwe handelt, können wir davon ausgehen, daß der Geborene die beherrschende Rolle in seinen Beziehungen gespielt und die Freunde dominiert hat – was in der Folge zu Spannungen geführt haben dürfte. Wenn es um das Zeichen Krebs geht, bedeutet der rückläufige Mars, daß der Mensch in seinen Freundschaften überemotional reagierte, zu besitzergreifend war und sich zu sehr in das Leben anderer einmischte. Beim Skorpion haben wir es damit zu tun, daß diese Person ihren Gefolgsleuten gegenüber Verachtung empfand und von dünkelhaftem Wesen war.

Der Mensch mit einem rückläufigen Mars in 11 muß seine gesellschaftlichen Aktivitäten transformieren und sich in seinen Kontakten zu anderen auf eine konstruktive Weise verhalten. Es gilt hier, von spirituell geprägten moralischen Gesichtspunkten aus zu handeln. Dazu ist es nötig, daß Wertvorstellungen im Hinblick auf die Mitmenschen entwickelt werden. Der Geborene muß es lernen, seine Freunde zu nutzen, nicht zu benutzen.

Wer den Mars rückläufig in Haus 11 hat, sollte sich davor hüten, Verbindungen mit niederen Menschen einzugehen. Er muß sich darüber im klaren sein, daß diese Menschen sich gemäß ihrem eigenen Weg entwickeln. Vielleicht ist es allerdings auch so, daß sie sich von demjenigen mit dem rückläufigen Mars in 11 die Richtung, in die sie gehen müssen, zeigen lassen möchten. Wie dem auch sein mag: Worauf es hier ankommt, ist, kein zu enges Verhältnis entstehen zu lassen.

♂ ℞ [12]   MARS RÜCKLÄUFIG IN HAUS 12

Wer den Mars rückläufig in Haus 12 hat, ist sich in der Vergangenheit im Hinblick auf seinen körperlichen Zustand selbst sein ärgster Feind gewesen. Dies gilt deshalb, weil es sich hier um die Opposition zu Haus 6 handelt. Der Geborene hat kein Gefühl dafür gehabt, wie er seine Energie bewahren konnte, und er hat mehr auf sich geladen, als zu bewältigen war. Es bestand die Tendenz, sich zu verausgaben – möglicherweise bis hin zum Zusammenbruch. Wenn das Zeichen Löwe an der Spitze von 12 steht, haben wir es in dieser Beziehung mit Zügen der Arroganz zu tun beziehungsweise mit dem Drang, daß der Mensch immer im Zentrum der Aufmerksamkeit stehen möchte.

Es handelt sich beim 12. Haus um das Haus der Seele und des Karmas. Der Zweck der Mars-Energie liegt darin, Kraft für die Auseinandersetzung mit dem Leben und für die Weiterentwicklung zu liefern. Diese Stellung weist darauf hin, daß es in der Vergangenheit zum mißbräuchlichen Einsatz von Energie gekommen ist, was zur Folge hatte, daß Karma nicht abgearbeitet, sondern zusätzlich angehäuft wurde. Diese Person hat es nicht geschafft, auf die Herausforderungen des Lebens zu antworten. Sie hat ihr Wissen und ihre Erfahrungen nicht im Rahmen von Hilfsbereitschaft anderen gegenüber eingesetzt. In diesem Leben dürfte der Geborene in seinem Inneren außerordentlich ungeduldig sein und viele Enttäuschungen erleben. Es ist davon auszugehen, daß es bei den vielen frustrierenden Erfahrungen sehr schwer für ihn wird, zum vollständigen Ausdruck seiner selbst zu gelangen.

Die Lektion, die mit dem rückläufigen Mars in 12 einhergeht, besteht in der Entwicklung von wahrer Bescheidenheit sowie darin, anderen wirklich zu Diensten zu sein, ohne dabei auf Anerkennung zu hoffen. Hier muß eine Verbindung zwischen dem inneren und dem äußeren Selbst gefunden werden, welche ein Ausdruck der Einheit des Ganzen ist.

DER RÜCKLÄUFIGE JUPITER

Wir müssen uns immer darüber im klaren sein, daß Jupiter das Prinzip der Expansion verkörpert. Er steht weiterhin für Eigenschaften und Dinge wie Großzügigkeit, Geld, Wohlwollen, Religion, Autorität und das Gesetz. Vom Standpunkt der Expansion aus zeigt die Rückläufigkeit dieses Planeten, daß es in der Vergangenheit aus dem einen oder anderen Grund nicht zur persönlichen Entwicklung gekommen ist. Es liegt hier der Schluß nahe, daß dieser Mensch in früheren Leben immer der gleiche geblieben ist, ohne sich zu verändern oder sich weiterzuentwickeln.

Jupiter weist darauf hin, auf welchem Gebiet wir das Karma durch die Expansion unseres Wesens zum Ausdruck bringen sollten. Der Mensch mit dem rückläufigen Jupiter im Horoskop hat sich in der Vergangenheit nicht entwickelt, mit der Folge, daß er nun in Form der gleichen Persönlichkeit wie zu früheren Lebzeiten inkarniert. Er hat seine früheren Leben verschwendet – und auch jetzt ist wieder die Tendenz gegeben, das Leben zu verschwenden, zumindest dann, wenn er es nicht lernt, die Jupiter-Energie zu transformieren. Mit dem rückläufigen Jupiter erlebt der Mensch ein früheres Leben aufs neue. Jedes Leben und jedes Horoskop aber steht für andere Gelegenheiten, wozu noch zu sagen ist, daß der Geborene selbst sein Leben bestimmt, weil sein Wille frei ist. Der Mensch kann zum Sklaven seines Horoskops werden oder es überwinden. Letzteres befreit ihn davon, irgend etwas aus dem Horoskop noch einmal leben zu müssen. Was du säst, wirst du ernten.

♃℞ ① JUPITER RÜCKLÄUFIG IN HAUS 1

Wir haben es auch hier wieder mit negativen Charakterzügen zu tun. Mit Jupiter rückläufig in Haus 1 müssen wir davon ausgehen, daß der Mensch in der Vergangenheit negative Persönlichkeitszüge zum Ausdruck gebracht hat, von unzuverlässigem Wesen war und falsche Beurteilungen traf. Mit dem rückläufigen Jupiter ist oftmals auch Unehrlichkeit oder ein mangelnder Sinn für Gerechtigkeit verbunden. Das hängt allerdings davon ab, in welchem Zeichen Jupiter hier steht.

Jupiter herrscht über das 9. Haus. Im Normalfall bedeutet das eine sehr philosophische Einstellung oder auch eine religionskritische Haltung. Bei der Rückläufigkeit müssen wir davon ausgehen, daß der Mensch keine gesunde Lebensanschauung hat, sondern eher von einem verschrobenen, mitunter auch befremdlichen religiösen Ansatz ausgeht. Des weiteren neigt der Geborene dazu, die Eigenschaften des höheren Geistes in Abrede zu stellen. Auf diese Weise wird die Jupiter-Energie aber verschwendet. Die Folge davon könnte zum Beispiel Alkoholismus sein.

Es erhebt sich hier sogleich die Frage, wie es um die Ehrlichkeit dieses Menschen bestellt ist, was sein Verhältnis zu der Welt in ihrer Gesamtheit angeht. Es ist damit zu rechnen, daß in diesem Zusammenhang ein großes Maß an Selbsttäuschung gegeben ist, was auch nach außen hin deutlich werden dürfte.

Die Lektion, die dieser Mensch lernen muß, besteht in der Entwicklung eines Bewußtseins für das eigene Wesen. Die Aufgabe liegt hier darin, einen Realitätsbereich zu finden, in dem es zu einer umfassenden Selbsterkenntnis kommt.

♃℞ ② JUPITER RÜCKLÄUFIG IN HAUS 2

Der rückläufige Jupiter in 2 hat mit dem materiellen Aspekt des Lebens zu tun, was auch damit zusammenhängt, daß Jupiter für Geld steht. Hier ist angezeigt, daß es in der Vergangenheit zum unsachgemäßen Einsatz von Geld gekommen ist oder auch, daß es an Geld und Besitztümern gemangelt hat. Es ist auch möglich, daß Geiz das im Vordergrund stehende Thema ist. Das würde bedeuten, daß dieser Mensch früher Geld besessen hat, es aber nicht auf angemessene Weise einsetzte.

Vielleicht hat der Geborene zu früheren Zeiten Erbschaften gemacht – und alles verschwendet. Geld bedeutet Verantwortung, und der rückläufige Jupiter zeigt, daß diese Person in der Vergangenheit ihrer Verantwortung Geld und Besitztümern gegenüber nicht gerecht geworden ist. Der Herrscher des 2. Hauses ist der Stier, welcher wiederum von der Venus regiert wird. Dies legt den Schluß nahe, daß der Mensch möglicherweise sein Geld für die prunkhafte Ausschmückung seines Zuhauses oder auch für Juwelen ausgegeben hat.

Das 2. Haus ist Haus 8 entgegengesetzt. Das Karma dieses Menschen hängt also zumindest zum Teil damit zusammen, daß er es in der Vergangenheit abgelehnt hat, sich mit dem Okkulten zu beschäftigen.

Die Lektion, die hier gelernt werden muß, besteht darin, die Gedanken zum Geld und seinem sachgemäßen Einsatz zu überprüfen. Es geht darum, die eigenen Besitztümer als das zu schätzen, was sie wirklich sind, und dem Bedürfnis nach der höheren Wahrheit im metaphysischen Bereich gerechtzuwerden.

4ᴿ ③ JUPITER RÜCKLÄUFIG IN HAUS 3

Hier steht der rückläufige Jupiter dem 9. Haus gegenüber, welches mit der höheren Bildung, der Religion und dem Gesetz zu tun hat. Hiermit kommt zum Ausdruck, daß der Mensch – welchem Studienbereich er sich auch verschrieben hat – über kein gutes Unterscheidungsvermögen verfügte. Dies gilt unabhängig davon, ob er sich hier eher auf einem hohen oder einem niedrigen Niveau befand. Weiterhin können wir am rückläufigen Jupiter in 3 ablesen, daß sich die Person der organisierten Religion widersetzt hat, wobei dafür keine bestimmten Gründe anzuführen wären, sondern lediglich die Tatsache, daß es ihr an der Fähigkeit zur Analyse und am Blick für die Realitäten fehlte. Das Zeichen, in dem Jupiter steht, enthüllt Näheres dazu, worin die Gründe für den Unglauben lagen.

Auch spielen in diesem Fall Vorurteile eine wichtige Rolle. Das hängt damit zusammen, daß es in Verbindung mit dem gegenüberliegenden 9. Haus zu bestimmten Reaktionen kommt. Der rückläufige Jupiter ist weiterhin ein Indiz dafür, daß in den Beziehungen zu

Brüdern, Schwestern und anderen Verwandten im Hinblick auf Takt, Würde und Respekt viel zu wünschen übrig geblieben war.

Der Geborene hat sich nicht als verantwortungsbewußtes Individuum gezeigt. Er konnte nichts für sich behalten und war insofern nicht vertrauenswürdig. Er hat sich nicht bereitwillig dem Lernen unterzogen. So war es ihm nicht möglich, Fähigkeiten und bestimmte Züge des Charakters und der Persönlichkeit weiterzuentwickeln.

Diese Jupiter-Stellung ist eine sehr wichtige, weil sie mit der Vollendung des Ich-Konzeptes (Häuser 1, 2 und 3) zu tun hat und weil sie eine Vorbereitung auf das Wir-Konzept (Häuser 4, 5 und 6) darstellt, bei welchem es um die Beziehung des Menschen zum Rest der Welt geht. Insofern können wir am rückläufigen Jupiter in diesem Haus ablesen, daß die Person in ihrem Ich-Konzept sehr selbstbezogen war und wenig Einblick in das eigene Wesen gezeigt hat. Die Verbindungen zu anderen – wie sie durch die anderen Horoskop-Quadranten dargestellt sind – waren denn auch dadurch gekennzeichnet, daß die Energie auf eine sehr egozentrische Art und Weise zum Ausdruck kam. Dieser Mensch hat die Welt in Beziehung zu sich gesehen, statt sich in Beziehung zur Welt. Dies ist auch dadurch angezeigt, daß Jupiter über das Zeichen Schütze herrscht, mit welchem eine starke Selbstbezogenheit einhergeht.

Die Lektion, die hier zu lernen ist, besteht in der Erkenntnis des wahren Selbstes. Diese sollte einsetzen bei der Analyse der Beziehungen zu den engen Familienangehörigen, den Schulkameraden, den Nachbarn und so weiter. Die Jupiter-Energie sollte hier mit Bestimmtheit auf Ziele gerichtet werden, die den Einsatz wert sind. Es geht darum, daß sich der Geborene hinsichtlich der Menschen, die in seinen Einflußbereich geraten, darum bemühen muß, mit Takt und Respekt ein ernsthafter und zuverlässiger Kommunikationskanal zu sein.

♃℞ ④ Jupiter rückläufig in Haus 4

Mit dem rückläufigen Jupiter in Haus 4 ist angezeigt, daß in der Vergangenheit das Ich-Konzept auf eine negative Art und Weise entwickelt worden ist. Dem Geborenen mangelte es an Mitgefühl, Großherzigkeit, an einer Weite des Geistes sowie an der Fähigkeit, mit anderen auszukommen. In seiner häuslichen Umgebung kam es ihm darauf an, mit unbeschränkter Machtfülle zu herrschen. Es gab hier keinen Raum für die Meinung oder die Ansichten anderer. Dieser Mensch hat keine Rücksicht auf seine Umgebung genommen. Ihm war es ein Greuel, eingeschränkt zu sein – was ihn aber nicht davon abhielt, andere einzuschränken und Disziplin von denjenigen zu verlangen, die ihm in der Familie unterstanden.

Das 4. Haus repräsentiert nicht nur unser Zuhause in seiner physischen Form, sondern auch die Struktur unserer Seele und unseres Geistes. Der Geborene hat sich in dieser Hinsicht nicht mit seinen Familienangehörigen identifiziert.

Die Lektion, die hier zu lernen ist, besteht in der Entwicklung von Rücksichtnahme gegenüber denjenigen, für die wir verantwortlich sind oder die in unseren Einflußbereich kommen.

4ℝ ⑤ JUPITER RÜCKLÄUFIG IN HAUS 5

Diese Stellung zeigt, daß es der Mensch in der Vergangenheit ablehnte, Kindern seine Liebe zu beweisen. Er – oder sie – hat es nicht geschafft, sich als verläßlicher Vater oder als zuverlässige Mutter zu zeigen, was es dem Kind ermöglicht hätte, Respekt zu entwickeln. Der Geborene war unfähig dazu, Kinder zu erziehen.

Der rückläufige Jupiter in diesem Haus deutet an, daß Beziehungen zum anderen Geschlecht nur unter dem Gesichtspunkt der physischen Befriedigung eingegangen wurden. Wenn hier negative Aspekte gegeben sind, hat der Geborene möglicherweise unter den verschiedensten Geschlechtskrankheiten zu leiden gehabt, was eine Folge seines mangelhaft entwickelten Unterscheidungsvermögens für die Menschen des anderen Geschlechts gewesen wäre. Es ist hier also denkbar, daß Sexualität außerordentlich wichtig gewesen war, daß unkonventionelle Sexualpraktiken zur Anwendung kamen und daß hygienische Erwägungen nicht die geringste Rolle spielten.

Das Zeichen, in dem sich der rückläufige Jupiter befindet, könnte nähere Aufschlüsse darüber geben, ob dieser Mensch zuviele Risiken auf sich nahm (der Spielertyp) oder ob er zu konservativ gewesen ist, sich gegen jegliche Veränderung gestellt und niemals einen neuen Weg beschritten hat. Was Vergnügungsaktivitäten betrifft, können wir davon ausgehen, daß er sich an dem orientierte, was zu seiner Zeit gängig war.

Die Lektion, die zu lernen ist, besteht im Ausdruck von Mitgefühl und Verständnis, in Weisheit hinsichtlich der Erziehung von Kindern und in einem guten Urteilsvermögen für die Menschen des anderen Geschlechts. Es geht darum, ein Gefühl dafür zu entwickeln, was auf welche Art zu welcher Zeit zu tun ist.

♃℞ 6 JUPITER RÜCKLÄUFIG IN HAUS 6

Was die Gesundheit betrifft, ist Jupiter einer der wichtigsten Planeten. Der Zustand der Rückläufigkeit bringt zum Ausdruck, daß es dieser Mensch in der Vergangenheit abgelehnt hat, sich um seine Gesundheit zu kümmern. Möglicherweise erfreute er sich eines gesunden Körpers, bekam dann aber als Folge einer schlechten Ernährungsweise oder destruktiver Arbeitsumstände Probleme. Dies könnte sich insbesondere auf das Blut oder die Leber bezogen haben – was unter Umständen aus einem Alkoholmißbrauch resultierte. Unmäßigkeit könnte aber auch hinsichtlich der Ernährung der Fall gewesen sein. Vielleicht ist es deshalb nun notwendig, Diät zu halten (was eine Jungfrau-Entsprechung wäre).

Das 6. Haus steht in erster Linie für Gesundheit, für Dienstbereitschaft und die Allgemeinheit. Wir können am rückläufigen Jupiter in diesem Haus ablesen, daß sich der Geborene nicht gemäß der allgemeinen Denkmuster oder der Bedürfnisse seiner Umgebung verhalten hat. Es ist davon auszugehen, daß er von seinen Mitmenschen nicht anerkannt wurde und auch nicht von den Leuten, für die er arbeitete oder die für ihn arbeiteten. Der Idee der Dienstbereitschaft konnte er in der Vergangenheit nichts abgewinnen. Wenn er jemandem einen Gefallen tat, dann deshalb, um dafür gelobt zu werden und Anerkennung zu erhalten.

Die Aufgabe, die mit dem rückläufigen Jupiter in 6 gegeben ist, besteht zunächst einmal darin, dem Körper sehr viel Aufmerksamkeit zu widmen. Es geht des weiteren um die Herstellung einer guten Beziehung zur Allgemeinheit und darum, sich mit der Meinung der Mitmenschen zu identifizieren. Dieser Mensch muß es lernen, anderen zu Diensten zu sein, ohne dafür Anerkennung zu erwarten.

♃ᵣ ⑦   JUPITER RÜCKLÄUFIG IN HAUS 7

Mit dieser Stellung ist davon auszugehen, daß der Geborene in Partnerschaften (insbesondere in der Ehe) nicht von vertrauenswürdigem oder verläßlichem Wesen war. Dieser Mensch war in der Vergangenheit nicht treu – was sowohl hinsichtlich der Ehe, der beruflichen Partnerschaften als auch der Partnerschaft mit dem Leben überhaupt galt. Auch hier spielte eine starke Selbstbezogenheit sowie der Wunsch nach persönlicher Anerkennung und persönlichem Fortkommen eine Rolle. Letzteres war dem Menschen wichtiger als Fairneß im Umgang mit anderen. In seinem Wir-Konzept (3. Quadrant) ging er nicht davon aus, was er für andere tun konnte. Für ihn war nur wichtig, was andere für ihn taten.

Wir können mit Gewißheit sagen, daß der Mensch mit dem rückläufigen Jupiter im 7. Haus sich in seinen Partnerschaften nicht als großzügig entpuppt hat. Im Gegenteil: Wenn ihm etwas nicht paßte, dürfte er es gewesen sein, der den Geldhahn zudrehte. Mit dieser Stellung war es vielleicht auch aufgrund eines schlecht ausgeprägten Urteilsvermögens zu Verlusten in geschäftlichen Unternehmungen oder in Partnerschaften gekommen. Die Frage, die sich hier erhebt, ist folgende: Hat dieser Mensch jemals etwas von seiner Autorität an andere abgetreten? War es jemals so, daß er nicht dominieren mußte? Woran wir hier auch noch denken müssen, ist, daß die Heirat nicht aus Liebe, sondern aus finanziellen Gründen erfolgte.

Die Aufgabe, der sich der Mensch mit Jupiter rückläufig in 7 stellen muß, besteht in der Entwicklung von Ernsthaftigkeit und Aufrichtigkeit. Es geht darum, in den Kontakten zu anderen Fairneß zu beweisen und die eigenen Wünsche und Bedürfnisse auf die der Mitmenschen abzustimmen.

♃ᵣ ⑧   JUPITER RÜCKLÄUFIG IN HAUS 8

Hiermit ist angezeigt, daß der Mensch sich in einer früheren Inkarnation auf negative metaphysische Aktivitäten eingelassen hat (auf niederer Ebene zum Beispiel der Hexenmagie). Ebenfalls möglich wäre, daß er die Bedeutung der metaphysischen Wahrheiten und Lehren einfach leugnete. Wir könnten es hier aber auch mit

61

einem unvernünftigen und orthodoxen Gläubigen zu tun haben, der keine andere Religion als die eigene gelten ließ.

Diese Stellung ist ein Beleg dafür, daß immer dann, wenn es in der Vergangenheit zu einem Ende kam – ob es sich dabei um eine Stellung, eine Freundschaft, ein Projekt oder was auch immer handelte –, das schlechte Beurteilungsvermögen oder der schlechte Geschmack dieses Menschen dafür verantwortlich war. Im Hinblick auf das Finanzielle und darauf, wie er die Dinge finanzierte, war er sich selbst sein ärgster Feind.

Es bestand eine große Furcht vor dem Unbekannten und insbesondere vor dem Tod. Auch hier kam das Moment der Beherrschung und/oder des Mißbrauchs von Autorität zum Tragen, was anderer Leute Geld betrifft. Mit bestimmten Zeichen an der Spitze des 8. Hauses müssen wir davon ausgehen, daß es in der Vergangenheit zu Unterschlagungen öffentlicher Gelder gekommen ist. Kennzeichnend war aber ganz allgemein der mißbräuchliche Umgang mit Geld.

Die Lektion, die der Mensch mit dem rückläufigen Jupiter in Haus 8 lernen muß, ist die, auf eine ernsthafte Weise nach Wahrheit zu suchen und einen Blick dafür zu entwickeln, was Wahrheit ist. Der Geborene muß unterscheiden können, welche Gruppen Wahrheit predigen und welche nicht, weil er sich auf diese Weise davor schützen kann, mit negativen Aktivitäten in Verbindung zu kommen. Des weiteren handelt es sich hier darum, Dinge mit Würde und Haltung zum Ende zu bringen und Geschmack zu beweisen. Angesichts der Angelegenheiten, die andere betreffen, muß dieser Mensch sich durch Zuverlässigkeit und Vertrauenswürdigkeit auszeichnen. Um es noch einmal zusammenzufassen: Es geht hier um die Suche nach Wahrheit und darum, die Realität des Todes als einen Anfang und nicht als Ende zu begreifen.

♃℞ ⑨ JUPITER RÜCKLÄUFIG IN HAUS 9

Diese Jupiterstellung ist ein Beleg dafür, daß dieser Mensch in der Vergangenheit eine Lebensanschauung gehabt hat, die sich nur mit seiner eigenen Person beschäftigte. Das Leben war dem Geborenen sozusagen nur eine Staffage für sein Wesen. Soweit es sich um die Religion handelte, können wir uns hier einen engstirnigen Gläubigen vorstellen, der niemals einen Zweifel hat erkennen lassen. Es gab hier keinen Raum für die Meinung anderer, wenn es um Religion ging – der Geborene steckte in dieser Hinsicht voller Vorurteile, und er hatte seine festen Vorstellungen von Recht und Gesetz. Beim 9. Haus haben wir es mit dem Konzept der Freiheit zu tun. Wenn Jupiter rückläufig in diesem Haus steht, ist das ein Beleg dafür, daß der Mensch seine Freiheit mißbraucht hat. Es kam ihm nur darauf an, für sich selbst etwas zu tun. Das, was gut für alle gewesen wäre, war ihm gleichgültig.

Das höhere Selbst – oder auch das Christliche Prinzip – spielte keine besondere Rolle für diese Person. Gelegenheiten zur Entwicklung ihres Geistes ließ sie ungenutzt verstreichen, gleichgültig, ob es sich dabei um ein festes Ausbildungsprogramm oder um die intellektuelle Suche nach Wissen handelte.

Dieser Mensch muß es lernen, eine Lebensphilosophie zu entwickeln, die andere miteinbezieht. Das ist der hintergründige Einfluß, der mit dem 3. Quadranten beziehungsweise dem Wir-Konzept einhergeht. Der Mensch muß sich dessen bewußt werden, daß die verschiedenen Religionen den verschiedenen Menschen gemäß ihrem Entwicklungszustand entsprechen. Er sollte die Mühen auf sich nehmen, Wissen zu sammeln, und er sollte Wissen nicht deshalb sammeln, um seine Neugier zu befriedigen. Worauf es hier ankommt, ist die Anwendung von Wissen auf das Leben – anders ausgedrückt: um Weisheit.

♃ʀ ⑩ JUPITER RÜCKLÄUFIG IN HAUS 10

Auch diese Stellung ist ein Hinweis darauf, daß der Mensch in der Vergangenheit sich selbst sein ärgster Feind war. Wir müssen davon ausgehen, daß er nicht besonders ehrenhaft oder verantwortungsbewußt gewesen sein dürfte. Ein Mangel an Unterscheidungsvermögen, Mangel an Würde, Mangel an Aufrichtigkeit – das alles war die Ursache dafür, daß ihm die Anerkennung von Vorgesetzten versagt blieb und daß er in seiner Karriere nicht vorankam. Es gab hier auf den verschiedensten Feldern viel Frustrationen und Enttäuschungen. Aufgrund von Unehrlichkeit oder Aufsässigkeit könnte es auch zu Schwierigkeiten mit Behörden gekommen sein.

Die Lektion, die beim rückläufigen Jupiter in 10 zu lernen ist, besteht darin, ein positives Verhalten zu zeigen, um den Respekt der Höherstehenden zu erwerben. Auf diese Weise kann der Geborene sowohl finanzielle Sicherheit erreichen als auch berufliche Fortschritte erzielen. Es ist hier wichtiger, sich mit seiner Ehre und seinem Ansehen zu beschäftigen als mit finanziellen Aspekten. Des weiteren müssen die herrschende Ordnung, die allgemein üblichen Verfahrensweisen und das Gesetz respektiert werden.

♃ᵦ ⑪ JUPITER RÜCKLÄUFIG IN HAUS 11

Diese Person hat sich in der Vergangenheit fraglos mit Menschen niederer Art verbündet, mit Individuen, deren Charakter und Moral eher vulgär waren. Dafür wären verschiedene Gründe denkbar. Der Geborene hat sich vielleicht deshalb mit diesen Menschen umgeben, weil er selbst entsprechende Eigenschaften aufwies, oder deshalb, weil er unter einem Minderwertigkeitskomplex litt oder meinte, in seinem Leben nichts erreicht zu haben. Auf diese Art stand er dann im Mittelpunkt der Aufmerksamkeit, was damit übereinstimmt, daß mit dem rückläufigen Jupiter ein starkes Maß an Selbstbezogenheit verbunden ist.

Die gesellschaftlichen Aktivitäten des Geborenen waren von negativer Art. Es könnte so gewesen sein, daß Alkohol und unmoralische Affären eine große Rolle gespielt haben.

Die Lektion, die dieser Mensch lernen muß, ist, einen guten Blick für Freunde und Verbündete zu entwickeln. Weiterhin muß er im Hinblick auf Aktivitäten, die mit Geselligkeit oder Entspannung zu tun haben, Geschmack, Urteilsvermögen und gute Maßstäbe beweisen. Es kommt hier darauf an, in den Beziehungen zu Freunden und Verbündeten ein vertrauenswürdiger Partner zu sein.

♃ᵦ ⑫ JUPITER RÜCKLÄUFIG IN HAUS 12

Diese Jupiter-Stellung stellt eine Betonung des karmischen Faktors dar (das 12. Haus ist das Haus des Karmas). Jupiter zeigt in jedem Fall, auf welchem Gebiet am Karma gearbeitet werden sollte. Wenn dieser Planet rückläufig in Haus 12 steht, heißt das, daß der Geborene in der Vergangenheit zwar oftmals die Gelegenheit hatte, an seinem Karma zu arbeiten, daß er dies aber nicht getan hat. Dieser Mensch hat seine Energie bei frivolen und unwichtigen Aktivitäten verschwendet. Er hat keinen Versuch unternommen, sich mit irgendeinem spirituellen Konzept zu identifizieren oder nach der Wahrheit oder seinem Weg im Leben zu suchen. Aufgrund der Rückläufigkeit müssen wir davon ausgehen, daß er auf die äußerlichen Züge des Lebens eingegangen ist und sich nicht darum bemüht hat, das Äußere mit dem Inneren in Verbindung zu bringen. Auf eine möglicherweise unbewußte Art hat bei ihm immer das Ich die Handlungen bestimmt. Die Ideale, die hier gegeben waren, dürften eher niederer Natur gewesen sein. Möglich wäre auch, daß sie nicht über längere Zeit verfolgt wurden.

Die Lektion, die der Mensch mit einem rückläufigen Jupiter in Haus 12 im Horoskop lernen muß: Die Eigenschaften der Seele zum Ausdruck zu bringen, wie sie dem höheren Selbst in Verbindung mit dem Christlichen Prinzip entsprechen. Diese Qualitäten müssen mit dem äußeren Selbst der Persönlichkeit in Einklang stehen. Wenn das gelingt, ist der Mensch ein lebendes Beispiel für den Satz, daß aus dem Wort Fleisch wurde. Es geht hier um das Bedürfnis nach wahrer Spiritualität, nach wahrem Mitgefühl und nach wahrer Brüderlichkeit. Aufgrund der Stellung in Haus 12 (welches von den Fischen regiert wird) hat der Mensch die persönliche Verantwortung, dies in seinem Leben zum Ausdruck zu bringen.

DER RÜCKLÄUFIGE SATURN

Der rückläufige Saturn im Horoskop steht immer – unabhängig von dem Haus, in dem er sich befindet – für die Tatsache, daß der Mensch in der Vergangenheit seiner Verantwortung nicht gerechtgeworden ist. In den meisten Fällen bedeutet diese Saturn-Stellung, daß der Geborene ehrlicher mit sich selbst sein muß (zu früheren Lebzeiten hat er es vermieden, sich vorbehaltlos zu analysieren). Er war sich seiner selbst nicht bewußt.

Mit dem rückläufigen Saturn ist auch die Tendenz verbunden, in diesem Leben die gleichen Ziele wie in der Vergangenheit zu verfolgen. Dies hängt damit zusammen, daß der Geborene seine Ziele zu früheren Zeiten nicht erreicht hat, was wiederum daraus resultierte, daß er keine Verantwortung übernahm. Insofern ist erklärlich, daß er nun das Gleiche wie zuvor anstrebt – wenn auch die Umstände im einzelnen anders beschaffen sein mögen.

Saturn rückläufig im Horoskop ist immer ein Indiz dafür, daß sich der Mensch in der Vergangenheit verhärtete und es zu keiner Weiterentwicklung kam. Er nahm die Verantwortung, die er hatte, entweder nicht wahr, oder er lehnte sie ab. Welcher Art seine Verantwortung gewesen war, ist an der Qualität des Zeichens abzulesen, in dem sich der rückläufige Saturn nun befindet. So weist zum Beispiel Saturn rückläufig im Löwen darauf hin, daß der Mensch es abgelehnt hat, Verantwortung als Führungspersönlichkeit zu übernehmen. Über den Löwen herrscht die Sonne – was verdeutlicht, daß diese Person keinen Versuch unternommen hat, ihre seelischen

Qualitäten oder ihr seelisches Bewußtsein zum Ausdruck zu bringen. Um noch ein Beispiel zu geben, wollen wir annehmen, daß Saturn im Krebs rückläufig ist. Der Krebs ist das Tierkreiszeichen, das für die Gefühle steht. Diese Stellung wäre also Ausdruck des Sachverhalts, daß der Geborene es in der Vergangenheit abgelehnt hat, Konzepte zu den Gefühlen zu entwickeln.

♄ℝ ① SATURN RÜCKLÄUFIG IN HAUS 1

Der rückläufige Saturn in 1 ist ein Hinweis darauf, daß die Person in der Vergangenheit nicht flexibel gewesen ist, sondern sich als fixiert und voreingenommen erwiesen hat. Gemäß dem Zeichen, in dem Saturn hier steht, dürfte ein Ego-Problem bestanden haben. Dieser Mensch hat sich der Verantwortung, eine Persönlichkeit zu entwickeln, nicht gestellt – oder aber er hat seine Persönlichkeit auf eine negative Art und Weise entwickelt. Des weiteren müssen wir davon ausgehen, daß der Geborene die Talente, die Bestandteil seines Charakters und seiner Persönlichkeit waren und die er zweifellos besaß, nicht zur Anwendung gebracht hat.

Die Lektion, der sich der Geborene unterziehen muß, besteht in der angemessenen Entwicklung seiner Persönlichkeit. Er muß hier auf eine Art und Weise verfahren, die ihm die Anerkennung seiner Mitmenschen verschafft. Es geht in diesem Fall um die Entwicklung von positiven Werten und Zielen und darum, eine Richtung im Leben zu verfolgen. Dabei wäre denkbar, daß dieser Mensch dazu neigt, zu düster, zu ernst oder zu sehr in sich gekehrt zu sein. Er sollte sich in diesem Zusammenhang um eine fröhliche Einstellung bemühen und angesichts der verschiedenen Situationen und Erfahrungen, die das Leben bereithält, Flexibilität beweisen.

♄ℝ ② SATURN RÜCKLÄUFIG IN HAUS 2

Dieser Stellung können wir entnehmen, daß der Geborene in der Vergangenheit zu materialistisch eingestellt war und sein Augenmerk nur auf das Schaffen von Sicherheit und auf seine Besitztümer gerichtet hat. Weiterhin ist davon auszugehen, daß die Werte nur mit der eigenen Person zu tun hatten und daß wenig Gedanken darauf gerichtet wurden, wie das Materielle zum Nutzen der Mitmenschen eingesetzt werden konnte. Diesem Menschen war es von seinem Naturell her fremd, auf eine weise Art mit Geld und Dingen umzugehen.

Im Zusammenhang mit dieser Stellung erheben sich einige Fragen. Ist der Geborene dazu imstande, sich mit Armut auseinanderzusetzen, ohne dabei seine Perspektive auf das Leben zu verlieren? Ist er in der Lage, einen Wertekodex zu entwickeln, der nichts mit materiellen Dingen zu tun hat? Es kommt hier zur Opposition zu Haus 8, was heißt, daß die Antworten auf diese Fragen darin liegen, sich auf das einzulassen, was von diesem Haus symbolisiert wird: Metaphysik, Regeneration und anderes mehr.

Die Lektion, die diese Person lernen muß: bei allen Versagungen, Beschränkungen und Enttäuschungen die persönlichen Anstrengungen darauf zu richten, ein gewisses Maß an materieller Sicherheit zu schaffen oder einen bestimmten Status zu erreichen. Dies erfordert, daß zutreffende Wertvorstellungen hinsichtlich der Dinge gegeben sind. Allerdings werden auch dann, wenn sich der Mensch sehr bemüht, nicht sofort Besitztümer und Sicherheit vorhanden sein. Errungenschaften in dieser Hinsicht sind aber prinzipiell möglich, unter der Voraussetzung, daß er mit großer Ernsthaftigkeit und Aufrichtigkeit vorgeht.

♄℞ ③   SATURN RÜCKLÄUFIG IN HAUS 3

Hier war ohne jeden Zweifel die Vernachlässigung von Pflichten gegenüber Brüdern und Schwestern der Fall. Weiterhin ist davon auszugehen, daß dieser Mensch nicht das Beste aus den Gelegenheiten gemacht hat, die für ihn im Hinblick auf die Schule und seine Ausbildung bestanden. Er hat in diesem Zusammenhang nicht darauf geachtet, sich selbst und seine geistige Einstellung zu entwickeln. In der Kommunikation mit anderen hat der Geborene saturnische Qualitäten wie Kühle, Düsterkeit und Trauer zum Ausdruck gebracht.

Dieser Mensch muß sich der Aufgabe stellen, der Verantwortung seinen Brüder und Schwestern gegenüber gerechtzuwerden. Der Geborene sollte im Hinblick auf die Geschwister immer darauf achten, ob es im Zusammenhang mit dem Mentalen, dem Ökonomischen oder dem Spirituellen zu Mängelerscheinungen kommt. Das aktuelle Leben ist aller Wahrscheinlichkeit nach dadurch gekennzeichnet, daß sich hier immer wieder neue Forderungen ergeben, sowohl was die Geschwister als auch andere Familienangehörige betrifft. Ob es sich dabei nun um den finanziellen, den mentalen oder den spirituellen Aspekt handelt: Das Entscheidende mit Saturn rückläufig in 3 ist, daß der Mensch seine Verantwortung auf diesem Bereich akzeptiert. Die Art und Weise, wie er mit anderen in mündlicher oder schriftlicher Form kommuniziert, und die Einstellung, die er hinsichtlich der angeführten Pflichten beweist, bestimmen darüber, ob er die mit dem rückläufigen Saturn verbundenen negativen Eigenschaften transformieren kann.

♄R ④ SATURN RÜCKLÄUFIG IN HAUS 4

Ähnlich, wie es bei Saturn in Haus 1 der Fall war, geht es hier zunächst einmal darum, daß sich der Geborene in der Vergangenheit nicht auf eine Art und Weise entwickelt hat, die einen positiven Einfluß auf die Mitmenschen zur Folge gehabt hätte. Alle Menschen, mit denen wir in Kontakt kommen, werden von uns – von unserer Einstellung und unserer Persönlichkeit – beeinflußt. Mit dem rückläufigen Saturn in dieser Stellung ist angezeigt, daß in der Vergangenheit dieser Einfluß von negativer Art gewesen ist. Es könnte sich aber auch darum handeln, daß es dem Menschen vollkommen gleichgültig war, welchen Eindruck er auf andere machte. Krebs ist das Zeichen, das über das 4. Haus regiert, was zum Ausdruck bringt, daß dieser Mensch zu früheren Lebzeiten Gefühle mißachtet oder auch abgelehnt hat.

Saturn rückläufig in Haus 4 kann ein Hinweis darauf sein, daß die Person es unterlassen hat, eine angemessene häusliche Atmosphäre zu schaffen.

Was dieser Mensch lernen muß, ist, die Einstellung hinsichtlich seines Einflusses und seiner Wirkung auf andere zu transformieren. Es geht hier zunächst einmal darum, auf welche Weise er in seinen Alltagsbeziehungen Gefühle zum Ausdruck bringt. Unabhängig davon, wieviel Anstrengung hier nötig ist: Der Geborene sollte – um nicht zu sagen: muß – daran arbeiten, positive Umstände und eine harmonische Atmosphäre in seinem Zuhause zu begründen.

♄ᵣ ⑤   SATURN RÜCKLÄUFIG IN HAUS 5

Wenn im Horoskop Saturn rückläufig in Haus 5 steht, ist davon auszugehen, daß der betreffende Mensch seiner Verantwortung Kindern
gegenüber in der Vergangenheit nicht gerecht geworden ist. Kinder
wurden hier mißbraucht, möglicherweise sogar in sexueller Hinsicht.
Was die Liebe im allgemeinen angeht, hat der Geborene die Menschen des anderen Geschlechts in erster Linie nur zu seiner persönlichen Befriedigung physischer Art benutzt. Er hat sich nicht darum
gekümmert, welche Folgen das für andere hatte. Des weiteren hat er
seine Kreativität ignoriert oder auch mißbraucht, was wiederum in
Zusammenhang damit steht, daß er in einem sehr starken Maße auf
sich selbst bezogen war. Alles, was dieser Mensch in der Vergangenheit tat, war eine Reflexion seines Selbstes. Seine Schöpfungen entstanden nicht aus dem Motiv des Schaffens heraus oder aus dem
Zweck, für etwas geschaffen zu sein, wie es der Fall sein sollte.

Die Lektion, die diese Person zu lernen hat: Im allgemeinen sind
demjenigen mit einem rückläufigen Saturn in 5 Kinder versagt (oder
es ist ihm nicht möglich, soviel Kinder wie gewünscht zu bekommen). Wenn hier der Kinderwunsch nicht in Erfüllung geht, könnte
eine Arbeit gewählt werden, die mit Kindern zu tun hat (insbesondere mit Kindern, die behindert sind). Wenn der Geborene weniger
Kinder hat als gewünscht, sollte er bei der Erziehung viel Weisheit
und viel Verantwortungsbewußtsein zum Ausdruck bringen. Vielleicht ist es auch so, daß dieser Mensch von seinen Kindern keine
Anerkennung erfährt. Was den Kontakt zu Menschen des anderen
Geschlechts angeht, muß sich der Geborene auf eine Weise verhalten, die Umsicht und Verantwortungsbewußtsein erkennen läßt – ob
sich dies nun auf physische, gesellschaftliche, geistige oder spirituelle Faktoren bezieht. Wenn er seiner Kreativität Ausdruck verleiht,
sollte das nur um der Kreativität willen geschehen. Die persönliche
Individualität ist in diesem Zusammenhang zweitrangig.

♄ᵣ ⑥   SATURN RÜCKLÄUFIG IN HAUS 6

Diese Stellung läßt erkennen, daß der Mensch in der Vergangenheit
seiner Verantwortung gegenüber der Allgemeinheit nicht gerecht geworden ist. Saturn herrscht über den Steinbock, woraus wir ableiten

können, daß dieser Mensch eine distanzierte Haltung zu den allgemeinen Bedürfnissen früherer Lebzeiten hatte. Er war nicht dazu imstande oder nicht willens, sich mit den allgemeinen Bewegungen seiner Zeit zu identifizieren; ob diese nun politischer, sozialer, ökonomischer oder spiritueller Art waren. Der Geborene hat im Rahmen seiner Dienstbereitschaft viel Aufmerksamkeit zum Ausdruck gebracht. Allerdings ging es ihm dabei nur darum, zu Prestige und Ansehen zu kommen. Diese Einstellung galt auch hinsichtlich seiner Arbeit, was die Beziehung zu Kollegen oder Untergebenen geprägt hat.

Diesem Menschen waren gesundheitliche Erwägungen gleichgültig. Es könnte sein, daß er seinen guten gesundheitlichen Zustand auf eine mißbräuchliche Weise zum Einsatz gebracht hat.

Hier muß der Mensch es lernen, anderen ohne jeden Vorbehalt und ohne den Gedanken an Eigennutz zu Diensten zu sein – ohne auf das anerkennende Schulterklopfen zu warten. Er sollte anderen helfen, wo immer er erkennt, daß Hilfe nötig ist. Des weiteren gilt es, im Umgang mit der Allgemeinheit Geduld und Verständnis zu zeigen. Das bezieht sich auch auf diejenigen, die in seiner Umgebung arbeiten. Der kluge Umgang mit der Gesundheit und eine vernünftige gesunde Lebensweise sind ebenfalls von grundlegender Bedeutung, wenn wir es mit dem rückläufigen Saturn in 6 zu tun haben.

♄ᵣ ⑦   SATURN RÜCKLÄUFIG IN HAUS 7

In der Vergangenheit hat dieser Mensch nicht erkannt, daß er in seinen Beziehungen Verantwortung trägt. Was die Ehe als Form der Partnerschaft betrifft, muß davon ausgegangen werden, daß es an wahrer Liebe und an Treue gemangelt hat (dies hängt davon ab, welche Aspekte vorhanden sind). Denkbar wären in diesem Zusammenhang auch die Neigung zu Verschwendung und Sorglosigkeit. Was den beruflichen Bereich angeht, war es vielleicht so, daß immer dem Partner die Verantwortung zugeschoben wurde, daß der Geborene seine Verantwortung ignorierte oder daß er seine Stellung mißbrauchte. In dieser Hinsicht standen vielleicht persönliche materielle Vorteile im Vordergrund, unter Schädigung des Partners. Mit anderen Worten: Möglicherweise hat es diese Person in der Vergangenheit mit anderen nicht ehrlich gemeint.

Der Mensch muß sich hier der Aufgabe stellen, seiner Verantwortung in der Ehe gerechtzuwerden und treu zu sein, für den Partner zu sorgen und mit Weitblick zu handeln – kurz: die Beziehung
auf ein solides Fundament zu stellen. Was den beruflichen Bereich
betrifft, geht es darum, daß der Geborene seinen Teil der Last trägt.
Er muß sich gegenüber jedem Menschen als ernsthafter und auf-
richtiger Partner zeigen.

♄℞ ⟨8⟩   SATURN RÜCKLÄUFIG IN HAUS 8

Diese Stellung zeigt, daß der Mensch in der Vergangenheit auf irgendeine Weise mit metaphysischen Lehren – zum Beispiel den
Lehren der höheren Wahrheit oder der Astrologie – zu tun gehabt
hat, es aber versäumte, sich mit diesen wirklich intensiv auseinanderzusetzen. Vielleicht war es auch so, daß er das erworbene Wissen auf eine mißbräuchliche Art einsetzte. Dieser Mißbrauch könnte sich im Rahmen von Gruppen abgespielt haben, die sich aus
negativen Motiven heraus mit niederen medialen Energien beschäftigten (ein Stichwort: Hexenmagie). Des weiteren dürfte sich der
Geborene keine Gedanken dazu gemacht haben, daß die Beendi-
gung von Freundschaften, von Jobs oder von Projekten unter Umständen negative Folgen hat. In den meisten Fällen war er im Hinblick auf alles, was wir hier angeführt haben, selbst sein ärgster
Feind. Auf eine sehr subtile Art beherrschte ihn die Angst vor dem
Tod und vor dem Unbekannten.

Der Mensch mit dem rückläufigen Saturn im 8. Haus muß es lernen, auf ernsthafte Weise nach Wahrheit zu suchen und die metaphysischen Prinzipien im Alltag zur Anwendung zu bringen, was
auch Auswirkungen darauf hat, wie Freundschaften, Anstellungen
und Projekte beendet werden. Er muß anerkennen, daß er neue
Werte entwickeln muß, um spirituell voranzuschreiten. Weiterhin ist
hier Klugheit im Umgang mit Gruppen geboten, die sich mit dem
Studium oder dem Praktizieren der Metaphysik beschäftigen. Wenn
der Mensch all dies beherzigt, wird er eine größere Perspektive hinsichtlich des Lebens und des Todes gewinnen. Die Essenz der Lektion dieser Saturn-Stellung besteht darin, die Verpflichtung zu akzeptieren, die die Erkenntnis und die Anwendung der Wahrheit auf
das alltägliche Leben mit sich bringt.

♄ℝ ⑨ SATURN RÜCKLÄUFIG IN HAUS 9

Wenn Saturn an dieser Stelle rückläufig steht, läßt das erkennen, daß der Mensch in der Vergangenheit seiner Verantwortung nicht gerechtgeworden ist, eine konstruktive Lebensanschauung zu entwickeln. Es ist hier davon auszugehen, daß im Zusammenhang mit Religion und religiösen Praktiken ein außerordentlich starkes Karma gegeben ist. Das Problem der nicht vorhandenen Lebensanschauung und das Problem der Religion können in diesem Fall miteinander in Verbindung stehen. Der Geborene hat sich möglicherweise in seinen religiösen Ansichten als sehr dogmatisch erwiesen und keine Toleranz anderen gegenüber gezeigt. Es wäre denkbar, daß es hier zu früheren Lebzeiten zur Verfolgung von Andersdenkenden oder -gläubigen gekommen ist, vielleicht unter gewalttätigen oder grausamen Begleitumständen. Diese Beschränktheit, die in der Vergangenheit charakteristisch für den Geborenen war, könnte auch im Hinblick auf sein Lernen in Erscheinung getreten sein. Das Interesse galt hier möglicherweise ausschließlich dem, was er schon zu wissen glaubte oder was sein enges Denken unterstützte. Es handelt sich hier um eine selbst auferlegte Beschränkung des höheren Geistes und des Christlichen Prinzips.

Die Lektion, die dieser Mensch lernen muß: Nachdem es in der Vergangenheit zum Mißbrauch des Wissens, der Philosophie und der Religion gekommen war, sieht er sich in der Ausbildung oder im Studium nun Hindernissen gegenüber. Probleme ergeben sich auch bei der Entwicklung einer Lebensanschauung, mit der er sich wohlfühlen kann. Auch kommen möglicherweise Konflikte mit Autoritäten zum Tragen. In all diesen Bereichen muß sich der Mensch mit dem rückläufigen Saturn in 9 als verantwortungsbewußtes Individuum präsentieren. Er muß nach wahrem Wissen gemäß dem höheren Geist suchen, und dieses Wissen muß auf wahrem Verständnis gründen (das Christliche Prinzip). Er muß lernen, daß alle Religionen ihren Wert haben, und es respektieren, wenn sich andere mit ihrem Glauben wohlfühlen und in spiritueller Hinsicht zufrieden sind.

♄ℝ ⒑ SATURN RÜCKLÄUFIG IN HAUS 10

Wenn hier beispielsweise Saturn im Zeichen Krebs – welches die Gefühle repräsentiert – steht, ist das ein Hinweis darauf, daß der Mensch es in der Vergangenheit versäumt hat, ein Konzept für die Gefühle zu entwickeln. Es steht hier zu vermuten, daß in der beruflichen Position keine Herzlichkeit zum Ausdruck gebracht wurde. Dieser Mensch dürfte sich an seinem Arbeitsplatz sehr kühl gezeigt und seine Stellung nur aus dem Bedürfnis nach Sicherheit heraus angenommen haben. Des weiteren hat hier vielleicht das Moment des Stolzes oder auch der vermeintlichen Überlegenheit über andere im Vordergrund gestanden. Außerdem wäre noch anzumerken, daß diese Stellung den Drang nach Perfektion verraten kann, welcher unter Umständen eine lähmende Wirkung hat.

Das 10. Haus steht für Macht. Wenn wir Saturn in rückläufigem Zustand in diesem Haus finden, müssen wir davon ausgehen, daß es zu früheren Lebzeiten zum mißbräuchlichen Einsatz von Macht gekommen ist. Dies hängt davon ab, welches Zeichen an der Spitze von 10 steht. Wenn wir hier das Zeichen Fische finden, können wir mit Sicherheit davon ausgehen, daß der Mensch der Verantwortung in seiner Position nicht gerecht geworden ist. Es wäre in diesem Zusammenhang denkbar, daß er nicht einschritt, wenn andere ihre Macht mißbrauchten. Vielleicht hat ihm hier auch der Blick dafür gefehlt, wie Macht sachgemäß einzusetzen ist.

Die Entwicklung von Verantwortungsgefühl, die Berücksichtigung der Mitmenschen sowie die Etablierung von Werten, die sich auf die Arbeit beziehen, sind die Dinge, die derjenige mit einem rückläufigen Saturn im 10. Haus lernen muß. Es wird hier nur allmählich zu Fortschritten kommen, welche sich allerdings möglicherweise in einem sehr gleichmäßigen Tempo vollziehen. Dies hängt davon ab, ob der Geborene wirklich mit Ernsthaftigkeit vorgeht und ob er sich wirklich Gedanken dazu macht, was es heißt, eine Machtposition zu bekleiden. Das Wichtigste bei der Überwindung der negativen Eigenschaften, die mit dem rückläufigen Saturn in 10 in Verbindung stehen, sind die Motive, aus denen heraus gehandelt wird.

♄ℝ ⑪ SATURN RÜCKLÄUFIG IN HAUS 11

Auch hier haben wir es damit zu tun, daß der Geborene seine Beziehungen zu anderen nicht auf die richtige Art und Weise entwickelt hat. Des weiteren ist anzumerken, daß er sich nicht mit den Menschen verbündete, die zu ihm paßten. Indem wir uns mit den richtigen Leuten verbinden, zeigen wir, daß wir über ein ausreichendes Maß an Unterscheidungsvermögen verfügen. Wenn Saturn in 11 rückläufig ist, müssen wir davon ausgehen, daß sich der Geborene in der Vergangenheit zu oft mit niederen oder auch negativen Menschen zusammengeschlossen hat. Dadurch, daß er sich mit Menschen umgab, die weniger talentiert, weniger erfolgreich und weniger angesehen als er waren, konnte er sich von seiner Umgebung abheben. Es dürfte ihm angenehm gewesen sein, auf diese Art im Mittelpunkt gestanden und Anerkennung erhalten zu haben. Das gleiche gilt für die Tatsache, daß seine Freunde möglicherweise abhängig von ihm waren.

♄ℝ ⑫ SATURN RÜCKLÄUFIG IN HAUS 12

Diese Stellung von Saturn bezieht sich auf das Karma und auf die innere Persönlichkeit des Menschen. Es ist hier deutlich angezeigt, daß der Geborene zu früheren Lebzeiten die Gelegenheiten, sein Karma abzuarbeiten, nicht genutzt hat. Auch hat er sich spirituell nicht weiterentwickelt. Es handelte sich hier um jemanden, der zuviel für sich behielt und der nicht erkannte, daß er in Verbindung mit der ganzen Welt stand. Die Erfahrungen, die der Mensch hinsichtlich der Dienstbereitschaft macht, sind für gewöhnlich ein Kanal, durch den Karma abgearbeitet werden kann. Bei demjenigen, der Saturn rückläufig in 12 stehen hat, trifft dies nicht zu. Wir haben es hier mit jemandem zu tun, der sich als zu konservativ erwiesen hat und der dazu neigte, seine Augen vor den Problemen der Welt zu verschließen.

Das Zeichen, in dem sich der rückläufige Saturn in 12 befindet, läßt erkennen, welche Eigenschaften in der Vergangenheit ignoriert oder auf mißbräuchliche Weise eingesetzt wurden. Jeder Mensch hat über die Äonen der Reinkarnationen hinweg die Verpflichtung, die höchsten Eigenschaften der verschiedenen Zeichen zur Entwicklung zu bringen. Mit dem rückläufigen Saturn in 12 ist angezeigt, daß der Mensch hier insbesondere hinsichtlich des Zeichens versagt hat, das an der Spitze dieses Hauses steht. Woran es der Geborene weiterhin hat fehlen lassen, ist die Entwicklung und Darstellung von seelischen Qualitäten.

In diesem Fall muß gelernt werden, sich an allen allgemeinen Aktivitäten zu beteiligen und jede humanitäre Bestrebung in seiner Umgebung zu unterstützen. Dieser Mensch muß sich mit größtmöglicher Aufmerksamkeit seiner spirituellen Entwicklung widmen und das Innere beziehungsweise die seelischen Qualitäten nach außen hin zur Darstellung bringen. Derjenige, der sich dieser Lektion widersetzt, macht später möglicherweise die gleichen Erfahrungen noch einmal und erlebt das jetzige Leben aufs neue. Dies gilt vielleicht solange, bis er begriffen hat, worauf es ankommt.

DER RÜCKLÄUFIGE URANUS

Was Reinkarnation und Karma betrifft, erfordert der rückläufige Uranus viel Aufmerksamkeit. Das gilt deshalb, weil es dieser Planet ist, der für das höhere Selbst, den höheren Geist sowie das Christliche Prinzip steht. Insofern sollte die Uranus-Stellung im Horoskop von dieser höheren Warte aus betrachtet werden. Beim Zustand der Rückläufigkeit ist davon auszugehen, daß der Mensch es abgelehnt hat, sich gemäß der höheren Uranus-Qualitäten zum Ausdruck zu bringen und zu entwickeln. Es könnte auch sein, daß er die betreffenden Energien auf mißbräuchliche Weise eingesetzt hat.

♅ᴿ ① URANUS RÜCKLÄUFIG IN HAUS 1

Der rückläufige Uranus in Haus 1 steht dafür, daß der Mensch in der Vergangenheit von exzentrischem und sprunghaftem Wesen war, und daß die Tendenz bestand, nur die eigene Meinung gelten zu lassen. Aller Wahrscheinlichkeit nach hat der Geborene seine persönliche Freiheit über alles gestellt, auch dann, wenn dies zu Lasten der anderen ging. Es fehlte ihm an Aufmerksamkeit für andere, und seine Lebensanschauung war ausschließlich auf die eigene Person gerichtet. Diese Uranus-Stellung zeigt, daß es der Mensch nicht fertiggebracht hat, sich als Teil der Menschheit zu sehen. Er war der Ansicht, daß nur er allein zählte.

Wenn Uranus zum Beispiel rückläufig in 1 im Stier steht, ist es in der Vergangenheit zu vielen Illusionen im Hinblick auf die Persönlichkeit gekommen. Dieser Mensch war der Ansicht, daß sich die Welt um ihn drehte. Mit der Stier-Stellung ist weiterhin angezeigt, daß falsche Wertvorstellungen bestanden, welche im aktuellen Leben transformiert werden müssen.

Die Lektion, die der Mensch mit einem rückläufigen Uranus in 1 lernen muß, liegt darin, daß die persönliche Freiheit nicht auf Kosten der anderen erzielt werden darf. Selbstlosigkeit sollte der Kern der Philosophie sein, die dieser Mensch hinsichtlich des Lebens hat. Die Prinzipien des höheren Geistes, die zugrundeliegende Wahrheit und Universalität sind die Eigenschaften, die in diesem Fall im Leben zum Ausdruck kommen sollten.

♅R 2 URANUS RÜCKLÄUFIG IN HAUS 2

Uranus rückläufig in 2 zeigt, daß in der Vergangenheit die Eigenschaften des höheren Geistes und des höheren Selbstes abgelehnt oder mißbraucht worden sind. Das hatte seinen Grund darin, daß dieser Mensch zuviel Aufmerksamkeit auf das Materielle sowie auf die Aspekte der Sicherheit im Leben richtete. Die höheren Werte wurden von Werten ersetzt, die sich auf die äußerlichen Züge des Lebens bezogen. Außerdem ist davon auszugehen, daß der Geborene seine Besitztümer insofern mißbraucht hat, als er sie anderen als Ausdruck seiner Leistungen und Errungenschaften präsentierte. Er stellte das, was er hatte, zur Schau, um seine Individualität zu demonstrieren.

Was der Mensch mit einem rückläufigen Uranus in 2 lernen sollte, ist herauszufinden, was im Leben wirklich wichtig ist. Er ist hier gefordert, sich auf die Realität statt auf den Schein zu konzentrieren und zwischen zeitweiligen äußerlichen Zügen und dauerhaften Faktoren zu unterscheiden. Es gilt hier, auf Dauer eine Ebene zu erreichen, die eine bewußte Einstellung widerspiegelt. Dabei handelt es sich auch um eine Reaktion auf Haus 8, welches für Metaphysik und für die höhere Wahrheit steht.

♅ᴿ ③ URANUS RÜCKLÄUFIG IN HAUS 3

Uranus rückläufig in Haus 3 ist ein Anzeichen dafür, daß der Mensch sich in der Vergangenheit im Hinblick auf sein Wissen von einer kühlen und intellektuellen Art und Weise gezeigt hat. Er war unfähig, das, was er wußte, praktisch im Alltag zur Anwendung zu bringen. Gegenüber anderen, die nicht so schnell begriffen wie er, zeigte er sich sehr ungeduldig. Wir haben es hier mit einer intellektuellen Losgelöstheit zu tun, die dazu führte, daß diese Person sich nicht mental mit ihrer Umgebung auseinandersetzte. Anders ausgedrückt: In diesem Fall wurden der höhere Geist und das höhere Selbst intellektueller Neugier und intellektuellen Spielereien geopfert. Dieser Mensch hat es nicht verstanden, sich mit seinen Gefährten und Geschwistern auszutauschen.

Die Lektion, die hier zu lernen ist, besteht in der richtigen Verwendung von Wissen im Rahmen der alltäglichen Beziehungen und Erfahrungen. Niemals sollte Wissen allein um des Wissens willen erworben werden oder aus rein persönlichen Gründen. Kenntnisse müssen immer so eingesetzt werden, daß andere einen Nutzen davon haben. Ein rein mentaler Ansatz hat nichts mit wahrem Verständnis zu tun.

♅ᴿ ④ URANUS RÜCKLÄUFIG IN HAUS 4

Mit dieser Stellung haben wir es mit einem Menschen zu tun, dessen Persönlichkeit in der Vergangenheit von sprunghaftem und unvorhersehbarem Wesen war, ohne jedes Verantwortungsbewußtsein. Das 4. Haus steht sowohl für das Zuhause unseres physischen Körpers als auch für die physische Struktur unseres Hauses. Mit Uranus in 4 ist davon auszugehen, daß hier eine unangenehme Atmosphäre bestand und daß wenig Sicherheit gegeben war. Dies gilt nicht nur für das Zuhause, sondern auch für das aurische Feld. Der Geborene mißachtete die Verantwortung, sich auf diesen beiden Gebieten auf eine positive Weise zu verhalten. Es wäre für ihn darauf angekommen, durch sein Verhalten andere positiv zu beeinflussen. Ihm war aber seine persönliche Freiheit wichtiger als alles andere – wichtiger jedenfalls, als sich um die Schaffung einer wohltätigen häuslichen Struktur zu kümmern.

79

Der Mensch muß sich in diesem Fall mit der Aufgabe auseinandersetzen, in seinem Verhalten das höhere Selbst sowie das Christliche Prinzip beziehungsweise Liebe und Weisheit deutlich werden zu lassen. In dieser Hinsicht hat der Geborene die Möglichkeit, ein Beispiel für Wahrheit zu sein und einen guten Einfluß auf andere auszuüben. Er muß sich in aller Ernsthaftigkeit darum bemühen, ein Ausdruck des höheren Selbstes zu sein.

♅℞ ⑤ URANUS RÜCKLÄUFIG IN HAUS 5

Der rückläufige Uranus im 5. Haus weist darauf hin, daß der Mensch sich zu früheren Lebzeiten in seinen Beziehungen anderen überlegen fühlte (was eine Reaktion auf das gegenüberliegende 11. Haus darstellt). Das Ego stand hier im Vordergrund, was in Verbindung zu dem Sachverhalt zu sehen ist, daß der Löwe über das 5. Haus herrscht. Dies hatte zur Folge, daß alles so laufen mußte, wie der Geborene es wollte. Dies galt sowohl im Hinblick auf gesellschaftliche Kontakte, auf Liebesaffären als auch auf die Erziehung von Kindern. Mit der Uranus-Stellung in Haus 5 dürfte auch zusammengehangen haben, daß der Aspekt der Freiheit dem Menschen wichtiger war als die Verantwortung, die die Elternschaft bedeutet. Möglicherweise war aber auch der Ansatz, den der Geborene bei der Kindererziehung verfolgte, ein sehr ungewöhnlicher. Dabei könnte allerdings der Fall gewesen sein, daß der Blick für die Nebeneffekte fehlte und der Mensch sich keine Gedanken dazu gemacht hat, welche Auswirkungen sich später beim Kind zeigen würden. Der Vollständigkeit halber wäre hier noch eine mögliche Neigung zu ungewöhnlichen Verbindungen anzuführen.

Dieser Mensch muß im Leben für seine Beziehungen eine angemessene Philosophie entwickeln und auf eine angemessene Art und Weise Kontakte begründen. Es geht für ihn darum, die Bedürfnisse der Mitmenschen wahrzunehmen und zu berücksichtigen. Mit dem rückläufigen Uranus in 5 handelt es sich nicht nur darum, für sich selbst eine Richtung zu finden – der Geborene ist auch gefordert, zweckmäßige Techniken zur Anleitung seiner Mitmenschen zu entwickeln.

♅ℝ [6]   URANUS RÜCKLÄUFIG IN HAUS 6

Hier ist der Aspekt der Dienstbereitschaft betont. Mit dieser Stellung ist davon auszugehen, daß der Mensch in der Vergangenheit nicht in der Lage gewesen war, sich mental auf die Allgemeinheit einzustimmen. Seine Ideen, Gedanken und seine Lebensanschauung gingen von einem rein egoistischen Hintergrund und nicht von dem Bedürfnis aus, mit anderen zu teilen. Der Geborene hat nicht versucht, etwas von seinem höheren Wissen – auf welche Weise und auf welchem Gebiet auch immer –, seinen Gefolgsleuten weiterzugeben. Er stand in intellektueller Hinsicht für sich allein, und er sammelte Wissen um des Wissens willen, nicht aus dem Grund, anderen damit zu Diensten zu sein. Er hat es auf vielen Gebieten nicht geschafft, die Lehren der höheren Wahrheit auf die Erfahrungen des Alltags anzuwenden. Es ist Merkur, der über das 6. Haus herrscht – die Fähigkeit zur Kommunikation war etwas, was diesem Menschen voll und ganz abging.

In diesem Fall muß gelernt werden, den höheren Aspekt der metaphysischen Lehren zu erkennen. Weiterhin geht es darum, diesen dann im alltäglichen Leben und im Rahmen der Dienstbereitschaft anderen gegenüber auch tatsächlich zur Anwendung zu bringen. Der Geborene sollte sich davor hüten, seine Mitmenschen intellektuell abzuqualifizieren.

♅ℝ [7]   URANUS RÜCKLÄUFIG IN HAUS 7

In jeder Partnerschaft – im Rahmen der Ehe oder in der Beziehung zum Leben überhaupt – müssen die höheren Ideale zum Ausdruck kommen. Mit dem höheren Selbst sollte der Mensch die Unterscheidung machen können zwischen dem, was richtig und wichtig, und dem, was falsch und unwichtig ist. Wenn Uranus in diesem Haus rückläufig ist, können wir davon ausgehen, daß der Geborene in der Vergangenheit über alles bestimmt und alles organisiert hat, sein eigenes Leben wie auch das seiner Mitmenschen. Aufgrund der fortgesetzten Veränderungen kam es dabei in allen Beziehungen zu sehr viel Unstabilität. Der rückläufige Uranus bedeutet weiterhin, daß für diesen Menschen der Aspekt der Freiheit im Vordergrund stand. Er konnte es nicht ertragen, wenn sich in Beziehungen Einschränkungen irgendeiner Art ergaben. Im Rahmen von Partnerschaften muß berücksichtigt werden, daß auch andere Menschen Bedürfnisse und Wünsche haben. Hieran hat es dem Geborenen in der Vergangenheit gemangelt. Zu früheren Zeiten hat er nur auf sich geschaut.

Es könnte in der Vergangenheit auch so gewesen sein, daß sich diese Person so intensiv mit reformerischen und gesellschaftlichen Aktivitäten beschäftigte, daß sie keine Zeit mehr für ihr Zuhause hatte.

Wenn von Mars, Venus oder Jupiter aus zum rückläufigen Uranus in 7 Spannungsaspekte bestehen, könnten negative oder befremdliche Verhaltensmuster – insbesondere körperlicher Art – in der Ehe gegeben gewesen sein.

Der Geborene muß es lernen, seine Intuition in den Beziehungen ehelicher oder anderweitiger Art auf eine angemessene Weise einzusetzen. Die Eigenschaften des höheren Geistes, stabile Verhältnisse sowie eine passende Lebensphilosophie sollten die Marksteine für den Menschen sein, der einen rückläufigen Uranus in 7 hat.

♅℞ 8 URANUS RÜCKLÄUFIG IN HAUS 8

Das unvorhersehbare Verhalten, welches dieser Mensch in der Vergangenheit gezeigt hat, war der Grund dafür, daß vieles unter sehr unerquicklichen Umständen ein abruptes Ende nahm. Dies bezog sich nicht nur auf Arbeitsbeziehungen, sondern auch auf Freundschaften und die unmittelbare Umgebung. Es ist davon auszugehen, daß die Nachbarn zu früheren Zeiten aufatmeten, wenn der Geborene wegzog.

Hier haben wir es mit dem Problem zu tun, daß sich der Mensch in der Vergangenheit zwar mit der Astrologie, mit der Metaphysik oder mit den höheren Lehren beschäftigte, sein Wissen aber auf mißbräuchliche Art und Weise zum Einsatz brachte. Wenn zum rückläufigen Uranus in 8 Spannungsaspekte bestehen, ist dies ein Indiz für die Mitgliedschaft in negativen Gruppen (Stichwort: Hexenmagie, Satanskulte). Das Zeichen, in dem sich Uranus hier befindet, könnte näheren Aufschluß dazu geben, ob sich der Geborene an derartigen Aktivitäten beteiligt hat oder nicht.

Was mit dieser Stellung auch verbunden gewesen sein könnte, ist ein kühler und intellektueller Ansatz hinsichtlich der Wahrheit.

Dieser Mensch hat möglicherweise sehr wenig Verständnis und sehr wenig Wertvorstellungen besessen für alles, was mit Wahrheit zusammenhängt.

Die Lektion, die hier absolviert werden muß: Nach der Essenz der Wahrheit zu suchen, sich gemäß dem höheren Geist und den Qualitäten des höheren Selbstes zum Ausdruck zu bringen und sich Gruppen anzuschließen, die sich der Wahrheit verschrieben haben. Es geht hier um nichts weniger als darum, die Lehren der höheren Wahrheit im Alltag anzuerkennen.

☉℞ ⑨   URANUS RÜCKLÄUFIG IN HAUS 9

Mit Uranus rückläufig in 9 war es in der Vergangenheit zu intellektuellen Vorurteilen beziehungsweise in der Folge zu der Tendenz gekommen, das Gesetz und die herrschende Ordnung zu mißachten. Dieser Mensch wähnte sich über die allgemeinen Einschränkungen erhaben. Das Konzept, das er hinsichtlich der persönlichen Freiheit hatte, wies extreme Züge auf: Er war der Ansicht, daß die Begrenzungen, denen wir uns alle in unserem täglichen Leben gegenübersehen, für ihn nicht galten.

Hiermit ist die Neigung angesprochen, sich auf eine intellektuell kühle Art und Weise zum Ausdruck zu bringen. Wir haben es in diesem Fall mit einem Menschen zu tun, der sich in geistiger Hinsicht von allem distanzierte, was um ihn herum geschah. Der Geborene sah dabei zuviel als selbstverständlich an und erkannte nicht, wie wichtig es ist, sich mit anderen auseinanderzusetzen. Es bestand bei ihm eine intellektuelle Selbstsüchtigkeit, die sich darin äußerte, daß er Wissen nur für sich selbst erwarb. Dabei hat er in der Vergangenheit in der Tat sehr viel Wissen erworben, aber nichts oder nur sehr wenig davon an andere weitergegeben. Des weiteren ist davon auszugehen, daß er immer wieder neue intellektuelle und religiöse Ansätze vertrat, welche unter Umständen auch irrationaler Natur waren. Wie dem auch gewesen sein mag: Das Motiv war hier eine intellektuelle Neugier, wobei es allerdings am Sinn für die praktische Anwendung der Erkenntnisse mangelte. Für diese Person war es zu früheren Lebzeiten selbstverständlich, eine Art Genie zu sein. Denkbar wäre in diesem Zusammenhang aber auch, daß er seine Gaben ignorierte oder mißbrauchte.

Der Geborene muß es lernen, auf wirklich ernsthafte Weise nach Wahrheit zu suchen. Mit dem rückläufigen Uranus in 9 kommt es darauf an, das, was der Mensch gelernt hat, mit anderen zu teilen. Das Wissen muß auf eine praktische Art vermittelt werden, so daß die anderen verstehen können, worum es geht. Die grundlegende Aussage bei dieser Uranus-Stellung liegt in der Botschaft, etwas zu glauben, ohne einen Beweis zu haben. Spannungsaspekte zu Uranus deuten an, daß es der Geborene auf seinem Weg mit Schwierigkeiten zu tun hat, welche ihre Ursache in früheren Leben haben. Wenn er die uranischen Prinzipien der Freiheit und des Geistes zum Ausdruck bringen will, muß er in diesem Leben sehr hart kämpfen.

♅ᴿ ⑩ URANUS RÜCKLÄUFIG IN HAUS 10

Bei dieser Stellung haben wir es damit zu tun, daß die uranischen Prinzipien und Ideale dem Streben nach Sicherheit geopfert wurden. Dieser Mensch hat seinen Intellekt in der Vergangenheit nur dafür eingesetzt, zu Ansehen zu kommen oder Wohlwollen seitens Höherstehender zu erhalten. Wenn hier Spannungsaspekte vorhanden sind, ist des weiteren angezeigt, daß die intellektuellen Fähigkeiten nicht auf angemessene Art und Weise eingesetzt wurden. Es war hier viel Selbstsucht gegeben, was zu Lasten der Mitmenschen ging.

Mit dem rückläufigen Uranus in Haus 10 ist davon auszugehen, daß der Mensch in der Vergangenheit keine großen beruflichen Fortschritte gemacht hat und nicht gut mit Vorgesetzten ausgekommen ist. Es kann so gewesen sein, daß der Geborene mehr wußte als diejenigen, die über ihm standen, und deshalb Verachtung für seine Vorgesetzten empfand. Diese Besserwisserei war die Ursache dafür, daß ihm Anerkennung versagt blieb. Dieser Mensch ist den Anweisungen, die ihm gegeben wurden, häufig nicht nachgekommen. Er wollte alles auf seine Art und Weise machen. Es ist nur logisch, daß dies zu keinem guten Verhältnis zu Vorgesetzten und Höherstehenden geführt hat.

Die Lektion, die hier zu lernen ist, besteht im Erwerb von Wissen und in der Entwicklung von Fertigkeiten, die es ermöglichen, sich im beruflichen Bereich auf eine angemessene Art und Weise zum Ausdruck zu bringen. Der Ansatz sollte hier sein: Welchen Beitrag kann ich für meinen Beruf leisten? Es geht nicht darum zu fragen: Was bringt mir mein Beruf? Der Geborene sollte sich darum bemühen, die höchstmöglichen Ideale und Ziele in Beruf und Karriere zu verwirklichen.

♅℞ [11] URANUS RÜCKLÄUFIG IN HAUS 11

In diesem Fall geht es um einen Menschen, der sich in der Vergangenheit im Hinblick auf Freundschaften und Beziehungen von einem sehr unkonventionellen und sprunghaften Wesen gezeigt hat. Zu früheren Lebzeiten dürfte die Tendenz bestanden haben, sich mit unterlegenen Menschen zu verbinden oder mit Leuten, die sich auf eine sehr ungewöhnliche oder unvorhersehbare Weise verhielten. Wer Uranus rückläufig in Haus 11 hat, dürfte selbst in der Vergangenheit ein außerordentlich unzuverlässiger Freund gewesen sein, bei dem immer unklar war, was er als nächstes machen würde. Möglicherweise waren auch die gesellschaftlichen Aktivitäten von sehr ungewöhnlicher Art, und vielleicht standen sie im Widerspruch zu den herrschenden sozialen Werten und Normen.

Dieser Mensch muß lernen, Klugheit in der Auswahl von Freunden und Verbündeten zu beweisen. Er muß sich Aktivitäten verschreiben, die ihn in intellektueller, kultureller, zivilisatorischer und spiritueller Hinsicht stimulieren. Er sollte sich sozialen Bewegungen anschließen, die einen weiten Horizont erkennen lassen. Es macht nichts, wenn diese utopischer Natur sind – wovor er sich nur hüten muß, ist Radikalität oder Destruktivität. Mit dieser Stellung ist angezeigt, daß gesellschaftliche Reformen ein Anliegen sind. Allerdings darf es nicht so sein, daß die Gesellschaft den entsprechenden Aktivitäten zum Opfer fällt. Wie auch immer: Bei demjenigen mit Uranus rückläufig in 11 handelt es sich um einen Menschen, der seinen Freunden ein Führer sein kann. Andere leiten kann er auf den Gebieten der Metaphysik, der Astrologie und der Philosophie.

♅℞ [12] URANUS RÜCKLÄUFIG IN HAUS 12

Wenn Uranus rückläufig in Haus 12 steht, ist daran abzulesen, daß es in der Vergangenheit zum Mißbrauch der seelischen Eigenschaften gekommen war. Dieser Mensch hat es versäumt, sich in seinem Inneren mit dem höheren Selbst der Persönlichkeit zu identifizieren. Das heißt auch, daß es ihm nicht gelungen war, diese Identifikation im Rahmen seiner alltäglichen Existenz zum Ausdruck zu bringen. Der Geborene hat es weiterhin nicht geschafft, zwischen dem inneren und dem äußeren Karma eine Integration zu erzielen. Was die Vergangenheit betrifft, ist es fortgesetzt zu einer Art spiritueller Verarmung gekommen. Möglicherweise hat der Geborene hier mehrfach sein Leben verschwendet. Mit dieser Stellung könnte auch angezeigt sein, daß es sich um einen Einsiedler gehandelt hat, der es vermeiden wollte, sich mit der Realität der objektiven Welt auseinanderzusetzen.

In den meisten Fällen hat sich dieser Mensch bei seiner spirituellen Entwicklung in der Vergangenheit nur auf sein Inneres bezogen und seine Weiterentwicklung in der realen Welt vernachlässigt. Insofern ist diese Stellung ein Ausdruck der Tatsache, daß hinsichtlich des dualistischen Prinzips der Schöpfung kein ausgewogenes Verhältnis herrschte.

Die Anhäufung von Karma ist hier ein wichtiges Thema. Die inneren Ideale und die unbewußten Motive, die mit der spirituellen Entwicklung in der Vergangenheit zusammenhingen, wurden auf eine mißbräuchliche Weise zur Anwendung gebracht. Auch müssen wir hier davon ausgehen, daß der Geborene seine Verpflichtung, der Menschheit zu Diensten zu sein, ignoriert hat (dies als Reaktion darauf, daß das 12. Haus dem 6. gegenüberliegt).

Mit dem rückläufigen Uranus in 12 kommt es darauf an, Wissen für die eigene Weiterentwicklung und zum Nutzen der Mitmenschen zu erwerben. Die Qualitäten des inneren Selbstes sollten auf einen höheren Zustand des Bewußtseins hingelenkt werden, welcher die Integration des höheren Selbstes sowie des Christlichen Prinzips ermöglicht. Auf diese Weise kann der Mensch die Einheit mit dem kosmischen Zweck und dem kosmischen Geist erfahren.

DER RÜCKLÄUFIGE NEPTUN

Neptun steht in esoterischer Hinsicht für Spiritualität in ihrer höchsten Form. Dieser Planet herrscht über die Fische, welche für die letzte große Initiation stehen, die der Mensch durchlaufen muß, um sich vom Rad des Karmas und der Inkarnationen zu befreien. Neben der Tatsache, daß dieser Planet Spiritualität symbolisiert, haben wir es bei ihm auch mit Mitgefühl und Verständnis zu tun. In negativer Auswirkung geht es um Täuschung und Betrug. Weiterhin müssen wir uns hier mit bestimmten Emotionen auseinandersetzen, welche eine destruktive Begleiterscheinung von Mitgefühl sind.

Ein rückläufiger Neptun im Horoskop ist Ausdruck der Tatsache, daß der Geborene in der Vergangenheit keine Spiritualität zum Ausdruck gebracht hat oder seine Spiritualität mißbrauchte. Möglicherweise war aber auch die Haltung in dieser Hinsicht von Ablehnung oder von Passivität gekennzeichnet. Mit dem rückläufigen Neptun wurden vielleicht auch die psychischen Fähigkeiten mißbraucht (Stichwort: Schwarze Magie). Sich medialen Beschäftigungen hinzugeben ist die niederste Stufe auf der Leiter der psychischen Entwicklung. Dieser Mensch sollte es tunlichst vermeiden, an Séancen oder an Sitzungen teilzunehmen, bei denen mit Hypnose oder mit einem Medium gearbeitet wird. Es könnte sonst dazu kommen, daß er die Beherrschung und die Kontrolle über sich verliert.

Alles, was wir bisher angeführt haben, war auf die eine oder andere Weise Bestandteil der früheren Existenzen dieses Menschen. Es ist nun die Tendenz gegeben, die gleichen Eigenschaften zum Ausdruck zu bringen und in die gleichen Aktivitätsmuster zu verfallen.

Neptun rückläufig bedeutet, daß wir es hier mit einem Bewohner Atlantis zu tun haben, der mitverantwortlich für den Untergang seines Reiches war. Atlantis wurde von denjenigen zerstört, die die kosmischen Gesetze und die kosmische Wahrheit mißachteten. Viele von denen, die um das Geheimnis der kosmischen Wahrheit wußten, haben ihr Wissen zugunsten von persönlichen Vorteilen und persönlicher Macht verraten. Dies ist zu berücksichtigen, wenn wir vom Niedergang und von der Zerstörung Atlantis sprechen.

♆R ① NEPTUN RÜCKLÄUFIG IN HAUS 1

Wenn Neptun rückläufig in Haus 1 steht, müssen wir davon ausgehen, daß sich der Mensch in der Vergangenheit der Welt auf keine ehrliche und aufrichtige Weise präsentiert hat. Die Persönlichkeit war hier eine Maske, die verbergen sollte, daß es sich um jemanden handelte, dessen Ideale und Ziele nicht von konstruktiver Art waren. Dieser Mensch hat dabei nicht nur andere, sondern auch sich selbst getäuscht. Der rückläufige Neptun in 1 ist Ausdruck der Tatsache, daß der Geborene sich der Realität seines eigenen Wesens oder des Lebens in seiner Gesamtheit nicht bewußt gewesen war. Dies gilt insbesondere für die Stellung im Stier oder in der Waage. Diese Person lebte mehr in einer Phantasiewelt denn in der Realität. Das Tierkreiszeichen, in dem Neptun steht, zeigt, in welcher Weise sich das Moment der Täuschung in der Vergangenheit manifestiert hat. Wenn zum Beispiel die Stellung im Zeichen Jungfrau gegeben ist, müssen wir von einem falschen Blick für die Dinge, von einem sehr oberflächlichen Wissen und von einer negativen Art und Weise der Kommunikation mit anderen ausgehen.

Was der Mensch mit dem rückläufigen Neptun in 1 lernen muß, ist, der Realität des Lebens ins Auge zu sehen und sich seiner selbst bewußt zu werden. Es geht hier darum, Ideale und Ziele auf eine ernsthafte Art zum Ausdruck zu bringen.

ΨR ② NEPTUN RÜCKLÄUFIG IN HAUS 2

Der Geborene ist in der Vergangenheit mithilfe von Täuschungs-
manövern zu materiellen Besitztümern gelangt. Insbesondere dann,
wenn eine negative Beziehung zu Pluto gegeben ist, muß hier von
kriminellen Aktivitäten ausgegangen werden. Es könnte sich um
den Menschentyp handeln, der sich an Geldern vergreift, die der
Öffentlichkeit oder einer Organisation gehören. Wenn es hier um
das Zeichen Steinbock oder Löwe geht, war der Geborene möglicherweise Mitglied einer Regierung oder einer Behörde, bei der es
im großen Maßstab zu Korruption oder zum Machtmißbrauch kam.
Wir haben es in diesem Fall mit der Opposition zu Haus 8 zu tun,
was nahelegt, daß der Mensch Gruppen und Organisationen für
seine persönlichen Vorteile mißbraucht hat.

Die Aufgabe des Geborenen besteht darin, die Tugenden der
Ehrlichkeit und Aufrichtigkeit zur Entwicklung zu bringen und im
Hinblick auf das Materielle über angemessene Wertvorstellungen zu
verfügen. Diese Neptun-Stellung gibt zu erkennen, daß die Ent-
wicklung positiver Werte und einer angemessenen Perspektive im
Hinblick auf die Motive des Menschen das wichtigste Thema ist.

ΨR ③ NEPTUN RÜCKLÄUFIG IN HAUS 3

Hier müssen wir davon ausgehen, daß zwischen dem Menschen
und seinen Verwandten keine spirituelle Verbindung gegeben war.
Der Geborene hat seine Brüder und Schwestern und die anderen
Verwandten nicht wirklich verstanden. Er hat es weiterhin nicht versucht, ihnen eine Stütze zu sein und ihnen bei der Auseinandersetzung mit den täglichen Erfahrungen zu helfen. Hier richtet sich das
Moment der Täuschung auf die Verwendung von falschen Kommu-
nikationsformen. Zum Beispiel könnte sich der Geborene bei Zwi-
schenfällen – welcher Art auch immer – als unzuverlässig erwiesen
haben. Möglicherweise sehen wir hier den Prüfling vor uns, der
beim Examen schummelt, oder jemanden, der sich den Lehrstoff
nur oberflächlich merkt, nicht aber wirklich aneignet. Es wäre ohne
weiteres denkbar, daß der Geborene dem Anschein nach viel Wissen besaß, später allerdings deutlich wurde, daß bei diesem kein
Fundament und keine solide Struktur vorhanden war.

Die Lektion des rückläufigen Neptun in 3 besteht in der Entwicklung von Spiritualität, von Mitgefühl und von Verständnis. Mit diesen Eigenschaften kann dieser Mensch seinen Geschwistern und Verwandten zu Diensten sein. Es gilt für ihn zunächst, Wissen zu sammeln, welches auf wirklichem Verständnis beruht. Danach muß er dieses Wissen mittels angemessener Formen der Kommunikation in seiner Essenz an andere weitergeben. Er darf in dieser Hinsicht keine oberflächliche Einstellung zeigen.

♆ ℞ ④ NEPTUN RÜCKLÄUFIG IN HAUS 4

Der Geborene hat in der Vergangenheit nicht in seinem Zuhause für eine positive Atmosphäre gesorgt. Wenn er sich bei der Gestaltung seines häuslichen Lebens von etwas hat leiten lassen, dann nur von Erwägungen aus, die von Dogmatik und Unflexibilität gekennzeichnet waren. Dies gilt nicht nur für das Zuhause, sondern auch für die Beziehungen, die dieser Mensch führte. Hier war das Moment der Täuschung dafür verantwortlich, daß in den Kontakten zu anderen kein Vertrauen herrschte. Diese Person fühlte sich mit ihren Freunden nicht wohl.

Der Geborene hat die Tatsache zu akzeptieren, daß er bei seiner Weiterentwicklung ein Beispiel für Wahrheit und wahre Spiritualität sein muß. Wenn er dem entspricht, wird sein Einfluß auf andere ein konstruktiver sein. Menschen, die in Kontakt mit ihm kommen, werden sich dann in seiner Gegenwart wohlfühlen. In vielerlei Hinsicht kann aus dem Mikrokosmos dieses Menschen ein Makrokosmos werden. Dies sollte seinen Ausdruck finden in der Atmosphäre, die das Zuhause prägt. Es geht hier insbesondere darum, daß die Familienmitglieder von seiner Ernsthaftigkeit, von seinem Verständnis und seinem Mitgefühl profitieren können.

♆ ℞ ⑤ NEPTUN RÜCKLÄUFIG IN HAUS 5

Jede Beziehung mit einem Menschen des anderen Geschlechts beruhte hier in der Vergangenheit ausschließlich auf den Emotionen. Auf welche Art und Weise die Gefühle zur Schau gestellt wurden, können wir an dem Zeichen ablesen, das an der Spitze von 5 steht.

Auch jetzt noch läßt der Geborene vermutlich diese Eigenschaften erkennen. Ohne jeden Zweifel hat er in seinen Liebesbeziehungen jede Ernsthaftigkeit vermissen lassen und andere hintergangen und betrogen. Er benutzte das andere Geschlecht nur zu seiner persönlichen Befriedigung. Was ihn betrifft, gab es hier keine ernsthaften Gefühle.

Das 5. Haus steht auch für Kinder, was die Annahme nahelegt, daß es in der Vergangenheit viele uneheliche Nachkommen gegeben hat. Es ist zu vermuten, daß dieser Mensch seiner Verantwortung den Kindern gegenüber nicht gerechtgeworden ist. Ganz allgemein gilt, daß ihm das süße Leben wichtiger war als die Selbstdisziplin, die mit einer hohen Moral verbunden ist.

Die Lektion, die der Mensch mit einem rückläufigen Neptun in 5 lernen muß, besteht darin, in der Beziehung zum anderen Geschlecht hohe moralische Werte zum Ausdruck zu bringen. Der Geborene braucht in dieser Hinsicht einen Gefährten oder eine Gefährtin, der oder die spirituell ausgerichtet ist. Was Kinder angeht, muß er viel Verständnis und viel Mitgefühl aufbringen und sich als spiritueller Führer erweisen. Er muß die Verantwortung für die spirituelle Entwicklung seiner Nachkommen übernehmen.

ΨR [6] NEPTUN RÜCKLÄUFIG IN HAUS 6

Mit dem rückläufigen Neptun in 6 müssen wir davon ausgehen, daß der Geborene in der Vergangenheit sich anderen gegenüber nicht wirklich dienstbereit gezeigt hat. Dieser Mensch wußte nicht, was das Wort Dienst überhaupt bedeutet. Der grundsätzliche Impuls bei all seinen Handlungen zu früheren Lebzeiten war Selbstsucht. Es ging ihm nicht darum, was er für die anderen hätte tun können.

Hiermit ist möglicherweise auch angezeigt, daß der Geborene in der Vergangenheit sehr krank war. Neptun regiert die höheren Ebenen des menschlichen Ätherkörpers. Alle Krankheiten, die sich auf der physischen Ebene manifestieren, haben ihre Wurzeln im Ätherkörper. Mit dieser Neptun-Stellung ist davon auszugehen, daß sich der Mensch in der Vergangenheit einer guten Gesundheit erfreute, diese aber mißbraucht hat. Vielleicht kam es in dieser Hinsicht zur Verschwendung von Energie oder zur Zersplitterung der Kräfte aufgrund der verschiedensten destruktiven Aktivitäten. Die Krankheit, die sich in dem aktuellen Leben zeigt, wäre ein Resultat hiervon.

Der Mensch, der Neptun rückläufig in 6 hat, dürfte sehr anfällig für ansteckende Krankheiten und seuchenartige Epidemien sein. Weiterhin besteht hier wahrscheinlich eine sehr große Empfänglichkeit für die atmosphärische Situation sowie die Stimmungen der Mitmenschen. Möglicherweise wird der Geborene in Gegenwart von Leuten, die mental oder emotional leiden, schnell depressiv.

Der Geborene sollte es sich zweimal überlegen, bevor er eine Stellung im medizinischen Bereich wählt. Das hat seinen Grund in der übergroßen Empfänglichkeit für Krankheiten. Der Mensch mit dem rückläufigen Neptun in 6 ist außerordentlich beeinflußbar, was zur Folge hat, daß er selbst einige der Symptome annehmen könnte, die die Kranken seiner Umgebung zeigen.

Mit dieser Stellung ist auch davon auszugehen, daß sich der Geborene in der Vergangenheit dem spirituellen Moment verweigert hat (was daran abzulesen ist, daß das 6. Haus dem 12. – welches für Karma steht – gegenüberliegt). Dieser Mensch hat sich in der Vergangenheit nicht um Spiritualität gekümmert und sein spirituelles Wissen nicht zum Ausdruck gebracht. Er hat es versäumt, sich auf irgendeine Art und Weise auf eine Initiation vorzubereiten. Wir müssen uns hier daran erinnern, daß Neptun in spiritueller Hinsicht unser Führer ist. Des weiteren ist er der Antrieb für die evolutionäre Entwicklung der Menschheit insgesamt sowie des planetarischen Logos.

Das 6. Haus hat auch mit der Öffentlichkeit zu tun, mit Mitarbeitern und mit Untergebenen. Wenn Neptun hier rückläufig ist, müssen wir annehmen, daß der Geborene sich in der Vergangenheit hinsichtlich der Gefühle seiner Kollegen oder Mitmenschen unempfänglich gezeigt hat. Aller Wahrscheinlichkeit nach hat ihm die Fähigkeit gefehlt, sich auf das einzustimmen, was andere wollten oder dachten. Insofern wäre es vorstellbar, daß er zu den Denkmustern und Anschauungen seiner Zeit eine distanzierte Haltung gezeigt hat.

Mit der Rückläufigkeit von Neptun in 6 ist verbunden, daß der Geborene bereit dazu sein sollte, Opfer zu bringen, wobei es sich möglicherweise darum handelt, die eigene Person zu opfern. Dieser Mensch muß tätig werden, ohne dafür Anerkennung zu erwarten. Er muß sich darum bemühen, seine Gefolgsleute zu verstehen, und er muß sensibel gegenüber dem sein, was andere brauchen und wünschen. Es kommt hier auf die Fähigkeit an, anderen zu hel-

fen und im Hinblick auf Beziehungen Unterscheidungs- und Urteilsvermögen zu beweisen.

♆ᵣ 7 NEPTUN RÜCKLÄUFIG IN HAUS 7

Hiermit ist angezeigt, daß das Individuum in der Vergangenheit
nicht sensibel genug für die Forderungen war, die sich im Zusammenhang mit Verbindungen, Partnerschaften oder der Ehe erhoben.
Beziehungen fordern vom Menschen, Sensibilität und ein Bewußtsein für die Bedürfnisse des Partners aufzubringen. Was die Ehe betrifft, müssen wir in diesem Fall davon ausgehen, daß der Geborene
nicht um die Verantwortung wußte, die diese Form des Zusammen-
lebens mit sich bringt, und daß er nicht dazu in der Lage war, sich
um jemand anderes zu kümmern und sich selbst an die zweite Stelle zu setzen. Möglicherweise stand das Ich-Gefühl zu sehr im Vordergrund. Was das aktuelle Leben betrifft, ist vielleicht die gleiche
Tendenz erkennbar: die Ehe als Reflexion des eigenen Wesens und
als Mittel zur Befriedigung der eigenen Bedürfnisse anzusehen.
Wahrscheinlich hat sich dieser Mensch nicht allzuviele Gedanken
dazu gemacht, was er für den Partner tun konnte.

Wenn hier Spannungsaspekte gegeben sind, könnte es zu Betrug und Täuschung gekommen sein. Diese Aspekte sind oftmals
ein Beleg dafür, daß der Mensch nicht ehrlich ist, was seine Motive
zur Heirat angeht (was sowohl für die Vergangenheit als auch für
das aktuelle Leben gilt). Hinsichtlich des persönlichen Hintergrun-
des gibt es hier immer etwas, was verborgen ist und im Geheimen
bleibt.

Kann der Mensch mit dem rückläufigen Neptun in 7 ein vertrauenswürdiger Partner sein? Kann er sich öffnen und hinsichtlich aller
partnerschaftlichen Aktivitäten Ehrlichkeit und Ernsthaftigkeit zum
Ausdruck bringen?

Neptun regiert über die Fische, und die Fische regieren über die
Füße. Wenn wir es mit einem rückläufigen Neptun zu tun haben,
zeigt das, daß der Mensch in der Vergangenheit nicht mit seinen
Füßen fest auf dem Boden der Realität gestanden hat. Realitätsbe-
zogenheit ist nun von besonderer Wichtigkeit. Sie entscheidet darüber, ob der Geborene nun den Himmel oder die Hölle erlebt. Dabei ist Neptun grundsätzlich von neutralem Wesen. Wir haben es

hier aber nicht mit Stabilität oder auch Starrheit zu tun, sondern mit einem konstanten Fluß der Dinge. Dies müssen wir berücksichtigen, wenn es um die emotionale Basis geht, die mit Neptun zusammenhängt. Es kommt hier in erster Linie auf Anpassungsbereitschaft sowie auf eine Offenheit des Geistes an. Wenn sich der Mensch in seinen Beziehungen nicht offen und flexibel zeigt, kann er sich nicht gemäß den höheren Neptun-Facetten zum Ausdruck bringen.

Die Lektion, die der Geborene lernen muß, ist die Entwicklung von Ernsthaftigkeit, Zuverlässigkeit, Loyalität sowie das Bewußtsein für die Bedürfnisse der Mitmenschen. Es ist erforderlich, daß er ein hohes Maß an Spiritualität zum Ausdruck bringt, in allen Angelegenheiten oder Beziehungen – ob es sich dabei um das Leben überhaupt, um einen Geschäftsfreund oder um den Partner handelt, der aufgrund der Institution der Ehe zum Bestandteil des Lebens geworden ist.

Ψ_R ⑧ Neptun rückläufig in Haus 8

Neptun rückläufig in Haus 8 ist ein Anzeichen dafür, daß der Mensch in der Vergangenheit viel mit spirituellen Bewegungen, okkulten Wissenschaften, Astrologie und der Suche nach Wahrheit zu tun hatte, auf diesen Bereichen allerdings sein Wissen mißbrauchte. Aller Wahrscheinlichkeit nach hat er sich hier negativen Gruppen angeschlossen, wie zum Beispiel Vereinigungen, welche sich mit Hexenmagie beschäftigten oder anderen schwarzen Brüderschaften. Daraus leitet sich ab, daß der Geborene in diesem Leben außerordentlich vorsichtig sein sollte, was Gruppen betrifft. Es besteht hier die Tendenz, falschen Propheten oder falschen Gurus zu folgen oder Mitglied in Vereinigungen zu werden, die einen negativen Ansatz im Hinblick auf Spiritualität und spirituelle Wahrheit haben.

Die Starrheit, die mit dem rückläufigen Neptun verbunden ist, weist darauf hin, daß der Geborene bei seiner Suche nach Wahrheit keine Offenheit bewiesen hat. Jedes Wagnis, daß er hier einging, beruhte auf dem Wunsch nach persönlichem Fortkommen. Der Geborene hat nicht die Wahrheit um ihrer selbst willen gesucht. Ohne Zweifel müssen wir hier davon ausgehen, daß zu früheren Lebzeiten der Aspekt der Metaphysik im Vordergrund stand. Dabei hat dieser Mensch aber zu großen Wert auf die äußerlichen Züge gelegt und außer acht gelassen, was die wirkliche Bedeutung hinter der Erscheinung war.

In allgemeinerer Hinsicht läßt diese Stellung erkennen, daß es in der Vergangenheit an Aufrichtigkeit und Ehrlichkeit gefehlt hat, was das Geld oder den Besitz anderer Leute betraf. In diesem Leben muß sich der Geborene mit Neptun rückläufig in 8 möglicherweise damit auseinandersetzen, daß er gegen seinen Willen von astralen Einflüssen überwältigt wird, was unter Umständen eine erschreckende Erfahrung sein kann. Er wird nicht verstehen, worum es dabei geht, und auch nicht die Fähigkeit haben, damit umzugehen. Dies wird solange der Fall sein, bis er damit beginnt, sich mit Metaphysik zu beschäftigen. Wenn er hier nicht ein grundlegendes Verständnis erwirbt, könnte es sogar zu einem Zustand der Besessenheit kommen.

Dieser Mensch muß sich mit der Lektion auseinandersetzen, daß er verantwortlich dafür ist, auf individuelle Weise nach Wahrheit zu suchen, und zwar auf einem hohen Niveau. Der Geborene darf sich nur solchen Gruppen anschließen, die wahre Spiritualität lehren, und er darf sich nicht von den äußerlichen Zügen der Erscheinungen blenden lassen. Um dies zu erreichen, muß er für sich selbst einen Sinn für materielle Werte entwickeln und sich darüber klarwerden, daß Geld und Besitz Verantwortung bedeuten. Es geht dabei nicht nur um ihn selbst, sondern auch um andere. Für ihn kommt es darauf an, ein ernsthaftes Glaubenssystem zu entwickeln, welches auf spirituelle Wahrheit gegründet ist.

Diese Neptun-Stellung ist auch ein Hinweis darauf, daß der Geborene zu früheren Lebzeiten andere getäuscht oder betrogen hat, wenn es um Erbschaften ging. Nun kann es deshalb dazu kommen, daß er in dieser Hinsicht selbst zum Opfer wird.

ΨR 9 NEPTUN RÜCKLÄUFIG IN HAUS 9

Dieser Horoskop-Bereich hat mit Philosophie und Religion, dem höheren Geist, Träumen und Spiritualität zu tun. Wenn Neptun hier rückläufig steht, läßt uns das erkennen, daß der Geborene in der Vergangenheit eine dogmatische religiöse Position zum Ausdruck brachte. Es hat ihm an wahrem Verständnis und an wahrer Spiritualität gefehlt.

Aspekte zum rückläufigen Neptun in 9 sind von sehr großer Wichtigkeit. Um hier Beispiele zu nennen: *Spannungsaspekte zwischen Jupiter und Neptun* sind ein Beleg für eine frühere bigotte Einstellung. *Spannungsaspekte zwischen Merkur und Neptun* weisen darauf hin, daß der Mensch in seinem Denken und Reden über Religion und Philosophie sehr dogmatisch gewesen ist und keine anderen Meinungen oder Ansichten gelten ließ. Wir könnten hier auch den Schluß ziehen, daß es sich um jemanden gehandelt hat, der Angehöriger oder Amtsträger eines religiösen Ordens war. Dabei ist noch anzufügen, daß es wahrscheinlich zum Mißbrauch der Autorität kam, die mit dem Amt zusammenhing.

Spannungsaspekte zwischen der Sonne und Neptun sind ein Indiz für diktatorische Ausnutzung von religiöser Macht. *Spannungsaspekte zwischen Mars und Neptun* könnten der Hinweis darauf sein, daß dieser Mensch in der Vergangenheit mit der spanischen Inquisition zu tun hatte oder sich an kirchlichen Aktivitäten beteiligte, die von ähnlicher Art waren. Vielleicht ist es in diesem Fall im Namen der Religion zu Gewalttätigkeiten und Grausamkeit gegenüber Andersgläubigen gekommen. Das 9. Haus steht auch für ferne Länder, was in diesem Zusammenhang bedeuten könnte, daß dieser Mensch gewissermaßen einen sehr langen Arm gehabt hat, mit dem er über einen weitreichenden Einfluß verfügte. Eine Bewegung wie die der spanischen Inquisition hatte Folgen und Auswirkungen für Menschen in den verschiedensten Ländern und Regionen der Welt.

Der rückläufige Neptun in Haus 9 könnte auch damit in Verbindung stehen, daß der Geborene befremdliche Träume oder eigenartige Visionen hat, welche nur schwer zu interpretieren sind. Das liegt dann daran, daß die wahre Bedeutung hinter einer komplizierten Symbolik verborgen liegt und nicht auf dem Gewöhnlichen beruht. Wenn hier zu viele Spannungsaspekte vorhanden sind, könnte das der Grund für nächtliche Alpträume sein.

In der Welt der Metaphysik steht das 9. Haus nicht nur für den höheren Geist, sondern auch für das Christliche Prinzip, das in allem und jedem Menschen zum Ausdruck kommt. Der rückläufige Neptun in 9 ist ein deutliches Indiz dafür, daß der Mensch in der Vergangenheit seiner Verantwortung, den höheren Geist oder auch das Christliche Prinzip zur Entwicklung zu bringen, nicht gerechtgeworden ist. Die Gelegenheiten dazu bestanden, und der Mensch hätte die Chance ergreifen sollen, auf ein wahrhaft spirituelles Niveau zu gelangen. Er hat dies aus Furcht oder aus Unsicherheit versäumt. Insofern ergibt sich für ihn nun die Konsequenz, daß sein aktuelles religiöses Konzept ebenfalls mit Angst verbunden ist – vielleicht mit Angst vor der Zukunft oder Angst vor dem Tode. Wir müssen in diesem Fall davon ausgehen, daß dieser Mensch sich seiner Überzeugungen sehr unsicher ist.

Die Lektion, die sich mit dem rückläufigen Neptun in 9 ergibt, besteht in der Entwicklung von wahrer Spiritualität und in einer ernsthaften religiösen Betätigung. Hierbei muß Mitgefühl und Verständnis für die Religionen der anderen zum Ausdruck kommen.

Wenn der Mensch die negativen Eigenschaften, die mit der Rückläufigkeit Neptuns verbunden sind, überwindet, könnte das bedeuten, daß er sich auf Christi Wiederkehr vorbereitet. Hierzu ist noch anzumerken, daß es sich bei dieser zweiten Erscheinung Christi nicht um eine weltweite, sondern um eine individuelle Angelegenheit handelt, die jeder für sich allein erlebt.

♆ℝ 🔟 NEPTUN RÜCKLÄUFIG IN HAUS 10

Mit Neptun rückläufig in 10 ist angezeigt, daß der Mensch seine Macht in der Vergangenheit mißbraucht hat. Es könnte sein, daß er früher in einer religiösen Organisation war und dabei eine hohe Stellung innehatte, welche er nur zu seinem persönlichen Vorteil nutzte. Wenn Neptun im Löwen steht, könnte es sich um den Machtmißbrauch einer Regierungsposition handeln, was damit zusammenhängt, daß Neptun über die Politik herrscht. Der Geborene könnte hier eine außerordentlich hohe Stellung mit ungemein viel Macht gehabt haben, aber ohne jedes Gefühl dafür gewesen sein, was der einfache Mann dachte und tat. Gesetze hat er möglicherweise erlassen, ohne sich Gedanken dazu zu machen, ob die Allgemeinheit davon profitierte. Wenn wir es hier mit einem Widder-Neptun zu tun haben, würde der Aspekt der Macht eine Reflexion des eigenen Wesens darstellen. Dieser Mensch neigt dazu, Macht einzusetzen, um persönliche Fortschritte zu erzielen – nicht aus dem Grund, anderen etwas Gutes zu tun. Die näheren Umstände des Mißbrauchs der politischen Macht werden deutlich, wenn wir untersuchen, welche Planeten im Aspekt zum rückläufigen Neptun in 10 stehen.

Mit dieser Stellung ist auch angezeigt, daß der Mensch der Verantwortung, die er in seinem Beruf hatte, nicht gerechtgeworden ist und daß er den diesbezüglichen Pflichten und Aufgaben nicht nachkam. In diesem Leben könnte er sehr große Schwierigkeiten haben, sich für einen Beruf zu entscheiden. Vielleicht wechselt er von einer Anstellung zur anderen, ohne bestimmte Ziele oder bestimmte Absichten damit zu verfolgen. Es dürfte ihm in dieser Beziehung an Kontinuität fehlen, und es ist anzunehmen, daß er sich oftmals frustriert fühlt und nicht weiß, was er in seinem Beruf eigentlich machen soll. Der Geborene war in der Vergangenheit in den Dingen, die im Zusammenhang mit seiner Karriere standen, nicht vertrauenswürdig. Seine Vorgesetzten dürften schnell die Entdeckung gemacht haben, daß er zu Täuschungen und Hinterlist neigte. Welcher Art diese Täuschungen gewesen sind, ist daran abzulesen, in welchem Zeichen Neptun steht.

Für diesen Menschen kommt es darauf an, im jetzigen Leben eine positive Einstellung gegenüber dem Beruf zu entwickeln. Er muß sich der Verantwortung, die er im Beruf hat, stellen und sich auf eine ernsthafte Weise um Fortschritte bemühen. Wichtiger als alles andere ist, daß er seine Vertrauenswürdigkeit beweist.

Zu früheren Lebzeiten war der Geborene nicht diplomatisch, was insbesondere für das Verhältnis zu Vorgesetzten galt. Als Reaktion darauf kommt es nun dazu, daß die Vorgesetzten ihn nicht fördern und ihm kein höheres Gehalt zusprechen, auch wenn er dies verdient hätte. Dieser Mensch muß damit rechnen, übergangen zu werden, selbst dann, wenn andere weniger können und weniger leisten als er. Dies ist das Resultat der Vergangenheit, in welcher es ihm an Verantwortungsbewußtsein und an Ernsthaftigkeit mangelte. Dieses Mal muß er härter arbeiten und damit rechnen, weniger Anerkennung von seinen Vorgesetzten zu bekommen.

Auf der esoterischen Ebene steht Neptun für die Meister der Weisheit, welche die menschliche Evolution anführen. Das Neptun-Symbol ist der Dreistern, und es wird angenommen, daß es sich dabei auch um das Symbol des Gottes handelt, der von den Atlantern verehrt wurde. Später ergab sich hier die Verbindung zum Krebs, der das Heim der vierten Wurzelrasse war. Natürlich besteht auch ein Zusammenhang zu Neptun, dem Gott der Himmlischen Gewässer. Es ist in diesem Zusammenhang von Interesse, daß wir es hier mit der Opposition zu Haus 4 zu tun haben, welches vom Krebs regiert wird. Auch in diesem Fall ist also der Mißbrauch von Macht auf der spirituellen und der politischen Ebene angezeigt. In Atlantis waren die Priester zugleich regierende Könige. Sie waren für den Niedergang des Reiches verantwortlich, weil sie ihre Autorität und ihre Macht mißbrauchten und weil sie sich zu sehr mit sich selbst beschäftigten statt mit den Göttern.

♆ℝ ⑪ NEPTUN RÜCKLÄUFIG IN HAUS 11

Der rückläufige Neptun in Haus 11 zeigt, daß sich der Mensch in der Vergangenheit nicht als zuverlässiger Freund erwiesen hat. Vielmehr neigte er dazu, seine Gefährten zu täuschen und zu hintergehen. Es handelte sich hier um jemanden, der seine Freunde benutzte, ohne jemals anzuerkennen, was diese für ihn taten. Der Geborene hat nicht erkannt, welchen Wert Freundschaften besitzen. Ohne jeden Zweifel hat er zu früheren Lebzeiten andere hinters Licht geführt. Weil wir es hier auch mit dem Quadrat zu Haus 2 zu tun haben, welches für Geld und materielle Dinge steht, könnte sich das Moment der Täuschung auch auf diesen Bereich beziehen – möglicherweise hat dieser Mensch Freund und Geschäftspartner betrogen.

Des weiteren ist an dieser Stellung abzulesen, daß sich der Geborene in der Vergangenheit mit niederen Menschen verbündet hat. Es dürfte sich hier sowohl hinsichtlich der Vergangenheit als auch der Gegenwart um den gleichen Typ von Menschen handeln. Wenn beispielsweise noch ein Spannungsaspekt von Pluto aus gegeben ist, müssen wir von der Verbindung mit einer kriminellen Organisation ausgehen (insbesondere Pluto ist ein Hinweis auf Verbrechen durch kriminelle Organisationen). Wenn der Spannungsaspekt von Mars aus besteht, ist eine Neigung zum Umgang mit unehrlichen Leuten zu vermuten (allerdings nicht in dem Maße wie bei Pluto – bei der Mars/Pluto-Verbindung ist die Neigung zur Kriminalität noch größer). Mit Mars dürfte weiterhin ein ziemlich zügelloses Verhalten in sexueller Hinsicht verbunden gewesen sein. Spannungsaspekte von Uranus aus zeigen, daß sich der Geborene mit Menschen zusammentat, die von sprunghafter und unberechenbarer Wesensart waren und die kein Gefühl für Verantwortung besaßen. Im aktuellen Leben dürfte sich der Mensch zu ähnlichen Charakteren hingezogen fühlen. Spannungsaspekte von Jupiter zum rückläufigen Neptun dürften bedeutet haben, daß die Freunde des Geborenen sehr viele Vorurteile sowie einen begrenzten Horizont hatten. Hier könnte auch eine Neigung zum Alkohol vorhanden gewesen sein.

Wir dürfen niemals vergessen, daß Neptun über die Fische herrscht. Mit einem rückläufigen Neptun in 11, zu dem Spannungsaspekte bestehen, treten die negativen Fische-Eigenschaften in den Vordergrund. Wir hätten es dann mit einem Mangel an Verantwortungsgefühl zu tun, mit dem Unwillen, gesellschaftlich Verantwortung zu übernehmen sowie damit, daß spirituelle Gesichtspunkte bei der Auswahl der Freunde keine Rolle spielen. Es ist auch so, daß die Fische Freundschaften keinen besonderen Wert zuschreiben – aufgrund der Tatsache, daß sie so leicht Freundschaft schließen können. In diesem Fall sehen wir schon, was dieser Mensch lernen muß: Zuverlässigkeit und Ernsthaftigkeit gegenüber den Freunden zu beweisen. Mit dem rückläufigen Neptun in 11 stehen die Fische-Eigenschaften im Vordergrund. Der Geborene muß seinen Freunden gegenüber verantwortungsbewußt und dienstbereit sein und andere unterstützen, ohne dabei auf Anerkennung zu hoffen.

Dieser Mensch muß die Lektion lernen, sich von einer ernsthaften und vertrauenswürdigen Seite zu zeigen. Es geht weiterhin um ein gutes Unterscheidungsvermögen bei der Auswahl von Freunden sowie darum, ein gesellschaftlich konstruktives Leben zu führen, bei welchem die positiven Eigenschaften hervortreten. Ein Nebeneffekt dabei wäre noch der gute Einfluß auf Freunde und Gefährten.

Ψ_R [12]   Neptun rückläufig in Haus 12

Hier haben wir es möglicherweise mit der wichtigsten Neptun-Stellung zu tun. Wenn Neptun in Haus 12 rückläufig ist, bedeutet das, daß auf die Überwindung der Eigenschaften, die mit diesem Zustand verbunden sind, besondere Aufmerksamkeit gerichtet werden muß. Die Stellung Neptuns in Haus 12 heißt zunächst einmal, daß der Zyklus der Notwendigkeit ein Ende hat, gleichgültig, ob Neptun nun rückläufig ist oder nicht. Neptun ist unser spiritueller Führer, und wir haben es hier mit dem Sachverhalt zu tun, daß der

Mensch innerhalb der Zeitspanne von 2500 Jahren zwölf Inkarnationen durchlaufen hat. Er hat den Zyklus durch die verschiedenen Tierkreiszeichen absolviert, mit den Erfahrungen, die damit verbunden waren.

Wenn sich dieser Kreis jetzt schließt, heißt das aber nicht unbedingt, daß der Mensch sich in dieser Beziehung auf eine konstruktive Art und Weise verhalten hat. Neptun rückläufig in 12 bedeutet, daß irgend etwas falsch gelaufen ist. Das 12. Haus steht für das kosmische Bewußtsein und den kosmischen Geist: Dieser Mensch hatte in der Vergangenheit die Gelegenheit gehabt, sich gemäß dem kosmischen Geist zum Ausdruck zu bringen, und er hat eine bestimmte Stufe des kosmischen Bewußtseins sowie eine bestimmte Art der Einstimmung mit dem Kosmos sowie allen Menschen erreicht. Dies steht damit in Verbindung, daß das 12. Haus die Ideen der Universalität und der Brüderlichkeit symbolisiert. Weil wir es hier aber mit der Rückläufigkeit zu tun haben, müssen wir davon ausgehen, daß der Mensch seine Chancen und seine Fähigkeiten nicht genutzt hat. Er hätte zu einem spirituellen Kanal für den planetarischen Logos werden können, welcher auch *Sanat Kumara* genannt wird. Statt der Menschheit insgesamt zu Diensten zu sein, hat der Geborene seine Fähigkeit nur für sich selbst genutzt.

Wir haben es bei Haus 12 mit der Opposition zu Haus 6 zu tun, welches für Dienstbereitschaft steht. Wenn sich Neptun in Haus 12 oder in Haus 6 befindet, ist damit automatisch Spiritualität im Rahmen des Dienstes am Menschen ein Thema. Weil in unserem Fall Neptun rückläufig ist, müssen wir davon ausgehen, daß sich der Mensch geweigert hat, anderen zu Diensten zu sein. Es kam ihm mehr auf die persönliche Entwicklung an als darauf, anderen bei ihrer Entwicklung zu helfen. Wir können hier auch davon ausgehen, daß der Geborene bei der Integration oder auch bei der Vollendung seiner Existenzen ein sehr hohes Niveau erreicht hat und daß er durchaus die notwendigen Erfahrungen machte und die notwendigen Kontakte schloß, um seinen Geist zur Vollendung zu bringen. Neptun steht für das *Dharma* oder auch für das Ziel, das der Mensch in der Vergangenheit gehabt, aber nicht erreicht hat. Gerade die Menschen, die scheitern und sich dabei schon auf einer hohen Entwicklungsstufe befinden, werden zu den Vertretern der Schwarzen Magie. Sie sind es, die das erworbene spirituelle Wissen auf eine negative Weise anwenden.

Das 12. Haus steht für Karma, und es repräsentiert die Seele. Weiterhin haben wir es hier mit dem unbewußten Aspekt des Menschen zu tun. Wenn Neptun in 12 rückläufig ist, müssen wir davon ausgehen, daß der Geborene seine seelischen Eigenschaften nicht auf spirituelle Art und Weise zum Ausdruck gebracht hat, daß er sein Karma nicht verringert hat und daß der Aspekt des Unbewußten ignoriert oder sublimiert wurde. Das könnte zu einer vollständigen Unterwerfung unter den materiellen Aspekt des Lebens geführt haben.

Die Meister der Weisheit, von denen wir schon sprachen, kommen durch Neptun zum Ausdruck. Wenn Neptun im 12. Haus steht, ist zu vermuten, daß die Meister der Weisheit die betreffende Person als das Gefäß ansehen, durch das spirituelles Wissen an andere weitergegeben wird. Die Rückläufigkeit ist dabei der Hinweis darauf, daß dies auch schon in der Vergangenheit galt (allerdings der Mensch damals seine Fähigkeiten mißbraucht hat). Wenn Neptun in diesem Fall noch eingeschlossen steht, verfügte der Mensch über diese Fähigkeiten, weigerte sich aber, sie zur Anwendung zu bringen. Was der Geborene nun lernen muß, ist die vollständige Integration des Inneren mit dem Äußeren. Er muß sich soweit entwickeln, daß die Spiritualität durch ihn widergespiegelt wird und er andere auf diese Weise beeinflußt.

DER RÜCKLÄUFIGE PLUTO

Pluto steht im Horoskop für das individuelle Karma. Die Haus-Stellung von Pluto läßt erkennen, wie die Lektion aussieht, die für die Entwicklung unseres seelischen Wachstums notwendig ist. Pluto gilt als der Hüter der Seele; er steht in Zusammenhang mit okkulten Kräften, die aus einem Verhalten der Selbstdisziplin erwachsen. Diese okkulten Kräfte haben mit Erleuchtung und mit Mitgefühl zu tun. Wenn wir sie im Zusammenhang mit Pluto zur Entwicklung bringen, können wir wahres spirituelles Wissen erwerben. Pluto versinnbildlicht auch die Erkenntnis der Wahrheit – wobei darauf hingewiesen werden muß, daß dies das Erleben von Höhen und Tiefen bedeutet. Es kann hier keine Abkürzungen oder Schnellschüsse geben. Es handelt sich in diesem Fall um eine sehr energiereiche Schwingung, woraus sich auch die Tatsache ergibt, daß hier der Zusammenhang mit der Regeneration besteht. Vergeltung oder Strafe von einer Existenz zur anderen wird ebenfalls – vom karmischen Standpunkt aus gesehen – von Pluto angezeigt. Es handelt sich hier um das Verbindungsglied zwischen dem individuellen persönlichen Karma der Vergangenheit und dem Karma, das im aktuellen Leben angehäuft wird.

Die Lektion, die mit der Pluto-Stellung im Horoskop zusammenhängt, besteht darin, dem Bedürfnis nach individuellem Wachstum nachzukommen. Bleibt dieses Wachstum aus, entwickelt sich der Mensch zurück. Wenn du zurückschreitest, widersetzt du dich der Fortentwicklung gemäß dem planetarischen Fluß des Lebens.

♀ᴿ ⟨1⟩   PLUTO RÜCKLÄUFIG IN HAUS 1

Wenn Pluto in Haus 1 rückläufig, dabei aber gut gestellt ist, bringt das zum Ausdruck, daß der Kosmos dir nun die Gelegenheit gibt, dich durch eine Erleuchtung zu verändern. In diesem Leben ist Erleuchtung möglich. Weiterhin gilt, daß die individuellen Ziele auf eine konstruktive Weise bei der Suche nach Wahrheit und Kreativität zum Einsatz gebracht werden können. Da allerdings die positive Stellung durch den Zustand der Rückläufigkeit beeinträchtigt ist, müssen wir davon ausgehen, daß der Mensch in der Vergangenheit sich seines Wesens gegenüber dem Leben nicht sehr sicher gewesen war. Was immer er auch in der Vergangenheit erlebt hat: Es trug nicht zur Entwicklung seiner Persönlichkeit bei. Der Geborene verfügte zwar über ein gewisses Verständnis, war dabei aber zu konservativ und zu reserviert, um sich wirklich frei zum Ausdruck zu bringen. Die Veränderungen, die er unternahm, waren nicht von ausreichendem Ausmaß.

Wenn hier zum rückläufigen Pluto Spannungsaspekte bestehen, ist davon auszugehen, daß es in der Vergangenheit zum Mißbrauch der Führungseigenschaften gekommen war und daß sich der Geborene weigerte, ein Bewußtsein für sich selbst und für seine Mitmenschen zu entwickeln. Des weiteren hat es ihm am Sinn für Gerechtigkeit gefehlt. Das Selbstbild dieses Menschen war von eher dürftiger Art, das Verhalten defensiv. Kritik war etwas, womit er schlecht umgehen konnte. Auch die Zusammenarbeit mit anderen hat ihm Schwierigkeiten bereitet.

Pluto mit seiner Horoskop-Stellung ist ein Anzeichen dafür, in welchem Lebensbereich du einsam sein wirst. Mit dem rückläufigen Pluto in 1 ist angezeigt, daß der Geborene eine Distanz zu allen Mitmenschen empfand und sich nicht als spirituelles Wesen entwickelt hat. Er hat sich gegen die Zeit gestellt und sich der Struktur, die seine Welt prägte, widersetzt. Sein Leben zu früheren Zeiten war fast ständig durch Identitätskrisen gekennzeichnet, welche immer wieder neue Entwicklungen zur Folge hatten.

Oftmals ist der rückläufige Pluto in 1 ein Hinweis darauf, daß der Mensch in der Vergangenheit andere unterdrückt, gefoltert, bestraft oder zu Sklaven gemacht hat. Es bestand die Neigung, andere zu beherrschen – ohne sich zu vergegenwärtigen, daß alle Menschen Rechte und Wünsche haben. Dieser Mensch hat der Umgebung seinen Willen aufgezwungen. Im allgemeinen hing das damit zusammen, daß die Umgebung als Bedrohung der eigenen Identität aufgefaßt wurde. Dieser Mensch neigte dazu, in einer Welt der Phantasie oder auch der Paranoia zu leben. Dadurch wurde über die verschiedenen Leben hinweg viel psychisches Karma angehäuft.

Der Mensch, der Pluto rückläufig im 1. Haus hat, muß lernen, daß er es hinsichtlich seiner Erfahrungen mit Umständen zu tun hat, die mit seinem alten Selbst und mit den Begierden der Vergangenheit zusammenhängen. Es geht hier sozusagen um einen karmischen Test: Ob du wirklich Selbstdisziplin aufbringen kannst. Du mußt erkennen, inwiefern deine Verhaltensmuster die Ursache für das Leid und den Schmerz sind, die du nun erlebst. Es kommt hier auf die Einsicht an, daß die Zwangsvorstellungen und die Zustände der Besessenheit – welche von außerordentlich irrationaler Art und Weise sind – auf tiefen psychischen Eindrücken der Vergangenheit beruhen. Der rückläufige Pluto in 1 ist eine Gelegenheit dafür, sich selbst zu ergründen. Mit dieser Stellung kannst du erkennen, auf welche Weise du daran arbeiten kannst, viel von deinem Karma abzutragen. Deine Persönlichkeit steht dabei im Mittelpunkt, was dir die Chance für eine harte, zielstrebige, aber sehr konstruktive Arbeit gibt.

♀ℝ 2 PLUTO RÜCKLÄUFIG IN HAUS 2

Der rückläufige Pluto in 2 zeigt ein ungemein starkes Bedürfnis, die materiellen Aspekte des Lebens zu kontrollieren. Besitzstreben könnte eine der charakteristischen Eigenschaften dieses Menschen sein. Das Zwangsmuster, das in diesem Fall denkbar ist, hat möglicherweise mit dem Ausgeben von Geld zu tun. Hier muß der Mensch lernen, sich zu kontrollieren, und in dieser Beziehung ist er gefordert, Selbstdisziplin aufzubringen.

Diese Stellung könnte darauf hinweisen, daß der Geborene in der Vergangenheit sich im Hinblick auf Geld und materielle Dinge unehrlich verhalten hat. Dies gilt insbesondere bezüglich der Besitztümer anderer Menschen (was als Reaktion auf Haus 8 zu sehen ist). Weiterhin ist hieran abzulesen, daß er sich nicht auf eigene Mittel verlassen hat, wenn es darum ging, Sicherheit und Besitztümer zu erwerben.

Mit Pluto ist immer etwas Geheimnisvolles und Verborgenes gegeben. Der rückläufige Zustand in Haus 2 legt nahe, daß in diesem

Fall eine unbewußte hintergründige Einstellung hinsichtlich der Werte vorhanden ist. Wir haben es hier mit den tieferen Ebenen des Bewußtseins zu tun und damit, daß es um eine sehr konzentrierte Kraft geht.

Von der esoterischen Ebene aus haben wir es bei Pluto mit der transzendierenden Energie zu tun. Die Rückläufigkeit dieses Planeten bringt hier zum Ausdruck, daß diese konzentrierte Kraft oder auch transzendierende Energie zu früheren Lebzeiten auf eine mißbräuchliche Weise eingesetzt wurde, wobei noch anzumerken ist, daß sich all dies eher im Hintergrund abgespielt hat.

Das ganze Leben war in diesem Fall auf nichts anderes als auf das Materielle gerichtet. Wenn du in deinem Horoskop den rückläufigen Pluto in Haus 2 hast, könntest du nun der Kanal sein, durch den eine materialistische Haltung – welche du selbst in der Vergangenheit zum Ausdruck gebracht hast – ihr Ende erfährt. Vielleicht treten jetzt auch negative Charakterzüge wie Geiz, Böswilligkeit oder Rachsucht in den Hintergrund.

In allgemeinerer Auswirkung geht es hier darum, daß du dich in der Vergangenheit nicht mit dem Massenbewußtsein auseinandergesetzt hast. Auf der anderen Seite warst du möglicherweise an kriminellen Aktivitäten beteiligt, die einen schädlichen Einfluß auf die Gesellschaft hatten. Mit dem rückläufigen Pluto in 2 ist außerdem angezeigt, daß der Charakter zu früheren Lebzeiten von eher abstoßender und unangenehmer Art und Weise gewesen war.

Der Mensch mit dieser Pluto-Stellung muß seine Wertvorstellungen im Hinblick auf Besitztümer transformieren. Er muß Selbstdisziplin aufbringen, wenn es darum geht, das zu respektieren, was anderen gehört. Der Aspekt der materiellen Sicherheit muß angesichts des konstruktiven Umgangs mit dem, was wir haben, zurückgestellt werden. Das Entscheidende ist hier, unsere Besitztümer so einzusetzen, daß andere einen Nutzen aus ihnen ziehen können. Des weiteren müssen wir unseren Mitmenschen dabei helfen, ein Gefühl für die eigenen Gaben und Mittel zu entwickeln.

♀℞ ③ PLUTO RÜCKLÄUFIG IN HAUS 3

Diese Stellung zeigt, daß der Mensch anderen nicht bei der Suche nach Wahrheit geholfen hat. Auch ist er nicht aktiv dafür geworden,

Menschen seiner Umgebung eine akademische Ausbildung zu ermöglichen. Es bestanden hier ganz allgemein Probleme mit Brüdern
und Schwestern, und es ist davon auszugehen, daß er seiner Verantwortung in dieser Beziehung nicht gerechtgeworden ist. Die Geschwister sahen sich verschiedenen Beschränkungen gegenüber,
und der Geborene hat nur sehr wenig oder auch gar nichts getan, um
ihnen zu helfen. Sehr oft muß der, in dessen Horoskop Pluto in 3
rückläufig steht, nun seinerseits zugunsten der Geschwister auf das
Studium oder die höhere Ausbildung verzichten. Dies ist die karmische ausgleichende Gerechtigkeit. Weil es sich hier auch um ein fallendes Haus handelt, ist die Notwendigkeit, im aktuellen Leben an
diesem Problem zu arbeiten, besonders groß.

Wie dem im einzelnen auch sein mag: In der Vergangenheit bestand gegenüber den Brüdern, den Schwestern, den Verwandten
überhaupt und den Nachbarn eine sehr große Ungeduld sowie eine
Art antisoziale Einstellung. Dieser Mensch hat seinen Willen anderen aufgezwungen und war insofern von destruktivem Wesen. In
seiner Art zu reden kamen bestimmte Zwangsvorstellungen zum
Ausdruck, die darauf beruhten, daß er sich mit Macht anderen verständlich machen wollte. Das hat seine Mitmenschen irritiert.

Die Lektion, die der Geborene lernen muß, besteht darin, die
Bedürfnisse und Wünsche der Geschwister und Verwandten zu respektieren sowie Rücksicht auf die Nachbarn zu nehmen. Es geht
darum, Geduld zu entwickeln und bei der Suche nach Wahrheit
und Wissen immer wieder neue Ziele und neue Wege zu wählen.
Dabei ist es nicht die eigene Person, sondern die Menschheit insgesamt, auf die es ankommt. Diese Person sollte es vermeiden, anderen ihren Willen aufzuzwingen. Wenn sie sich gemäß der höheren
Oktave von Pluto zum Ausdruck bringt, kann sie das Tempo ihrer
Entwicklung beschleunigen. Es ist möglich, dies zu erreichen, wenn
sie für sich auf den inneren Ebenen arbeitet. Sie muß sich selbst in
ihren Kontakten mit den Mitmenschen transformieren.

♀℞ [4] PLUTO RÜCKLÄUFIG IN HAUS 4

Hier müssen wir uns damit auseinandersetzen, daß der Mensch in
der Vergangenheit bei sich zuhause ein außerordentlich großes Sicherheitsbedürfnis gehabt hat. Das Zuhause steht für die Wurzeln,

die dir zeigen, wohin du gehörst und wohin du dich zurückziehen kannst. Mit dieser Stellung ist angezeigt, daß der Geborene in der Vergangenheit all das, was hiermit zusammenhing, kontrollieren wollte. Das hat zu einer häuslichen Struktur geführt, die von ständigen Auseinandersetzungen und Meinungsverschiedenheiten geprägt war. Diese Person hatte einen starken Willen und war von sehr hartnäckiger Wesensart, was sich alles im aurischen Feld (welches das persönliche Zuhause ist) niedergeschlagen hat. Insofern war der Einfluß, der auf andere ausgeübt wurde, von negativer Art.

Es ist der Krebs, der über das 4. Haus herrscht. Das läßt erkennen, daß der Geborene in der Vergangenheit Erbschaften verschwendet und anderen Familienangehörigen vorenthalten hat. Er hatte die Tatsache nicht anerkannt, daß die häusliche Atmosphäre auch durch die Familienangehörigen geprägt wird. Für ihn kam es in der Vergangenheit nur auf die eigene Person an.

Die Eigenschaften, die dieses Individuum zu früheren Zeiten zum Ausdruck gebracht hat, haben für die Menschen, die sich in seiner Umgebung beziehungsweise Einflußsphäre befanden, viel Leid und Schmerz bedeutet. Das ist einer der Gründe, weshalb es nun mit Pluto rückläufig in 4 möglicherweise zur Erkenntnis kommt, daß der Mensch in seiner häuslichen Atmosphäre allein ist.

Die Lektion, die mit dieser Planetenstellung verbunden ist, besteht darin, die alten toxischen und schädlichen Lebensmuster, die aus der Vergangenheit resultieren, zu überwinden. Es geht hier um die Notwendigkeit, eine häusliche Struktur zu entwickeln, die Wahrheit und die höheren Werte, Mitgefühl und Brüderlichkeit beinhaltet. Dieser Mensch muß erkennen, wie wichtig es ist, eine wahre Persönlichkeit zu entwickeln. Wenn er das geschafft hat, werden sich alle Menschen, die in seinen Einflußbereich kommen, bei ihm wohl, sicher und gut aufgehoben fühlen.

♀♇℞ 5   PLUTO RÜCKLÄUFIG IN HAUS 5

Pluto rückläufig in diesem Haus bedeutet möglicherweise, daß der Geborene früher ein Vater gewesen ist, ohne geheiratet und dem Kind die nötige Zuwendung gegeben zu haben. Es war ihm wichtiger, mit dem zu brillieren, was er mit seinen kreativen Fähigkeiten hervorgebracht hat. Dabei war das Entscheidende nicht die Freude an der Kreativität, sondern der Glanz und die Anerkennung seiner Arbeit. Er könnte zum Beispiel der Vorstand eines großen Haushaltes – möglicherweise eines Clans oder eines Stammes – gewesen sein, über den er mit absoluter Macht herrschte. Mit dieser Stellung ist angezeigt, daß er diese Macht aufgrund der Eigenschaften von Stolz und Arroganz mißbraucht hat. Was das Herrschen betrifft, hat er sich von seinem Ego leiten lassen und nicht davon, auf welche Weise er dazu hätte beitragen können, daß etwas Gutes entsteht. Der Geborene hat sich nur sehr wenig Gedanken zu den Menschen gemacht, die unter ihm standen. Im Hinblick auf Kontakte war er sehr fordernd. Das, was er wollte, hatte für ihn absoluten Vorrang.

Mit dem rückläufigen Pluto haben wir es mit negativen Charakterzügen zu tun. In Haus 5 geht es hier um die Beziehung zum anderen Geschlecht. In dieser Hinsicht könnte der Mensch die Schuld eingegangen sein, andere verführt zu haben. Möglicherweise ist es hier sogar zu Vergewaltigungen gekommen. Denkbar wäre auch die Neigung zu sexuellen Perversionen, unter Umständen in Gruppen. Der sadistische Mißbrauch ist hier ebenfalls anzusprechen. Wenn Neptun oder Jupiter den rückläufigen Pluto aspektieren, ist in diesem Zusammenhang an die Vestalischen Jungfrauen zu denken. Der Geborene bekleidete möglicherweise innerhalb einer religiösen Organisation eine Stellung, welche den geschlechtlichen Verkehr mit diesen Jungfrauen zur Folge hatte.

Mit Pluto rückläufig in 5 geht es darum, sich der Verantwortung gegenüber seinen Kindern zu stellen und sich bewußt zu sein, welche Bedürfnisse die eigenen Kinder haben. Gemäß der höheren Oktave Plutos kommt es darauf an, in den Beziehungen zum anderen Geschlecht positive Wertvorstellungen zu entwickeln. Dieser Mensch sollte das, was er als seinen kreativen Beitrag zum Leben ansieht, hochschätzen und diesen nicht als rein mechanische Ausübung der persönlichen Fertigkeiten auffassen. Der Glaube an die Mitmenschen muß ebenfalls entwickelt werden. Der Geborene sollte sich in kreativer Hinsicht in allen Bereichen konstruktiv verhalten.

♀R ⑥ PLUTO RÜCKLÄUFIG IN HAUS 6

Hier haben wir es damit zu tun, daß es dem Geborenen an der Verbindung zur Allgemeinheit gefehlt hat. Seine Hauptursache hatte das in der Tatsache, daß er für den gewöhnlichen Menschen Verachtung empfand. Er hat sich nicht darum bemüht, den Bedürfnissen der Gesellschaft gerecht zu werden und es abgelehnt, sich in dieser Hinsicht dienstbereit zu zeigen. Auch für seine Gesundheit hat er kein Interesse aufgebracht. Er war bei seinen Mitarbeitern und Untergebenen unbeliebt und für seine Dickköpfigkeit und Unflexibilität berüchtigt.

In der Vergangenheit hat er über heilerische Fähigkeiten verfügt, diese aber mißbraucht. Im allgemeinen kam es ihm nur auf seinen persönlichen Gewinn und nicht auf das Heilen seiner Mitmenschen an. Es wäre hier vorstellbar, daß er ein sadistisch veranlagter Arzt gewesen ist.

Wenn zum rückläufigen Pluto in 6 ein Spannungsaspekt von Mars aus besteht, haben wir es vielleicht mit einer kriegerischen Natur oder einem militärischen Führer zu tun. Was letzteres angeht: Möglicherweise hatte dieser Mensch denjenigen, die er besiegte, viel physisches Leid zugefügt und viel Grausamkeit zum Ausdruck gebracht.

Die Aufgabe besteht in diesem Fall darin, anderen ohne jeden Gedanken an Eigennutz zu Diensten zu sein und nicht auf Anerkennung zu warten. Worauf es auch ankommt, ist die Entwicklung eines Bewußtseins für die Gruppe, die Beachtung von Gesundheitsregeln sowie die Anwendung der heilerischen Fähigkeiten zum Wohle der Mitmenschen.

♇℞ ⑦   Pluto rückläufig in Haus 7

Mit dieser Pluto-Stellung könnte ein großer Konflikt angezeigt sein. Es geht hier darum, daß der Geborene dazu neigte, seinen Willen anderen aufzuzwingen. Das könnte sich sowohl auf eheliche als auch auf geschäftliche Partnerschaften bezogen haben. Es handelt sich hier ganz allgemein um die Beziehung zum Leben, die im Brennpunkt steht.

Die Ehe erschien diesem Menschen in der Vergangenheit als eine Bedrohung der persönlichen Identität. Als Reaktion darauf kommt es in diesem Leben dazu daß der Geborene sein Ego in jeder Partnerschaft – Ehe oder Beruf – in den Vordergrund stellt (Reaktion auf das 1. Haus).

Möglicherweise spielt hier auch ein Element der Paranoia hinein, zumindest dann, wenn Pluto in 7 sehr negativ aspektiert ist. Die negativen Umstände, die mit dem rückläufigen Pluto verbunden sind, können als psychologischer Komplex angesehen werden, der aus der Vergangenheit in das jetzige Leben übertragen worden ist. Weil es sich hier um so tiefverwurzelte psychische Eindrücke aus Wünschen und Handlungen der Vergangenheit handelt, könnte sich der Geborene in seinen alltäglichen Ehe- oder Berufskontakten auf eine sehr irrationale Art und Weise verhalten. Das Karma, das hier besteht, zeigt, daß dieser Mensch in der Vergangenheit dazu neigte, seinen Ehepartner herabzuwürdigen – und es ist durchaus möglich, daß die gleiche Tendenz auch jetzt noch gegeben ist. Allerdings wäre mit der Stellung in 7 auch denkbar, daß alles Neue einen stimulierenden und anregenden Einfluß ausübt, insbesondere im Hinblick auf Angelegenheiten, die mit dem 7. Haus zusammenhängen.

Mit Pluto existiert immer etwas Verborgenes und Geheimnisvolles. In der Vergangenheit hat dieser Mensch seinen Partnern nicht alles gesagt, was sie hätten wissen müssen. Er hat gewissermaßen nicht mit offenen Karten gespielt.

Mit der Stellung im 3. Quadranten ist verbunden, daß der Mensch seine seelische Entwicklung vernachlässigt hat. Er hat sich nicht darum gekümmert, sein Selbst auf die Mitmenschen abzustimmen. Im Hinblick auf den niederen Pluto-Ausdruck müssen wir annehmen, daß sich das eheliche Zusammensein in erster Linie auf Sexualität und nicht auf Liebe oder Harmonie bezogen hat.

Die Lektion, die dieser Mensch lernen muß: Die Ehe und die engen Beziehungen sind der zentrale Bereich, auf dem es zur Transformation der Persönlichkeit kommen sollte. Der Geborene muß sozusagen Abstand zu sich nehmen und die Aufmerksamkeit auf andere richten. Es geht hier um den Schritt vom persönlichen Selbst hin zu den Mitmenschen. Emotionale Beziehungen sollten nicht auf der physischen Anziehung beruhen, sondern auf der gefühlsmäßige Nähe, die aus wahren und tiefen Empfindungen resultiert. Hinsichtlich der höheren Skorpion-Eigenschaften geht es um die Freiheit des Menschen zu denken und zu sein, was er will. Wer in seinem Horoskop Pluto rückläufig in 7 hat, sollte sich davon freimachen, andere auf bestimmte Erwartungen festzulegen, und er sollte sich in diesem Zusammenhang keinen Gefühlen der Enttäuschung oder der Frustration hingeben. Die Ehe ist etwas, was über einen sehr langen Zeitraum Bestand haben kann – zumindest dann, wenn das Moment der Kooperation betont ist.

♀℞ ⑧ PLUTO RÜCKLÄUFIG IN HAUS 8

Dies ist das Haus, das zu Pluto gehört. Pluto herrscht über den Skorpion, und der Skorpion herrscht über das 8. Haus. Wenn Pluto in diesem Haus rückläufig steht, heißt das, daß der Geborene seine Mitmenschen für seine eigenen Zwecke mißbraucht hat. Dieser Mißbrauch bezog sich auf die höheren Werte, Geld und Besitztümer. Eine niedere Entsprechung dieser Pluto-Stellung wäre, daß der Mensch seine Energie mehr oder weniger ausschließlich auf die Sexualität gerichtet hat. Wovon wir auf jeden Fall ausgehen können, ist der Kontakt mit Gruppen, die in irgendeiner Weise mit Metaphysik zu tun hatten. In negativer Form könnte es hier auch um kriminelle Gruppenaktivitäten gegangen sein – aufgrund der Tatsache, daß das 8. Haus mit dem Geld der anderen zusammenhängt. Wir haben es hier damit zu tun, daß es dem Menschen an Verständnis und an Spiritualität gefehlt hat. Weiterhin bestand die Weigerung, die Persönlichkeit zur Entwicklung zu bringen. Der Geborene hat sich in der Vergangenheit zu sehr selbst verwöhnt, zuviel Aufmerksamkeit auf seine persönlichen Wünsche gerichtet und zuviel Wert auf das Materielle gelegt.

Auch Mars regiert über den Skorpion. In allgemeinerer Hinsicht haben wir es hier möglicherweise mit einem Menschen zu tun, der in der Vergangenheit immer wieder gewalttätig geworden ist. Wenn etwas endete – Jobs oder auch Freundschaften –, dürfte das Moment der Gewalt häufig eine Rolle gespielt haben. Es könnte sein, daß selbst die Todesumstände von Gewalt geprägt waren.

Die Lektion mit dieser Pluto-Stellung ist ähnlich der, die mit dem 12. Haus einhergeht: In beiden Fällen steht die transzendierende Energie im Vordergrund, die mit Pluto verbunden ist. Jeder Mensch, der Pluto rückläufig in 8 hat, muß versuchen, nicht auf manipulative Art und Weise in Erscheinung zu treten. Dies gilt insbesondere in bezug auf Geld oder die Besitztümer anderer. Der Geborene muß sich weiterhin davor hüten, andere zu übervorteilen, und er sollte es unter allen Umständen vermeiden, anderen seinen Willen aufzuzwingen. Die physischen plutonischen Erfahrungen sollten sich mehr auf das Kreative als auf das Sexuelle beziehen. Worauf es mit dieser Stellung vor allem ankommt, ist die Überwindung des Selbstes. Die Erfahrungsbereiche sollten hier auf der höchstmöglichen Ebene liegen und mit hochgesteckten Erwartungen und Hoffnungen verbunden sein. Am meisten hilft es dem Menschen, wenn er die transzendierende Pluto-Energie auf die innere Ebene seiner psychischen Struktur richtet.

♀℞ ⑨ PLUTO RÜCKLÄUFIG IN HAUS 9

Der rückläufige Pluto in diesem Haus hat mit dem höheren Selbst, mit Religion, Philosophie, Freiheit, dem Gesetz und der höheren Bildung zu tun. Wenn hier Spannungsaspekte vorhanden sind, hat der Geborene in der Vergangenheit nicht viele Ideale zum Ausdruck gebracht und sich weiterhin durch eine sehr dogmatische Lebenseinstellung ausgezeichnet, wobei nicht gesagt ist, ob diese konstruktiv war oder nicht. Dieser Mensch neigte dazu, unter allen Umständen an seiner Anschauung festzuhalten. Es handelt sich hier um den sprichwörtlichen Charakter, der bereit ist, für seine Sache bis zum Letzten zu kämpfen.

Diese Stellung könnte zum Beispiel auf einen Reformer oder einen Missionar hinweisen, der den Versuch unternommen hat, anderen seine Ideen oder seine Religion aufzuzwingen – ob dies von der Sache her nun gerechtfertigt war oder nicht. Der Geborene hat es anderen nicht zugestanden, für sich selbst zu denken. Vielleicht haben wir es auch mit jemandem zu tun, der Andersgläubige verfolgte und selbst eine dogmatische Geisteshaltung erkennen ließ. Das 9. Haus steht außerdem für weite Entfernungen, was wiederum bedeutet haben könnte, daß der Geborene seine Ideen weithin verbreitet hat.

Haus 9 bezieht sich insbesondere auf Religion, Gesetz und die Gerichtsbarkeit. Wenn Pluto in diesem Haus negativ gestellt ist, war es vielleicht so, daß der Geborene in der Vergangenheit einem Tribunal der spanischen Inquisition angehört hat. Hierbei wäre natürlich von einer außerordentlichen Begrenztheit des Geistes sowie von viel Dogmatismus auszugehen. In diesem Fall wäre es wohl zu Bestrafungen und Grausamkeiten gegenüber denen gekommen, die nicht der katholischen Religion angehörten.

113

Die Aufgabe, die der Geborene hat: Mit dieser Stellung sollten eine solide Lebensphilosophie und viel Glaubensstärke entwickelt werden, welche als Stütze im Alltag dienen können. Dieser Mensch muß sich bemühen, kein dogmatisches oder selbstgerechtes Verhalten zu zeigen. Wer den Pluto rückläufig in 9 hat, sollte sich davor hüten, andere zu seinem Glauben oder zu seinen Idealen zu bekehren. Die Wertvorstellungen, die hinsichtlich der Religion, der Philosophie und der Bildung bestehen, sollten zur Entwicklung einer umfassenden Perspektive benutzt werden. Es geht hier darum, anderen die Freiheit zu gewähren, sich für eine eigene Meinung, einen eigenen Lebensstil und einen eigenen Glauben zu entscheiden. Das 9. Haus symbolisiert auch das höhere Selbst und das Christliche Prinzip, was heißt, daß der Geborene erkennen sollte, was hinter dem schon Bekannten liegt. Er muß hier eine Geisteseinstellung beweisen, die etwa dem Motto entspricht: Die Wahrheit ist – wie die Erscheinungen überhaupt – etwas, das ständig neu entsteht. Der Geist und das spirituelle Selbst müssen wachsen und sich weiterentwickeln. Sie dürfen keiner Beschränkung unterliegen.

♀℞ ⑩ PLUTO RÜCKLÄUFIG IN HAUS 10

Wenn Pluto rückläufig in 10 steht, hat der Mensch in der Vergangenheit seine Autorität mißbraucht oder sich vehement gegen jede andere Autorität gestellt. Hiermit ist angezeigt, daß ein starkes Bedürfnis nach Anerkennung herrschte. Bei allem, was dieser Mensch tat, war der Zugewinn an Prestige das Motiv. Auf eine rastlose Weise war der Geborene damit beschäftigt, Ansehen zu erwerben und für seine Sicherheit zu arbeiten. Alles, was er tat, ging von seinem Selbst aus. Den Zielen, die er in der Vergangenheit hatte, ist er unbeirrbar nachgegangen – notfalls auf Kosten der Mitmenschen.

Es handelt sich hier um die Art von Mensch, der sich nicht damit abfinden kann, an zweiter Stelle zu stehen. Er mußte das Gefühl haben, daß andere zu ihm aufschauten, und er mußte seine Mitmenschen herumkommandieren können. Mit dem rückläufigen Pluto in 10 ist angezeigt, daß der Mensch seinen Willen anderen in der Vergangenheit aufgezwungen hat. Was den Kontakt zu Kollegen oder die Karriere überhaupt betraf, fühlte er sich immer auf eine unbestimmte Art bedroht.

Die Lektion, der sich der Mensch mit dem rückläufigen Pluto in
10 stellen muß, besteht in dem weisen Umgang mit Macht und Autorität. Jeder, der mit dieser Stellung eine Regierungs- oder Verwal-
tungstätigkeit innehat, sollte sich sehr gründlich überlegen, für welche Gesetze er eintritt. In diesem Zusammenhang ist entscheidend,
daß diese wirklich dem Wohle der Menschheit dienen. Der rückläufige Pluto steht hier am Anfang des 4. Quadranten, was bedeutet,
daß der Geborene ein Gefühl der Anerkennung für die Menschen
zum Ausdruck bringen muß, die ihm folgen. Hier gilt es, intensiv an
seinem Erfolg zu arbeiten, der davon abhängt, daß dieser Mensch
über eine angemessene Haltung, über angemessene Wertvorstellungen und über die richtigen Motive verfügt. Weiterhin ist wichtig,
was es ihm bedeutet, im weltlichen Sinne erfolgreich zu sein. Erfolg
darf niemals auf Kosten der Mitmenschen erzielt werden.

♀℞ ⑪ PLUTO RÜCKLÄUFIG IN HAUS 11

Diese Pluto-Stellung zeigt, daß in der Vergangenheit ein außerordentlich starkes Bedürfnis nach Anerkennung herrschte, welches
bei allen Verhaltensmustern zum Ausdruck kam. In den Beziehungen zu anderen wurden die verschiedensten negativen Motive
deutlich. Wir müssen hier davon ausgehen, daß sich der Geborene
mit niederen Menschen zusammengetan hat. Pluto in rückläufiger
und negativer Stellung bedeutet, daß dieser Mensch derartige Gefährten förmlich angezogen hat – aus dem Grund, daß er dann über
sie herrschen und sie dominieren konnte. Die Planeten, die im
Aspekt zu Pluto stehen, zeigen, um was für eine Art von Gefährten
es sich hier gehandelt hat. Es kann so sein, daß der Geborene auch
in diesem Leben zu derartigen Verbindungen neigt.

Mit dieser Stellung ist auch angezeigt, daß diese Person nicht geben konnte – für sie stand das Nehmen im Vordergrund. Weiterhin
ist der wahre Wert von Freundschaften nicht erkannt worden. Das
hatte seinen Grund darin, daß dieser Mensch nur auf Äußerlichkeiten geachtet hat. Was die Kreativität betrifft: Die schöpferischen
Eigenschaften sind in diesem Fall früher wahrscheinlich abgelehnt
oder ignoriert worden.

Die Lektion, die mit dem rückläufigen Pluto in 11 zu lernen ist,
besteht in der Entwicklung von Selbstvertrauen, wobei allerdings

immer die Mitmenschen zu berücksichtigen sind. Pluto symbolisiert den ultimativen Willen: Durch den Einsatz des Willens in Verbindung mit der persönlichen Haltung und den Wertvorstellungen macht die Seele in diesem Leben ihre Erfahrungen. Das Zeichen an der Spitze des 11. Hauses ist ein Hinweis darauf, wie dieser Mensch seine Beziehungen zu anderen gestalten sollte. Er muß lernen, Anerkennung für andere aufzubringen sowie einen konstruktiven Einfluß zu entfalten. Letzteres ist aber nur dann möglich, wenn er sich auf dem höchstmöglichen spirituellen Niveau bewegt. Es kommt hier nicht so sehr darauf an, akzeptiert zu werden. Der Geborene sollte sich darum bemühen, anderen gegenüber dienstbereit zu sein, womit es ihm möglich ist, Respekt zu ernten.

♀℞ [12] PLUTO RÜCKLÄUFIG IN HAUS 12

Pluto rückläufig in Haus 12 betrifft die Seele, weil Haus 12 für die Seele und das Karma steht. Hieran ist abzulesen, daß der Geborene im Rahmen seines persönlichen Karmas sein inneres Selbst nicht mit dem Gesetz des karmischen Ausgleichs in Übereinstimmung gebracht hat. Wahre seelische Qualitäten hat er nicht entwickelt, und es war nur ein sehr geringes spirituelles Verständnis, wenig Mitgefühl und wenig Dienstbereitschaft für andere vorhanden. Wenn der Geborene – in welcher Form auch immer – für Institutionen tätig war, hat er seine Autorität mißbraucht. Ihm war es nur wichtig, sich gemäß seinem Selbst darzustellen.

Das 12. Haus steht auch für Initiation. Dieser Mensch hat es nicht geschafft, sich auf die Initiation seiner Persönlichkeit vorzubereiten. Welcher Art diese gewesen wäre, ist an dem Zeichen an der Spitze von 12 abzulesen.

Hier haben wir einen Menschen vor uns, der in der Vergangenheit die verschiedensten Zwangsvorstellungen entwickelt hat und unter Zuständen der Besessenheit litt. Auch Psychosen sind in diesem Zusammenhang anzuführen. Es handelte sich um eine frustrierte und unangepaßte Persönlichkeit.

Was der Mensch mit einem rückläufigen Pluto in 12 lernen muß, ist, die Gelegenheiten zu nutzen, die hier für die Transformation des persönlichen Selbstes zum Universalen hin bestehen. Er muß sich bewußt sein, daß ein spirituell entwickeltes Individuum während seines Lebens Initiationen durchläuft. Weiterhin geht es in diesem Fall um die Erkenntnis, daß die Beschränkungen, denen wir uns gegenübersehen, ihre Wurzeln in uns selbst haben. Hindernisse, denen wir auf unserem Weg begegnen, müssen keine Stolpersteine darstellen. Sie können im Gegenteil eine Chance für Wachstum sein.

Der Mensch mit dem rückläufigen Pluto in Haus 12 kann sein Karma abarbeiten, indem er sich um die Entwicklung seiner seelischen Eigenschaften bemüht sowie dadurch, daß er die Totalität des Karmas in seiner Gesamtheit (Saturn) erkennt. Als Reaktion auf das 6. Haus ist es möglich, daß der Geborene all dies im Rahmen seiner Dienstbereitschaft der Allgemeinheit gegenüber verwirklicht. Es kommt hier darauf an, sich als eins mit dem Leben in all seinen Manifestationsformen zu empfinden. Wenn der Mensch eine Richtung für sein Leben hat und seine Energie zielgerichtet einsetzt, wird er die seelischen Qualitäten im Rahmen seiner Persönlichkeit zur Integration bringen. Auf diese Art und Weise kann er zu einer ganzheitlichen Person werden.

117

TEIL 2

EINGESCHLOSSENE ZEICHEN UND REINKARNATION

Wann ein Zeichen als eingeschlossen gilt

Ein Zeichen ist dann eingeschlossen, wenn es sich in vollem Umfang innerhalb eines Hauses befindet (es also nicht an der Spitze eines Hauses steht). Es kann in jedem Häusersystem zu eingeschlossenen Zeichen kommen – mit Ausnahme des Systems der gleichen Häuser, welches gerade deshalb entwickelt worden ist, um zu vermeiden, daß Zeichen eingeschlossen sein können.

Im Gegensatz zur Rückläufigkeit können wir nicht aus der Beobachtung des Himmels erschließen, wann Zeichen eingeschlossen sind. Zu diesem Phänomen kommt es aufgrund der Form der Erde und deshalb, weil die Erde auf ihrer Bahn um die Sonne eine Achsenneigung von etwa 23 Grad aufweist. Menschen, die nahe des Äquators geboren wurden, haben in ihrem Horoskop Häuser, die mehr oder weniger genau 30 Grad umfassen, mit einer Abweichung von einem oder zwei Grad. Weiter nördlich oder südlich wird die Abweichung immer größer. Die Projektion der Häuser am Himmel weitet beziehungsweise verengt sich aufgrund der Rundung der Erde, was eine Art Ziehharmonika-Effekt zur Folge hat. Es können einige Häuser viel größer als 30 Grad sein, was dann bedeutet, daß ein Zeichen in einem Haus eingeschlossen ist (ohne daß es an der Spitze eines Hauses steht). So erklärt sich also das Phänomen der eingeschlossenen Zeichen. (Dies gilt natürlich nicht für die äquale Häusersystem, in dem vom Aszendenten ausgehend den Häusern jeweils 30 Grag zugeteilt werden.) Es kommt immer paarweise zu eingeschlossenen Zeichen, weil zwangsläufig das gegenüberliegende Zeichen auch eingeschlossen ist. Wenn der Widder im 1. Haus eingeschlossen ist, muß auch die Waage in Haus 7 eingeschlossen sein.

EINLEITUNG

Die Astrologie wird heutzutage auf ein Fundament gestellt, das von wissenschaftlicherem Wesen ist. Viele der astrologischen Erkenntnisse, die über die Jahrhunderte hinweg überliefert wurden, waren von eher beschränkender Art. Es gibt viele astrologische Begriffe, die nicht eindeutig definiert sind – was nun geschehen muß. Wir müssen uns darum bemühen, mit den Begriffen, die wir verwenden, das gleiche zu verbinden. Es gibt im Augenblick zuviele Schulen, deren Gedanken im Widerspruch zueinander stehen, und keine zentrale Autorität, die die Unterschiede ausräumt.

Astrologen arbeiten nicht wissenschaftlich genug. Es gibt ein Muster, welches sich seit der Zeit der Schöpfung manifestiert hat. Es ist kein Zufall, daß wir von einer *Konjunktion* sprechen, wenn Planeten eng beieinander stehen, oder davon, daß Zeichen *eingeschlossen* sind. Gerade, was den Bereich der Sprache betrifft, sorgen Astrologen oftmals für Verwirrung. Es wäre notwendig, daß sie sich mehr mit den Begriffen und ihrer Bedeutung beschäftigten. Wenn wir das Wort Konjunktion benutzen, sprechen wir davon, daß zwei Planeten zusammenstehen. Wenn wir von eingeschlossenen Zeichen reden, geht es darum, daß irgend etwas von etwas anderem beeinflußt ist.

Insbesondere im Hinblick auf eingeschlossene Zeichen gibt es zwei Richtungen in der Astrologie. Die eine Schule ist der Ansicht, daß es sich bei diesen um einen Brennpunkt im Horoskop handelt, auf den viel Aufmerksamkeit gerichtet werden muß. Die andere Schule behauptet, daß eingeschlossene Zeichen keine große Bedeutung haben und daß der Einfluß, der mit ihnen zusammenhängt, zu schwach ist, um berücksichtigt zu werden.

Wenn wir davon reden, daß etwas eingeschlossen ist, bedeutet das, daß irgend etwas zwischen der Konstellation und der Erde

121

steht. Es ist nicht so, daß der Einfluß dadurch vermindert wäre. Wir müssen uns nur vorstellen, daß er nicht so deutlich wie sonst zum Ausdruck kommt. Des weiteren spielt bei diesem Einfluß immer der Zusammenhang zur Sonne eine Rolle.

Im Rahmen unserer Existenz als inkarnierende menschliche Wesen ist es unsere Aufgabe, über die verschiedenen Leben hinweg alle Zeichen des Tierkreises gemäß der Häuser zur Entwicklung zu bringen. So werden wir zum Beispiel einmal die Jungfrau im 1., dann im 2., ein anderes Mal im 3. Haus haben. Dies gilt deshalb, weil wir uns auf allen Gebieten des Lebens gemäß der Eigenschaften der verschiedenen Zeichen vervollkommnen müssen. Wenn ein Zeichen in einem Horoskop eingeschlossen steht, können wir dies als Hinweis darauf sehen, daß hier zwar ein Einfluß gegeben ist, es allerdings schwerfällt, einen Kanal zum Ausdruck zu finden. Insofern hat also die Schule, die diesen Einfluß als schwach einschätzt, recht. Absolut das gleiche gilt aber auch für die andere Schule, die dies als Brennpunkt im Horoskop ansieht, weil jede Schwäche einen Bereich bedeutet, auf den wir unsere Aufmerksamkeit richten müssen. Tun wir das, machen wir aus Schwächen besondere Tugenden.

Aus esoterischer Sicht und was Karma und Reinkarnation betrifft, zeigt ein eingeschlossenes Zeichen, daß wir es zu früheren Lebzeiten abgelehnt haben, die Qualitäten des betreffenden Zeichen im Hinblick auf das betreffende Haus zu entwickeln. Es handelte sich dabei um eine ernstzunehmende Verweigerung unsererseits – mit dem Resultat, daß wir uns in diesem Leben bemühen müssen, die entsprechenden Qualitäten zu entwickeln und zu integrieren. Eingeschlossene Zeichen bedeuten Probleme, welche aber nichts anderes als Chancen für uns sind.

Negatives Karma resultiert zum Großteil aus der Ablehnung von Pflichten und aus dem mißbräuchlichen Einsatz von Energien. Karma entsteht, wenn wir Energien ablehnen oder mißbrauchten. Wenn wir ein eingeschlossenes Zeichen im Horoskop haben, heißt das, daß wir es in der Vergangenheit ablehnten, die Qualitäten dieses Zeichen zu entwickeln – nicht nur einmal, sondern während verschiedener Leben. Aufgrund dieser Tatsache machen wir dann die Erfahrung, daß mit den eingeschlossenen Zeichen Lebensumstände einhergehen, die sich unserer Kontrolle entziehen. Zumeist sind diese Lebensumstände nicht offensichtlich und nicht leicht zu durchschauen. Wir können nicht «sehen», was es mit eingeschlossenen Zeichen auf sich hat: Es handelt sich hier um eine verborgene subtile Kraft in unserem aktuellen Leben. In dieser Beziehung ist ein Mangel vorhanden, etwas fehlt uns, was wir suchen, ohne zu wissen, wo wir es finden können.

Jedes eingeschlossene Zeichen hat mit Umständen zu tun, welche sich unserer Kontrolle entziehen. Was Karma und Reinkarnation betrifft, geht es hier um Angelegenheiten, um die du dich in der Vergangenheit nicht kümmern wolltest. Als ein Beispiel hierzu wollen wir annehmen, daß die Jungfrau im Horoskop eingeschlossen ist. Dem können wir zunächst einmal entnehmen, daß dieser Mensch häufig um Hilfe gebeten wird. Die Jungfrau steht für Dienstbereitschaft, Unterscheidungsvermögen und für die Fähigkeit zu lehren. Wenn dieses Zeichen eingeschlossen ist, werden wir immer wieder angesprochen und um Hilfe und Rat gebeten, ohne daß wir daran das Geringste ändern könnten. Dies ist einfach so. Der Grund dafür ist der, daß wir uns zu früheren Lebzeiten geweigert haben, anderen beizustehen, und uns taub stellten, wenn jemand um Hilfe rief. Andere haben uns um Rat gebeten, und wir waren nicht fähig oder nicht willens, Ratschläge zu erteilen oder Beistand zu gewähren.

Die Jungfrau ist der Regent des Hauses der Dienstbereitschaft und der Öffentlichkeit. Wenn in deinem Horoskop dieses Zeichen eingeschlossen ist, läßt das darauf schließen, daß du es abgelehnt hast, anderen Beistand und Unterstützung zu gewähren. Dies gilt hinsichtlich des Lebensbereiches beziehungsweise des Hauses, in dem die Jungfrau nun eingeschlossen ist.

Wenn es in unserem Horoskop dazu kommt, daß ein Zeichen eingeschlossen ist, sollten wir auf das Muster unseres Lebens blicken und ganz allgemein herauszufinden suchen, wo hier ein Zusammenhang zu unserer Dienstbereitschaft besteht. Unser Karma basiert zum Großteil auf der Ablehnung oder der Ignorierung von Pflichten. Wir müssen uns über die wichtigsten Eigenschaften, die mit dem betreffenden Zeichen verbunden sind, im klaren sein. Die Jungfrau bedeutet aber nicht nur Dienstbereitschaft, Unterscheidungsvermögen und die Fähigkeit zu lehren. Was die Reinkarnation betrifft, müssen wir in diesem Leben die wichtigsten Eigenschaften, die mit dem eingeschlossenen Zeichen zusammenhängen, zur Entwicklung bringen. Dabei mußt du dir immer einer

Sache bewußt sein: Wir sind keine Sklaven des Horoskops, und wir sind nicht dazu verurteilt, wie Automaten das umzusetzen, was in unserem Horoskop angelegt ist. Allerdings haben wir dieses Horoskop gemacht – wir sind in dieses Leben gekommen aufgrund von Handlungen und Erfahrungen, die unsere früheren Leben prägten. Das Horoskop, das wir geschaffen haben, können wir allerdings wieder ungeschehen machen: Wir können über unser Horoskop hinauswachsen und es ablegen, in dem Moment, wenn wir uns seiner bewußt geworden sind. Gemäß der Esoterischen Astrologie braucht der Mensch, der mithilfe der Astrologie eine entsprechende Bewußtseinsstufe erreicht hat, sein Horoskop nicht mehr: Er hat dann sein Schicksal in die eigenen Hände genommen.

Erinnere dich immer daran, daß das Horoskop in seiner Gesamtheit das Ergebnis von Karma und Reinkarnation ist. Es basiert auf Karma und ist auf dieses bezogen. Wir dürfen auch nicht den Fehler machen, uns nur auf eingeschlossene Zeichen oder auf rückläufige Planeten zu konzentrieren. Das Horoskop repräsentiert die Gesamtheit aller Leben, die wir bisher geführt haben.

Wenn die Seele erkennt, daß es an der Zeit ist zu reinkarnieren und nach einem geeigneten Körper sucht, wählt sie ein Datum aus, zu dem die Sterne am Himmel in bestimmten Stellungen stehen. Diese stellen dann gewissermaßen die Pfeiler dar, welche Gelegenheiten und Herausforderungen markieren, um am Karma zu arbeiten und neue Erfahrungen zu machen. Jedes Leben bietet uns Chancen, an der Zukunft zu arbeiten. Zu jeder Zeit ernten wir Karma, und das Ernten von Karma ist die Chance, die wir haben. Im gleichen Moment aber, in dem wir ernten, säen wir aufs neue Karma aus.

Mit eingeschlossenen Zeichen sind im allgemeinen eher negative als positive Auswirkungen verbunden – aufgrund der Tatsache, daß wir das, was mit ihnen zusammenhing, in der Vergangenheit abgelehnt haben. Weil es schwierig sein kann, diese Qualitäten zur Entwicklung zu bringen, zeigen wir uns im Hinblick auf diese Zeichen vielleicht zu passiv und bewegen uns nicht im Strom des Lebens. Wie dem auch sein mag: Die negativen Züge scheinen hier stärker ins Gewicht zu fallen. Wenn wir unsere Aufmerksamkeit auf die negativen Züge richten, haben wir die Gelegenheit, sie in positive Eigenschaften zu verwandeln. Es handelt sich hier um die Felder, auf denen wir das meiste in unserem Leben lernen können.

Wenn ein eingeschlossenes Zeichen im Horoskop vorhanden ist, bedeutet das automatisch, daß auch das gegenüberliegende Zeichen eingeschlossen ist. Hier besteht ein Zusammenhang. Eines dieser Zeichen befindet sich immer in der Südhälfte des Horoskops, das andere in der Nordhälfte beziehungsweise in der unteren Hälfte. Die eine Hälfte ist der Bereich des Ichs, die andere steht für das Wir. Das Horoskop bringt Gegensätze zum Ausdruck. Der Schlüssel für das Leben ist Polarität beziehungsweise Ausgewogenheit, und das Zentrum unseres Horoskops ist da, wo wir einen harmonischen Zustand erreichen. Dies ist auf der mundanen Ebene auch die Ursache dafür, daß der Glückspunkt das Zentrum unseres Horoskops ist, aus dem Grund, daß wir auf der Erde leben. Die Erde steht für den Aspekt des materiellen Lebens, in seiner dichten, schweren, physischen Erscheinung. Es geht für uns darum, eine Balance zwischen dem materiellen und dem spirituellen Aspekt des Lebens zu entwickeln. Wir brauchen Ausgewogenheit, in welcher Beziehung auch immer – Ausgewogenheit ist das, wonach wir immer streben sollten. Ausgewogenheit bedeutet Harmonie, und Harmonie ist die tiefere Bedeutung des Begriffs Liebe, und Liebe ist wiederum das fundamentale Prinzip der Schöpfung, das, womit alles angefangen hat.

Eingeschlossene Zeichen haben einen tiefgreifenden Einfluß. Nur wenig Menschen haben genug Energie, negative Charakterzüge zu überwinden. Um die Qualitäten eines eingeschlossenen Zeichens zur Entwicklung zu bringen, müssen wir hart arbeiten. Es kann aber die Tendenz gegeben sein, ein sehr passives Verhalten zu zeigen, wie beispielsweise bei einem Menschen, dessen Horoskop mehr positive als negative Züge aufweist. Ein Horoskop mit vielen harmonischen Aspekten kann eher eine Last sein als das Horoskop, das voller Spannungsaspekte steckt. Das gilt deshalb, weil bei ersterem alles wie von selbst kommt, weil keine Ausgewogenheit gegeben ist und weil der betreffende Mensch keinen Ansporn zur Aktivität hat. Wir können also durchaus zufrieden sein, wenn negative Aspekte vorhanden sind: Diese stellen für uns die Möglichkeit für Wachstum und Herausforderungen dar. Allerdings solltest du deine positiven Aspekte auch nicht ablehnen, weil diese deine Helfer sind. Sie können dir als Unterstützung dabei dienen, negative Eigenschaften abzulegen oder die negativen Aspekte anzunehmen und zu lernen, wie ihre Energien positiv genutzt werden können.

Ein negativer Aspekt steht für Energie – wie der positive auch. Das Resultat von positiver und negativer Ladung ist Elektrizität. Wir würden kein elektrisches Licht haben, wenn es nur positive oder nur negative Ladung gäbe. Wir können uns nicht als spirituelle Wesen entwickeln, solange wir nicht anerkennen, daß es sowohl positive als auch negative Einflüsse in unserem Leben gibt und solange wir es nicht lernen, einen Ausgleich zwischen diesen herzustellen. Auf der esoterischen Ebene geht es um die Erkenntnis, daß negative Aspekte eine gute Gelegenheit für Wachstum und Weiterentwicklung bedeuten. Das Positive steht für das, was wir bereits erreicht haben und was uns jetzt dabei dienen kann, die nächsten Stufen zu erklimmen. Eins aber gilt immer: Wachsen können wir nur dadurch, daß wir zu einem Zustand der Ausgewogenheit kommen.

Wenn in unserem Leben alles gut läuft, entwickeln wir uns nicht weiter. Schauen wir auf schwierige Lebensphasen zurück, stellen wir fest, daß gerade diese es waren, die uns zu dem gemacht haben, was wir sind. Hindernisse führen zu Wachstum. Was auf lange Sicht zählt, sind die Mühen, die wir auf uns nehmen.

WIDDER / WAAGE

♈ ① WIDDER EINGESCHLOSSEN IM 1. HAUS,
♎ ⑦ WAAGE EINGESCHLOSSEN IM 7. HAUS:

Womit haben wir es hier zu tun? Die wichtigste Eigenschaft des Widders im 1. Haus ist vom Blickpunkt der Reinkarnation aus gesehen, daß der Mensch es in der Vergangenheit versäumt oder abgelehnt hat, sein Ich oder auch Ego auf angemessene Weise zum Ausdruck zu bringen. Es ist deshalb für ihn nun von besonderer Bedeutung, sich seiner selbst bewußt zu werden beziehungsweise «Selbstbewußtsein» zu entwickeln. Der Widder hat auch mit Aggressivität zu tun. Widder-Menschen sind Führer und Organisatoren. Eine negative Eigenschaft ist ihre Ungeduld, wenn andere nicht so schnell begreifen wie sie oder sich nicht so geschickt anstellen. Widder als eingeschlossenes Zeichen läßt vermuten, daß folgende negative Züge in der Vergangenheit im Vordergrund standen: Ungeduld gegenüber anderen sowie ein mangelnder Abstand gegenüber der eigenen Person. Die Bewußtwerdung des eigenen Wesens sollte – als Reaktion auf die Waage beziehungsweise auf das Prinzip der Ausgewogenheit – vom Wir ausgehen und von Rücksichtnahme und Fürsorge gegenüber den Mitmenschen gekennzeichnet sein.

Diese Stellung in unserem Horoskop zeigt, daß wir in der Vergangenheit keine angemessene Persönlichkeit entwickelt haben.

Dabei ging es nicht nur darum, daß wir uns selbst hätten zum Ausdruck bringen müssen. Es wäre auch darauf angekommen, daß wir uns mit unseren Mitmenschen identifizieren. Widder eingeschlossen in 1 zeigt, daß wir uns zu sehr mit uns selbst beschäftigten. Weiterhin bringt diese Stellung zum Ausdruck, daß wir unsere Führungsqualitäten nicht benutzt haben. Weil sich in diesem Fall das Zeichen Fische an der Spitze des 1. Hauses befindet, haben wir uns möglicherweise sehr passiv gezeigt und nicht am Leben teilgenommen. Vielleicht sahen wir auch alles als gegeben an und ließen unseren Mitmenschen nicht die Anerkennung zuteil werden, die sie verdient hatten. Jetzt müssen wir unsere Aufmerksamkeit darauf richten, eine Persönlichkeit zu entwickeln, die tatsächlich an allen Manifestationsformen des Lebens Anteil hat und Anteil nimmt. Dabei dürfen wir uns allerdings nicht an die erste Stelle setzen. Es geht darum, hier dem Mitmenschen Vortritt zu lassen.

Die Waage steht in diesem Fall eingeschlossen in Haus 7, was eine Ausgewogenheit zwischen dem Ich und dem Wir erfordert. Angedeutet ist damit, daß in früheren Leben diese Ausgewogenheit nicht gegeben war. Weiterhin bedeutet diese Stellung, daß du deine Widder-Qualitäten als Reaktion auf das Waage-Prinzip zur Entwicklung bringen solltest. Waage-Menschen sind im allgemeinen intellektuell eingestellt, von eleganter Erscheinung und an Kultur und Gesellschaft interessiert. Sie lieben Harmonie und Frieden, Kunst und Musik. In negativer Hinsicht kann der Waage-Mensch allerdings auch für Unruhe sorgen, zum Beispiel dann, wenn er seine künstlerischen Gaben dazu benutzt, Geschmackloses oder Vulgäres hervorzubringen. Die Tatsache, daß das Waage-Zeichen hier eingeschlossen ist, könnte also darauf hinweisen, daß dieser Mensch zu früheren Lebzeiten in seiner Umgebung sowie in seiner Beziehung zum Leben überhaupt für Unruhe und für Disharmonie gesorgt hat. Er hat es möglicherweise versäumt, kulturell, intellektuell oder spirituell aktiv zu sein. Es könnte sich hier um jemanden gehandelt haben, der von einem eher derben, vulgären oder auch kranken Charakter gewesen ist. Auch eine snobistische Haltung wäre in diesem Zusammenhang denkbar.

Die Lektion mit Widder und Waage als eingeschlossenen Zeichen ist die, zu einem Zustand der Ausgewogenheit zu gelangen, in Verbindung damit, Sühne zu leisten für das, was wir getan haben. Jedes dieser beiden Zeichen steht am Anfang eines sehr wichtigen

Quadranten. Wenn wir uns gemäß der Ich-Wir-Verbindung vervollkommnen, werden wir schließlich auch zur Universalität gelangen.

♈︎ [2] WIDDER EINGESCHLOSSEN IM 2. HAUS,
♎︎ [8] WAAGE EINGESCHLOSSEN IM 8. HAUS:

Hier hat Widder als eingeschlossenes Zeichen mit Werten zu tun, mit Geld, mit materiellen Dingen und mit Sicherheit. Auf esoterischer Ebene geht es dabei um den Wert unseres eigenen Wesens. Mit dem Widder eingeschlossen im 2. Haus haben wir es in der Vergangenheit versäumt, angemessene Wertvorstellungen zu entwickeln und den wahren Wert unseres eigenen Wesens und unserer Mitmenschen nicht erkannt. Wir legten zu großes Gewicht auf die äußerlichen Züge des Lebens und dachten, daß es nur auf diese ankäme.

Die Waage eingeschlossen in 8 zeigt einmal mehr die Notwendigkeit, zur Harmonie zu gelangen, außerdem die Tatsache, daß wir die höheren Werte des Lebens nicht geschätzt haben. Wir haben es in diesem Fall abgelehnt, uns intellektuell oder spirituell zu betätigen. Die Angelegenheiten des 8. Hauses haben mit der Frage nach der Realität, der Suche nach Wahrheit und mit der Metaphysik zu tun. Der Geborene hat sich in diesen Bereichen in Entsprechung zur Waage geweigert, Mühen auf sich zu nehmen.

Die Lektion, die die Waage hier nahelegt, besteht darin, mithilfe der angesprochenen Aktivitäten zu Harmonie und Frieden zu gelangen. Was Ausgewogenheit in Verbindung mit dem Widder angeht, ist Folgendes zu sagen: Anstrengungen, die gemäß der Waage-Qualitäten unternommen werden, können die Eigenschaften zu führen und zu organisieren fördern. Dies haben wir in der Vergangenheit nicht erkannt. Jetzt geht es für uns darum, Führer auf den Bereichen der höheren Aktivitäten des Lebens zu werden.

Eine andere Interpretation für Widder/Waage eingeschlossen in 2 und 8 könnte darin bestehen, daß wir in der Vergangenheit keinen Respekt für den Besitz der Mitmenschen gehabt und keine Verantwortung dafür übernommen haben. Dies gilt für Geld im speziellen und für die Dinge überhaupt im allgemeinen.

♈ ③ WIDDER EINGESCHLOSSEN IM 3. HAUS,
♎ ⑨ WAAGE EINGESCHLOSSEN IM 9. HAUS:

Hiermit ist angezeigt, daß es der Geborene in früheren Leben versäumt hat, angemessene kommunikative Fähigkeiten zum Ausdruck zu bringen. Er lehnte es ab, sich Wissen zu erwerben, welches er mit anderen hätte teilen oder welches er die Mitmenschen hätte lehren können. Diese Stellung weist außerdem darauf hin, daß wir nicht an der Weiterentwicklung unserer Fertigkeiten gearbeitet haben, was den Bereich der Erziehung betrifft. Auch im Hinblick auf den Umgang mit Nachbarn oder Geschwistern waren die Mittel, die wir zum Einsatz gebracht haben, nicht die richtigen. Wir müssen uns hier immer vor Augen führen, daß jeder Mensch auf der Welt ein Bruder oder eine Schwester von uns ist. Falls wir als Lehrer gearbeitet haben, hat es uns an der Eigenschaft der Geduld gefehlt. Auch, was unser Verhältnis zum Leben überhaupt anging, waren wir sehr ungeduldig. Weiterhin ist durch diese Stellung angezeigt, daß wir unseren Verstand (Merkur) nicht auf der alltäglichen praktischen Ebene einsetzten und daß wir uns nicht mit uns selbst identifiziert haben. Vielleicht waren wir uns aber auch unserer selbst bewußt, haben es allerdings nicht dazu gebracht, uns mit den Mitmenschen zu identifizieren.

Das 3. Haus steht für die Vervollkommnung des Ich-Konzeptes und als Reaktion auf das gegenüberliegende 9. Haus auf die Vervollkommnung des Wir-Konzeptes. Die Waage eingeschlossen in 9 läßt erkennen, daß der Mensch in früheren Leben nicht seinen höheren Geist entwickelt hat. Vielleicht war es aber auch so, daß er zuviel Aufmerksamkeit auf die alltägliche praktische Ebene richtete. Die Weigerung, das Wir-Konzept zur Vervollkommnung zu bringen, gilt auch in bezug auf die Spiritualität. Die Waage an dieser Stelle könnte auch bedeuten, daß der Mensch im Hinblick auf die höheren Wahrheiten wie zum Beispiel Philosophie oder Religion eine wichtige Rolle gespielt hat, sich aber nur von einer intellektuellen Neugier leiten ließ. Es ging ihm nicht darum, seine Erkenntnisse tatsächlich auf das Leben anzuwenden.

Die Waage bringt zum Ausdruck, daß wir eine Partnerschaft mit dem Leben haben. All unser Wissen und all unsere Erfahrungen müssen im Hinblick auf das Leben zur Anwendung gebracht werden. Wenn Widder und Waage in 3 beziehungsweise in 9 eingeschlossen sind, zeigt das, daß wir es abgelehnt haben, uns mit der eigenen Person und mit dem Wir-Konzept zu identifizieren. Dadurch konnte es nicht zur Vervollkommnung dieser Konzepte kommen. Wir haben zwischen uns und den anderen keinen Zustand der Ausgewogenheit erreicht, wie er gemäß dem 3. Quadranten gefordert ist.

♈ ④   WIDDER EINGESCHLOSSEN IM 4. HAUS,
♎ ⑩   WAAGE EINGESCHLOSSEN IM 10. HAUS:

Der Widder an dieser Stelle läßt darauf schließen, daß du dich in der Vergangenheit geweigert hast, deine Persönlichkeit und deine Führungsqualitäten beim Umgang mit deinen Mitmenschen einzusetzen. Es bestand für dich die Möglichkeit, Eindruck auf die Welt zu machen – du hast aber die Mühen gescheut, aktiv zu werden.

Der Widder eingeschlossen in 4 zeigt, daß wir kein Bewußtsein unserer selbst hatten und daß wir uns nicht mit den Erfahrungen des Lebens identifizierten. Das Bewußtsein für das eigene Wesen und die Identifikation mit dem Leben stellen die letzten vorbereitenden Schritte dar, bevor der Mensch Teil des Wir-Konzeptes wird. Aufgrund unserer Verweigerung aber haben wir es nicht gelernt, uns mit anderen zu identifizieren. Solange wie dies Bestand hat, werden wir nicht dazu in der Lage sein, anderen beizustehen, andere zu beraten oder andere zu führen.

Mit dieser Widder-Stellung ist angezeigt, daß wir anderen Hilfe verweigert haben. Wir waren in diesem Fall nicht dazu bereit, die Unterstützung zu geben, die mancher Mensch in unserer Umgebung so dringend gebraucht hätte.

Die Waage eingeschlossen in 10 ist ein Beleg dafür, daß du dich der Verantwortung verweigert hast, die Autorität mit sich bringt. Hier handelt es sich um einen Menschen, der als Medium oder als Schlichter bei gesellschaftlichen Auseinandersetzungen gedient haben könnte. Allerdings dürfte in diesem Fall als Entsprechung für das Waage-Zeichen die Tendenz vorhanden gewesen sein, sich nicht einzumischen.

Die Ablehnung von Autorität könnte sich auch auf das eigene Verhalten als Vater oder als Mutter bezogen haben. Es wäre denkbar, daß dieser Mensch sich den Pflichten seinen Kindern gegen-

131

über entzogen hat. Waage eingeschlossen in 10 läßt auch vermuten, daß es in der Vergangenheit an Selbstdisziplin gefehlt hat.

♈ ⑤   WIDDER EINGESCHLOSSEN IM 5. HAUS,
♎ ⑪   WAAGE EINGESCHLOSSEN IM 11. HAUS:

Hier haben wir es in den meisten Fällen damit zu tun, daß sich der Mensch geweigert hat, seine kreativen Fähigkeiten zu entwickeln oder zum Einsatz zu bringen. In allgemeinerer Hinsicht könnte diese Stellung auch bedeuten, daß der Geborene in früheren Leben keine Kinder wollte oder daß er nicht genug für seine Kinder sorgte, daß er vielleicht keine Richtung aufzeigte oder keine Liebe gab. Vielleicht hat er sich auch in moralischer Hinsicht gegenüber seinen Liebespartnern unzuverlässig gezeigt.

Die Waage eingeschlossen in 11 ist ein Indiz dafür, daß wir keine kreativen Beziehungen zu unseren Mitmenschen gehabt haben. Mit dieser Waage-Stellung könnte eine intellektuelle Voreingenommenheit einhergegangen sein. Das hat sich womöglich darin geäußert, daß wir uns nur mit Menschen einließen, die die gleichen Interessen wie wir hatten.

Wenn die Waage in 11 eingeschlossen ist, steht das für die Weigerung des Menschen, den intellektuellen und spirituellen Einfluß anzuerkennen, den er auf andere hat. Hier geht es um Ausgewogenheit hinsichtlich des 4. Quadranten. Wir haben uns nicht darum bemüht, angemessene Verbindungen zu den Mitmenschen herzustellen, und deshalb könnte es dazu gekommen sein, daß wir dem Ideal der Brüderlichkeit nicht gerecht geworden sind.

Die Waage ist das idealistischste Zeichen des Tierkreises. Wenn sie in Haus 11 eingeschlossen ist, bedeutet das, daß wir in der Vergangenheit im Kontakt mit anderen keine Ideale zum Ausdruck gebracht haben. Um hier zwischen Widder und Waage eine ausgewogene Beziehung herzustellen, brauchen wir in unserem Alltag kreative Verbindungen, in denen wir unsere intellektuellen und spirituellen Fähigkeiten zur Anwendung bringen können. Es geht hier um moralische Werte, die wir in der Vergangenheit abgelehnt haben.

♈︎ ⑥ WIDDER EINGESCHLOSSEN IM 6. HAUS,
♎︎ ⑫ WAAGE EINGESCHLOSSEN IM 12. HAUS:

Das Problem, das hier im Brennpunkt steht, liegt darin, daß sich der Mensch in der Vergangenheit der Öffentlichkeit verweigert hat.

Er weigerte sich, sich selbst als Führungspersönlichkeit zu sehen oder sich mit den Problemen seiner Mitmenschen auseinanderzusetzen. Das «Ich-Bin» ging auf selbstsüchtige Motive zurück und ließ einen großen Mangel an persönlicher Zentriertheit erkennen. Das Motiv der Dienstbereitschaft fehlte in diesem Fall. Dieser Mensch hat es versäumt, seine Persönlichkeit so zur Entwicklung zu bringen, daß es wirklich zu einer Verbindung seines Wesens mit der Öffentlichkeit gekommen wäre. Zu früheren Lebzeiten hat er es in seinen Beziehungen abgelehnt, anderen von Nutzen zu sein.

Das 6. Haus ist das Haus der Jungfrau. Dies könnte heißen, daß dieser Mensch sich früher viel zu sehr mit seinem persönlichen Wohlbefinden und insbesondere mit seiner Gesundheit beschäftigt hat (die Jungfrau kann ein Hypochonder sein).

Die Waage steht für den Beginn des Wir-Konzeptes. Das heißt wiederum, daß der Mensch hier den Punkt in seiner spirituellen und intellektuellen Entwicklung erreicht hat, an dem er gemäß dem Ideal der Brüderlichkeit zu wirken beginnen kann. Dies wäre die Erfüllung des Wir-Konzeptes. Aufgrund der Tatsache aber, daß die Waage eingeschlossen ist, hat hier in der Vergangenheit etwas gefehlt: Der Mensch hat nicht den letzten Schritt gemacht, um die Ideale der Brüderlichkeit sowie der Universalität zum Ausdruck zu bringen.

Die Fische als Herrscher des 12. Hauses könnten den Verdacht nahelegen, daß sich bei der ersten Initiation dieses Menschen hinsichtlich der Universalität Probleme ergeben haben. Vielleicht kam es aber auch überhaupt zu der Weigerung, diesen Schritt zu absolvieren. Erinnere dich daran, daß eingeschlossene Zeichen die Weigerung anzeigen, die betreffenden Eigenschaften im Zusammenhang mit dem betreffenden Haus zur Entwicklung zu bringen.

133

♈ ⑦ WIDDER EINGESCHLOSSEN IM 7. HAUS,
♎ ① WAAGE EINGESCHLOSSEN IM 1. HAUS:

Der Geborene hat es in der Vergangenheit abgelehnt, Rücksicht auf andere zu nehmen. Was seinen Partner im Beruf, in der Ehe oder im Leben überhaupt betrifft: Er selbst war für sich immer das Wichtigste. Er hat es versäumt, sich mit anderen zu identifizieren, was die Hauptaufgabe mit Widder an der Spitze von 7 ist. Hierum geht es, wenn wir es mit dieser Widder-Stellung zu tun haben.

Die Waage eingeschlossen in Haus 1 wiederum bringt zum Ausdruck, daß es dem Geborenen an der Identifikation mit anderen gefehlt hat. Dies hat seine Ursache darin, daß er das Wir-Konzept nicht zum Bestandteil seiner Persönlichkeit machte.

Die Waage eingeschlossen in Haus 1 bedeutet außerdem, daß die Jungfrau an der Spitze dieses Hauses steht. Daraus ist abzuleiten, daß dieser Mensch in der Vergangenheit von einem sehr pedantischen und vielleicht auch voreingenommenen Verhalten war. Es ist davon auszugehen, daß der Geborene sich im Grunde nicht für andere interessiert hat und daß er nicht auf das eingegangen ist, was in seiner Umgebung geschah. Das Entscheidende für ihn war, wie die Welt ihn gesehen hat. Infolgedessen kamen die Menschen nicht gerne zu ihm. Sie fühlten sich in seiner Gegenwart nicht wohl und fanden keinen Trost bei ihm. In Einzelfällen könnte diese Waage-Stellung auch eine zerrüttete Persönlichkeit anzeigen.

♈ ⑧ WIDDER EINGESCHLOSSEN IM 8. HAUS,
♎ ② WAAGE EINGESCHLOSSEN IM 2. HAUS:

Der Widder eingeschlossen in dieser Stellung hat mehr mit der spirituellen und der esoterischen Ebene als mit dem alltäglichen Leben zu tun. Bestimmte Auswirkungen sind aber auch hier auf der normalen physischen Ebene gegeben. Der Widder eingeschlossen bedeutet in diesem Fall zunächst einmal, daß dieser Mensch es abgelehnt hat, nach Wahrheit zu suchen. Er war zu sehr mit seiner eigenen materiellen und physischen Sicherheit beschäftigt, um sich mit intellektuellen oder spirituellen Dingen auseinanderzusetzen.

Die Weigerung bestand hier darin, für sich selbst etwas über die höheren Wahrheiten in Erfahrung zu bringen oder für sich selbst eine angemessene Richtung im Leben zu finden. Die Werte im Hinblick auf Wahrheit oder das Leben überhaupt, die dieser Mensch hatte, waren nicht von höherer Art.

Die Waage eingeschlossen in 2 bringt zum Ausdruck, daß dieser Mensch Werte und Gegenstände nur von der materiellen Ebene aus würdigen konnte. Seine Aufgabe hätte darin bestanden, die Art und Weise zu würdigen, wie die Dinge im Leben zum Einsatz kommen, und ein Gefühl dafür zu gewinnen, welche Bedeutung Besitztümer und Sicherheit wirklich haben. Wir müssen aber davon ausgehen, daß er sich in erster Linie dafür interessiert hat, was er besaß – nicht dafür, wie die Dinge in der Beziehung zu den Mitmenschen hätten eingesetzt werden können.

♈︎ ⑨ WIDDER EINGESCHLOSSEN IM 9. HAUS,
♎︎ ③ WAAGE EINGESCHLOSSEN IM 3. HAUS:

Hier steht das «Ich-bin» in Verbindung mit dem höheren Wissen, mit Religion und Philosophie. Wenn wir Widder eingeschlossen im 9. Haus im Horoskop haben, bedeutet das, daß wir es in der Vergangenheit versäumten, eine angemessene konstruktive Lebensphilosophie sowie eine umfassende Vision zu entwickeln.

Der Widder neigt zu großer Ungeduld gegenüber denjenigen, die nicht genauso schnell im Denken oder Handeln sind. Zu früheren Lebzeiten hat es dem Geborenen an Verständnis für andere gefehlt. Weiterhin ist er nicht dafür eingetreten, seinen Mitmenschen die Freiheit des Ausdruck zu garantieren.

Die Waage in 3 heißt in diesem Fall, daß der Mensch seine kommunikativen Fähigkeiten nicht auf eine Art und Weise entwickelt hat, die seinen Kontakten nützlich gewesen wäre. Weil es mit der Waage um das Wir-Konzept geht, stellt dies möglicherweise den schwerwiegendsten Mangel des Geborenen dar.

Das 3. Haus steht für Kommunikation. Wenn sich die Waage eingeschlossen in 3 befindet, ist daran abzulesen, daß der Mensch nicht über die Mittel verfügte, mit seiner Umgebung auf eine angemessene Art zu verkehren. Insofern kam das Wir-Konzept in der Kommunikation nicht zum Tragen. Des weiteren bestand aller Wahrscheinlichkeit nach kein Interesse an Reisen.

♈ ⑩   WIDDER EINGESCHLOSSEN IM 10. HAUS,
♎ ④   WAAGE EINGESCHLOSSEN IM 4. HAUS:

Hier besteht zwischen dem Widder und der Waage eine besondere Beziehung. Sowohl das 10. als auch das 4. Haus haben auf der höheren Ebene damit zu tun, welchen Eindruck wir auf die Welt machen. Auf welche Weise drücken wir unserer Umgebung oder den Menschen, mit denen wir es zu tun haben, unseren Stempel auf? Wie beeinflussen wir andere? Welche Wirkung haben wir? Wenn der Widder in 10 eingeschlossen ist, zeigt das – unabhängig von dem Bereich, in dem wir arbeiteten –, daß wir es versäumt haben, unsere Persönlichkeit auf angemessene Weise zu entwickeln, und daß wir anderen gegenüber immer etwas in der Reserve geblieben sind. Der Widder sollte sich als energisches Wesen zeigen, als Führungspersönlichkeit oder als jemand, der organisieren kann. Mit dieser Stellung haben wir es in der Vergangenheit versäumt, andere zu führen, gleichgültig, ob es sich hierbei um eine Tätigkeit in der Verwaltung, für den Staat oder im Rahmen eines anderen Berufes gehandelt hat. Wir haben in diesem Fall keine organisatorischen Fähigkeiten bewiesen – und es ist wichtig, daß es Menschen gibt, die als Organisatoren in Erscheinung treten. Wenn wir jetzt eine widderhafte Persönlichkeit zum Ausdruck bringen, haben wir die Pflicht, Organisationsvermögen zu beweisen und aktiv zu sein. Was den Widder eingeschlossen in 10 betrifft, handelt es sich um jemanden, der dieser Verpflichtung in der Vergangenheit ausgewichen und den Weg des geringsten Widerstandes gegangen ist. Auch die Fische an der Spitze des 10. Hauses sind ein Ausdruck dieser Flucht vor der Verantwortung.

Die Waage eingeschlossen in 4 ist ein Beleg dafür, daß der Mensch in der Vergangenheit seine Verantwortung anderen gegenüber nicht erkannt hat. Auch hier handelt es sich wieder um das Wir-Konzept. Der Mensch hat keinen Anteil an anderen genommen und sich keine Gedanken zu den Problemen seiner Umgebung gemacht, sondern eine Haltung der Distanz bewahrt. In diesem Falle haben wir an der Spitze des 4. Hauses die Jungfrau. Dies läßt die Vermutung zu, daß in der Vergangenheit ein überkritisches, voreingenommenes und pedantisches Verhalten gegeben war. Die Tendenz, vorschnell zu urteilen, dürfte deutlich zutage getreten sein. Mit der Waage ist nun Ausgewogenheit das Thema. In diesem Bereich war der Mensch in der Vergangenheit nicht im Lot mit sich selbst. Er war unfähig zu erkennen, daß es auf die Zusammenarbeit mit anderen und auf die positive Beeinflussung der Umgebung ankam. Um wen es sich dabei auch handeln mag: Wir haben die Aufgabe, andere zu beeinflussen (ohne daß wir uns dabei als Missionar erweisen müßten). Wenn wir in Gesellschaft von Menschen sind, die viel mehr zu geben haben als wir selbst, sollten wir etwas von ihnen in uns aufnehmen. Bei Menschen, die noch nicht so weit sind wie wir – die weniger wissen oder erst am Anfang des spirituellen Weges stehen –, sind wir es, die geben müssen. Wenn die Waage in 10 eingeschlossen ist, hast du es in der Vergangenheit versäumt, etwas von deinem Selbst zu geben, was auf deine Umgebung und die Manifestationsformen des Lebens um dich herum einen konstruktiven Einfluß hätte haben können.

Ich bin der Meinung, daß in diesem Fall das 4. Haus von größerer Bedeutung ist als das 10. Es steht für die Richtung sowie den Sinn des Lebens, welchen wir dann durch die Angelegenheiten, die mit dem 10. Haus in Verbindung stehen, zum Ausdruck bringen können.

♈︎ ⑪ WIDDER EINGESCHLOSSEN IM 11. HAUS,
♎︎ ⑤ WAAGE EINGESCHLOSSEN IM 5. HAUS:

Das 11. Haus steht für unsere Verbindungen mit den anderen Menschen. Insofern ist diese Widder-Stellung ein Indiz dafür, daß wir es in der Vergangenheit versäumt haben, angemessene Kontakte zu begründen. Wir haben uns der Pflicht, Führungsqualitäten zu zeigen, entzogen – ob im Hinblick auf den Freundeskreis oder ganz allgemein bezüglich der Kontakte zu den Mitmenschen. Unser ganzes Leben ist auf Verbindungen ausgerichtet. Diese Person ist ihrer Verantwortung, angemessene Beziehungen herzustellen, nicht gerechtgeworden. Sie war zu sehr mit sich selbst und ihrem eigenen Fortkommen beschäftigt, wobei es ihr auch nichts ausmachte, wenn dies zu Lasten der anderen ging.

Die Waage eingeschlossen in 5 hat mehr als jede andere Stellung mit Kreativität zu tun. Mit ihr haben wir die Eigenschaft des Wir-Konzeptes nicht im Rahmen unserer Beziehungen zum Ausdruck gebracht. Es stand hier Selbstsucht im Vordergrund. Die Waage in 5 legt nahe, daß es darauf ankommt, auf kreative Weise an Beziehungen heranzugehen. Widder und Waage eingeschlossen zeigen hier, daß wir in der Vergangenheit keine Atmosphäre des Friedens und der Harmonie im Rahmen unserer Beziehungen geschaffen haben. Auf der allgemeineren Ebene gilt das für alle Verbindungen, die sich in unserem Alltag ergaben.

Mars als der Herrscher des Widders bedeutet vom Standpunkt der Reinkarnation aus, wie wir im Alltag an unserem Karma arbeiten. Mit der Waage eingeschlossen in 5 haben wir es damit zu tun, daß der Geborene zu früheren Lebzeiten in seinem Alltag nicht für eine friedliche und harmonische Stimmung in seiner Umgebung gesorgt hat.

♈ ⑫   WIDDER EINGESCHLOSSEN IM 12. HAUS,
♎ ⑥   WAAGE EINGESCHLOSSEN IM 6. HAUS:

Auch hier geht es wieder um das Ich-Konzept und darum, daß es zu keiner Identifikation mit dem Universum gekommen ist. Das 12. Haus ist das der Seele. Es hat mit der Entwicklung von seelischen Qualitäten zu tun sowie damit, wie diese in den Charakter der Persönlichkeit einfließen. Aufgrund der Vernachlässigung dieser Qualitäten hat es der Geborene versäumt, die Ideale der Brüderlichkeit und der Universalität zum Ausdruck zu bringen. Er hätte ein Bewußtsein des Kosmischen erlangen können – wenn er das getan hätte, was seine Aufgabe in der Vergangenheit gewesen war, so, wie sie an seinem 12. Haus abzulesen ist. Jeder negative Zug in Verbindung mit dem 12. Haus läßt auf Probleme bei der Initiation schließen (dieses Haus hängt mit Initiation zusammen). Es muß nicht zwangsläufig so sein, daß eine Initiation fehlgeschlagen ist. Vielleicht hat der Mensch auch gar nicht die Eigenschaften entwickelt, die Voraussetzung für eine Initiation gewesen wären.

Wenn der Geborene die seelischen Qualitäten zur Entwicklung gebracht hätte und sich dieser bewußt geworden wäre, hätten sich automatisch die Ideale der Brüderlichkeit und der Universalität in seinem Verhalten bemerkbar gemacht. Weil dem aber nicht so war, ist es nicht zur Initiation gekommen, welche eine Ausweitung des Bewußtseins auf das Universale bedeutet hätte. Wir werden keine Initiation erleben, wenn wir sie nicht verdienen. In diesem Fall würde uns der Zugang zum universalen kosmischen Bewußtsein verwehrt bleiben. Es ist ein Unterschied, ob der Mensch bei einer Initiation versagt oder ob er gar nicht zu einer Initiation zugelassen wird. In deiner Entwicklung ergibt sich irgendwann der Punkt, an dem es für dich zu einer Initiation kommt. Du wirst diese bestehen oder aber versagen. Die Initiation hat etwas von einer Prüfung. Es ist dann auch so, daß du nicht zur Initiation aufgerufen wirst, wenn du nicht die entsprechenden Fähigkeiten entwickelt hast. Um zu unserem Beispiel zurückzukehren: Die Waage eingeschlossen in 6 steht für unterlassene Hilfeleistung, für mangelnde Dienstbereitschaft und für Ignoranz den Bedürfnissen der anderen gegenüber. Diese Person hat sich nicht mit der Menschheit und der Menschlichkeit identifiziert. Die Waage hat immer mit dem Intellekt und mit Spiritualität zu tun – was heißt, daß der Geborene seine intellektuellen und spirituellen Fähigkeiten nicht für andere eingesetzt hat.

Es ist eine schwierige Zeit, wenn wir uns unserer selbst bewußt werden. Das ist auch der Grund dafür, daß wir in der Religion oftmals den Satz hören: *Mensch, erkenne dich selbst.* Wenn du erst erkannt hast, wie es um dein Wesen bestellt ist, kannst du dich mit dem Leben verbinden. In dieser Verbindung deines Selbstes mit dem Leben liegt der Schlüssel für die Verbindungen mit deinen Mitmenschen. Wenn wir uns nur auf oberflächliche Weise mit unserem Wesen beschäftigen und die gewonnenen Erkenntnisse nicht praktisch zur Anwendung bringen, kann es zu keiner Identifikation kommen. Welchen Sinn hat ein Wissen, das du nicht im Leben zum Einsatz bringen kannst? Erst, wenn du es zur Anwendung bringst, hat es einen Wert.

STIER / SKORPION

♉ ① STIER EINGESCHLOSSEN IM 1. HAUS,
♏ ⑦ SKORPION EINGESCHLOSSEN IM 7. HAUS:

Der Stier ist künstlerisch veranlagt, kreativ, dickköpfig, streitlustig, materialistisch und auf Besitz und Werte orientiert. Der Gegensatz dazu ist der Skorpion. Der Stier ist außengerichtet und extravertiert, der Skorpion introvertiert. Sowohl der Skorpion als auch der Stier beschäftigen sich mit Sicherheit – der Stier aber vergleicht alles, was er hat, mit anderen, und sagt sofort, was ihn dieses oder jenes gekostet hat. Der Skorpion dagegen läßt nicht erkennen, was dieses oder jenes ihm wert ist. Der Skorpion hortet seine Besitztümer auf der Bank oder in einem finsteren Gewölbe, während der Stier alles, was er hat, offen zur Schau trägt. Skorpione sind reserviert, konservativ, argwöhnisch, eifersüchtig und auf ihre Art besitzergreifend und nachtragend. Der Stier boxt dich vielleicht einmal zu Boden, um dir dann aufzuhelfen und zu sagen: »So 'was Blödes machen wir aber nicht wieder«. Was aber nicht heißt, daß das nicht noch einmal passiert.

Mit dem Stier eingeschlossen in 1 hat es der Mensch in früheren Leben versäumt, der Entwicklung einer wahren Persönlichkeit einen Wert zuzuerkennen. Die Folge davon war, daß die Welt ihn nicht auf eine positive Weise gesehen hat. Er legte nicht den geringsten Wert darauf, der Umgebung gegenüber eine positive oder kon-struktive Einstellung zu beweisen.

In diesem Fall steht Widder an der Spitze von Haus 1. Dies könnte der Ausdruck der Tatsache sein, daß du in der Vergangen-heit ziemlich aggressiv gewesen bist und dir keine Gedanken dazu gemacht hast, ob andere möglicherweise unter deinem Verhalten litten.

Der Skorpion eingeschlossen in 7 zeigt, daß der Mensch im Hin-blick auf das Leben oder die Umgebung eher zurückhaltend rea-gierte und eine gewisse Distanz wahrte. Diese Stellung dürfte wahr-scheinlich bedeutet haben, daß der Geborene auf seine eigenen Probleme fixiert war.

Diese Stellung ist ein Anzeichen für bestimmte Konflikte in der Persönlichkeit, weil hier die Waage an der Spitze des 7. Hauses den Kontakt mit der Umgebung sucht, was dem Skorpion widerspricht. Die Waage bedeutet, um es noch einmal zu sagen, das Wir-Konzept – daß wir uns darüber klarwerden, wie wir andere einzuschätzen haben. Beim Skorpion dürfte hier den Wunsch bestehen, sich zurückzulehnen und für sich zu bleiben. So ist also davon auszuge-hen, daß dieser Mensch wenig Anteilnahme an der Welt zeigt und wenig Kontakte zu den Mitmenschen hat.

Es muß auch noch einmal daran erinnert werden, daß mit dem 7. Haus die Südhälfte des Horoskops beginnt. Insofern können wir in diesem Fall auf einen Mangel an Werten oder auf einen Mangel an intellektuellen oder spirituellen Aktivitäten schließen.

♉ ② STIER EINGESCHLOSSEN IM 2. HAUS,
♏ ⑧ SKORPION EINGESCHLOSSEN IM 8. HAUS:

Hier handelt es sich um die Häuser, die zu den Zeichen Stier und Skorpion gehören. Das bedeutet eine doppelte Betonung des Pro-blems. Der Stier eingeschlossen zeigt in diesem Fall, daß wir in der Vergangenheit keine angemessene Einstellung gegenüber der mate-riellen Welt hatten. Wir haben nicht erkannt, daß am Materialismus das Entscheidende ist, wofür wir die Dinge im Leben einsetzen. Mit dieser Stellung haben wir keine angemessenen Wertvorstellungen für die Dinge entwickelt. Ohne Zweifel haben wir zuviel Aufmerk-samkeit auf Besitztümer gerichtet und diese als Widerspiegelung von Erfolg im Leben gesehen. Das hat seinen Grund darin, daß das 2. Haus für Geld steht.

Die höhere Oktave von Skorpion im 8. Haus bezieht sich auf die höheren Werte sowie auf die Suche nach Wahrheit, wie sie in der Astrologie, in der Metaphysik und in der Vorstellung der Reinkarnation zum Ausdruck kommt (letzteres auch deshalb, weil Haus 8 mit dem Tod zusammenhängt). Die Person mit dem Skorpion eingeschlossen in 8 dürfte im Kontakt mit den Mitmenschen hinsichtlich dieser Bereiche keine Offenheit gezeigt haben – was auch deshalb notwendig gewesen wäre, weil es sich hier um die Südhälfte des Horoskops beziehungsweise um das Wir-Konzept handelt. In allgemeinerer Hinsicht ergab es sich vielleicht, daß sie keine Rücksicht auf den Besitz anderer genommen hat.

Mehr als alles andere legt diese Stellung nahe, daß sich der Geborene mit Metaphysik hätte auseinandersetzen sollen, es aber abgelehnt hat, dies zu tun. Mit Sicherheit verspürt er auch im aktuellen Leben einen derartigen Drang oder merkt, daß es seinem Leben an etwas fehlt. Hier haben wir den ewigen Sucher vor uns, der niemals fündig wird. Was dieser Mensch will, liegt jenseits dessen, was zu erreichen ist. Dies ist das Karma, das mit dem Skorpion in eingeschlossener Stellung verbunden ist.

♉ ③ STIER EINGESCHLOSSEN IM 3. HAUS, ♏ ⑨ SKORPION EINGESCHLOSSEN IM 9. HAUS:

Womit wir hier rechnen müssen, ist, daß der Geborene in der Vergangenheit wenig Wert auf Bildung und Wissen gelegt hat und nicht daran interessiert war, seine kommunikativen Fähigkeiten weiterzuentwickeln. Mit dieser Stellung dürfte eine derbe Sprache sowie ein begrenzter Horizont verbunden gewesen sein. Die Dickköpfigkeit, die dem Stier zugeschrieben wird, ist wahrscheinlich sehr deutlich in Erscheinung getreten. Der Stier ist stark auf sich selbst bezogen; er neigt nicht unbedingt dazu, die Meinung von anderen zu übernehmen. Dies alles trug dazu bei, daß wir hier hinsichtlich der Vergangenheit von Begrenztheit sprechen müssen.

Der Skorpion eingeschlossen in 9 ist als direkte Reaktion auf diese Stier-Stellung zu sehen. Dieser Mensch hatte viele Gelegenheiten gehabt, eine höhere Bildung zu erwerben und eine Herangehensweise an das Leben zu entwickeln, die von einem vernünftigen Wissen geprägt gewesen wäre. Jetzt aber zeichnet er sich, als Resultat seiner Vergangenheit, durch einen begrenzten Verstand aus. Was er nun zum Ausdruck bringt, sind Voreingenommenheit und Vorurteile. Dies ist das individuelle Karma, wenn der Mensch mit dem eingeschlossenen Skorpion es versäumt, gemäß dem Christlichen Prinzip sowie dem höheren Wissen eine angemessene Lebensphilosophie zu entwickeln. Pluto steht für das Karma, das jeder mit sich trägt. Diese Stellung verdeutlicht auch, daß der Geborene der höchsten Ebene Plutos – die individuelle Regeneration in Verbindung mit den Angelegenheiten des 9. Hauses – nicht gerechtgeworden ist. Des weiteren können wir davon ausgehen, daß sich dieser Mensch in der Vergangenheit nicht für die Freiheit der anderen einsetzte.

♉ [4] STIER EINGESCHLOSSEN IM 4. HAUS,
♏ [10] SKORPION EINGESCHLOSSEN IM 10. HAUS:

Diese Stellung markiert, daß es uns egal gewesen war, welchen Einfluß wir auf andere hatten. Es handelte sich hier um die Art von Persönlichkeit, die ihre Worte nicht auf die Goldwaage legt und sich nicht viel bei ihren Taten denkt. Erinnere dich daran, daß der Stier über den Hals und die Stimme regiert. Dieser Mensch hat möglicherweise vieles gesagt, was andere verletzt hat – was ihm nichts ausmachte. Wie das, was er tat, eingeschätzt wurde, spielte für ihn nicht die geringste Rolle.

In diesem Falle haben wir den Skorpion eingeschlossen in Haus 10, was wir wieder als Reaktion auf die Stier-Stellung betrachten können. Hier dürfte der Mensch zu seinem Beruf beziehungsweise zu seiner beruflichen Laufbahn ein sehr oberflächliches Verhältnis gehabt haben. Für ihn stand nicht im Vordergrund, was sein Beitrag im Rahmen seiner Stellung war. Was hatte er selbst für seinen Beruf anzubieten? Was hatte er hinsichtlich seiner Karriere zu offerieren? Ist er wirklich zu einer Autorität geworden, die anderen für Informationen zur Verfügung stand? Die Aktivitäten des Geborenen waren in der Vergangenheit dadurch charakterisiert, daß er soviel wie möglich aus ihnen gezogen hat – statt soviel wie möglich in sie hineinzulegen. Auch ist zu vermerken, daß ein Mangel an Werten vorhanden gewesen war.

143

♉ ⑤ STIER EINGESCHLOSSEN IM 5. HAUS,
♏ ⑪ SKORPION EINGESCHLOSSEN IM 11. HAUS:

Welche Werte hat dieser Mensch gehabt, wenn es in der Vergangenheit darum ging, Kreativität zu beweisen? War er von Natur aus künstlerisch veranlagt? Hat er seine kreativen Fähigkeiten und sein Talent wirklich genutzt? Hat er sich darum bemüht, angemessene Beziehungen zu anderen herzustellen? Mehr als mit allem anderen hat das 5. Haus mit Kreativität zu tun. Wenn hier der Stier eingeschlossen ist, können wir die Schlußfolgerung ziehen, daß es in der Vergangenheit an Kreativität gemangelt hat, unabhängig davon, ob sich dies nun auf künstlerischem Gebiet wie zum Beispiel dem Singen oder dem Malen oder aber in den Beziehungen zu anderen zeigte.

Es ist hiermit auch angesprochen, daß es an der Entwicklung von Werten im Hinblick auf das gesellschaftliche Leben, auf Freunde und die Beziehungen gemangelt hat. Hier handelt es sich um jemanden, der die Vergangenheit preist und der sich nur wenigen so zeigt, wie er wirklich ist. Wir könnten in diesem Fall von einer Verweigerung der Allgemeinheit gegenüber oder auch von einem snobistischen Verhalten sprechen. Gemäß der höheren Oktave bedeutet der Skorpion Mitgefühl, Spiritualität, Verstand und Verständnis. Wenn aber der Skorpion im 11. Haus eingeschlossen ist, war in der Vergangenheit keine dieser Eigenschaften zur Entwicklung gebracht worden.

Stier und Skorpion in dieser Stellung bringen zum Ausdruck, daß die Entwicklung der kreativen Fähigkeiten, eine kreative Herangehensweise an das Leben sowie Kreativität in den Beziehungen von außerordentlich hohem Wert sind.

♉ ⑥ STIER EINGESCHLOSSEN IM 6. HAUS,
♏ ⑫ SKORPION EINGESCHLOSSEN IM 12. HAUS:

Der Stier eingeschlossen in Haus 6 bringt zum Ausdruck, daß es zu früheren Lebzeiten an der Dienstbereitschaft gegenüber anderen gefehlt hat. Vielleicht haben wir hier zwar Hilfe angeboten – allerdings wahrscheinlich nur aus der Überlegung heraus, daß wir einen materiellen Vorteil davon haben oder an Ansehen gewinnen könnten. Es könnte sich hier um jemanden gehandelt haben, der im

Rampenlicht stand, und zwar nicht deshalb, weil er mit Freude der Menschheit diente, sondern weil es ihm schmeichelte, von anderen bewundert zu werden.

Der Skorpion an der Spitze des 12. Hauses ist immer ein Hinweis darauf, daß der Mensch eine karmische Schuld hat, die noch nicht abgearbeitet ist, und daß sich in der Vergangenheit Probleme bei einer Initiation ergeben haben. Wenn der Skorpion hier auch noch eingeschlossen ist, heißt das, daß der Mensch es versäumt hat, eine eigene Herangehensweise und eine eigenständige Auffassung im Hinblick auf das Leben sowie für die Menschheit überhaupt zu entwickeln. Auf diese Weise hätte er sein Karma abarbeiten können. Er hat es nicht geschafft, das Potential seiner Seele umzusetzen und das Ideal der Brüderlichkeit anzuerkennen. Bei ihm herrschte in der Vergangenheit vielmehr die dünkelhafte Einstellung, die mit dem Skorpion verbunden sein kann.

♉ ⑦ STIER EINGESCHLOSSEN IM 7. HAUS,
♏ ① SKORPION EINGESCHLOSSEN IM 1. HAUS:

Hier bedeutet der Stier in eingeschlossener Stellung, daß zu früheren Lebzeiten keine Werte entwickelt worden sind und wenig Aufmerksamkeit für andere bestand. Es handelte sich in diesem Fall um jemanden, der von sich eingenommen und der weitgehend auf sich bezogen war. Mit anderen Worten: Der Stier eingeschlossen bedeutet, daß der Mensch das Wir-Konzept nicht würdigte, sondern sich immer an die erste Stelle gesetzt hat.

Der Skorpion eingeschlossen in 1 heißt, daß es im Hinblick auf die nach außen gerichtete Persönlichkeit zu Problemen gekommen war, in Zusammenhang mit einer Tendenz zu Zurückgezogenheit, Konservatismus und Geheimniskrämerei. Wir könnten vermuten, daß niemand in der Vergangenheit diesen Menschen wirklich gekannt hat. Es ist aber nicht so, daß wir uns fern von unseren Gefährten halten müßten. Hier geht es um die Opposition zum 7. Haus, dem Haus des Wir-Konzeptes, was den Schluß nahelegt, daß der Geborene nur aus dem Zentrum seines Selbstes heraus und nicht für andere gelebt hat.

♉ [8]   STIER EINGESCHLOSSEN IM 8. HAUS,
♏ [2]   SKORPION EINGESCHLOSSEN IM 2. HAUS:

Auch dies ist wieder ein Beleg dafür, daß es Mängel bei der Entwicklung von Werten gegeben hat – was sich diesmal auf den Bereich der Suche nach der Bedeutung des Lebens bezog. Wir haben unsere Verbindungen zu anderen nicht gewürdigt und es versäumt, metaphysische Wertvorstellungen zu entwickeln. Es war in der Vergangenheit nicht dazu gekommen, daß wir uns selbst vom Standpunkt der höheren Lehren aus betrachtet hätten.

Der Skorpion ist hier im 2. Haus eingeschlossen. Anstatt Dinge und Besitztümer vom Blickpunkt der höheren Werte aus zu beurteilen, ging es in diesem Fall nur darum, aufgrund von materiellen Kriterien Bewertungen vorzunehmen. Ob es sich um einen Menschen oder um einen Gegenstand handelte, der beurteilt wurde: Immer war das Entscheidende, ob das Moment der Sicherheit gewährleistet schien. Erst dann, wenn der Geborene davon überzeugt war, daß ihm eine Beziehung Vorteile verschaffte, wurde der andere ihm wirklich wichtig. Dem Materiellen wurde ein sehr großer, dem Spirituellen ein sehr geringer Wert zugeschrieben, was einen Zustand der Unausgewogenheit bedeutete.

♉ [9]   STIER EINGESCHLOSSEN IM 9. HAUS,
♏ [3]   SKORPION EINGESCHLOSSEN IM 3. HAUS:

Der Stier in eingeschlossener Stellung zeigt in diesem Fall, daß es der Geborene versäumt hat, Weisheit und eine Lebensphilosophie zu entwickeln. Weiterhin ist er nicht für die Freiheit des Selbstausdrucks der anderen eingetreten. Hätte er in der Vergangenheit wirklich erkannt, was das Christliche Prinzip bedeutet, wäre ihm klargeworden, was Liebe und was Weisheit ist. Ob es ihm nun gelingt, eine Lebensphilosophie zu finden, um sich damit von seiner Selbstbezogenheit zu lösen? Der Stier ist ein Zeichen, das in einem sehr starken Ausmaß auf sich selbst und das eigene Ego bezogen ist. In eingeschlossener Stellung können wir an ihm ablesen, daß es an der Wertschätzung von dem Wissen gefehlt hat, das auf das Leben bezogen war.

Der Skorpion im 3. Haus bringt hier zum Ausdruck, daß sich der Geborene in der Vergangenheit nicht um angemessene Formen der

Auseinandersetzung mit anderen bemüht hat. Dies hatte seinen Grund darin, daß er innerlich reserviert blieb und eine Abneigung dagegen verspürte, sein Selbst mit anderen zu teilen und eine Atmosphäre des Vertrauens zu begründen. Dieser Mensch spürte häufig für andere nichts als Verachtung sowie eine tiefe Abneigung dagegen, sich auszutauschen. Hier haben wir jemanden vor uns, der für sich bleibt und sich gegenüber seiner Umgebung aus allen Problemen heraushält – der niemals einem anderen hilft, der in Not ist, und der niemals einen anderen um Hilfe bittet. Hierbei handelt es sich um unangepaßte Verhaltensweisen, die aus der Vergangenheit resultieren.

♉ ⑩   STIER EINGESCHLOSSEN IM 10. HAUS,
♏ ④   SKORPION EINGESCHLOSSEN IM 4. HAUS:

Der Stier eingeschlossen in 10 steht in Zusammenhang mit dem Wert der Fertigkeiten, die der Mensch entwickelt und konstruktiv zum Wohle der Menschheit eingesetzt hat – oder auch nicht. Hier haben wir eine Person vor uns, die ihre Fähigkeiten nur dazu benutzt, um für sich persönlich einen Vorteil zu erzielen, und die sich keine Gedanken dazu macht, inwiefern sie mit ihrer Arbeit einen Beitrag zur weiteren Entwicklung der Menschheit leistet. Ihre Fertigkeiten hat sie nur deshalb ausgebildet, um angesehen zu sein (das 10. Haus wird vom Steinbock beherrscht, und der Steinbock ist auf Prestige ausgerichtet). Dieser Mensch könnte bei seiner Arbeit nur im Blick gehabt haben, Ansehen und Prestige zu gewinnen, ohne sich der Tatsache bewußt gewesen zu sein, daß er damit Einfluß auf den Rest der Menschheit nahm.

Der Skorpion in 4 hängt mit dem Einflußzusammen., den wir auf andere haben. In der Vergangenheit hat sich der Geborene herzlich wenig darum gekümmert, inwiefern er ein Beispiel für andere war. Er sagte möglicherweise: »Ich habe meine Probleme, und du hast deine. Ich behalte meine für mich, und du läßt mich mit deinen in Ruhe.« Anteilnahme und die Bereitschaft zur Unterstützung beziehungsweise dazu, jemand anderem zur Hilfe die Hand zu reichen, waren in der Vergangenheit kaum vorhanden. Es bestand eine zu große Distanz und eine Art Abgehobenheit vom Leben und den Dingen, die in der Umgebung vor sich gingen. Der

147

Geborene hätte eine außerordentlich große Wirkung auf seine Gefolgsleute haben können, gleichgültig, in welcher Richtung. Er
lehnte es aber ab, anderen ein positives Beispiel zu geben.

♉ ⑪   STIER EINGESCHLOSSEN IM 11. HAUS,
♏ ⑤   SKORPION EINGESCHLOSSEN IM 5. HAUS:

Hier müssen wir uns die Frage stellen, welchen Wert wir in der Vergangenheit unseren Freundschaften zugeschrieben haben. Es wäre
gut vorstellbar, daß keine Wertvorstellungen im Hinblick auf Kontakte mit Bekannten und Freunden bestanden. Hier handelt es sich
gewissermaßen um den typischen «Schön-Wetter-Freund», um jemanden, auf den kein Verlaß ist und der keine Loyalität zeigt.
Freundschaften resultierten möglicherweise einzig und allein aus
dem Motiv, daß sie Vorteile brachten – ohne daß sich der Geborene
fragte, was er ihnen bringen konnte. Vielleicht hat er aus materiellen
Gründen Freunde um sich geschart oder deshalb, um Prestige zu gewinnen. Womöglich sonnte er sich dann in dem Glanz, den seine
Gefährten ihm verschafften.

Wenn der Skorpion in 5 eingeschlossen ist, hat der Mensch seine
kreativen Fähigkeiten nicht zur Entwicklung gebracht. In seiner
Herangehensweise an die Umgebung und die Kontakte zeigte er
keine eigenständige schöpferische Note, sondern vielmehr eine
dünkelhafte Einstellung.

Hat dieser Mensch seine Aufmerksamkeit darauf gerichtet, ob er
andere wirklich verstand oder welche Unterschiede zwischen den
verschiedenen Individuen gegeben waren? Hat er diese anerkannt?
In der Vergangenheit war dem nicht so gewesen, und was das aktuelle Leben betrifft, ist er nun gezwungen, dies zu tun. Erinnere dich
daran, daß eingeschlossene Zeichen den Brennpunkt für das aktuelle Leben anzeigen!

♉ ⑫   STIER EINGESCHLOSSEN IM 12. HAUS,
♏ ⑥   SKORPION EINGESCHLOSSEN IM 6. HAUS:

Mit dem Stier eingeschlossen in Haus 12 hat der Mensch seinen seelischen Qualitäten sowie deren Darstellung nur sehr wenig Wert zu-

148

geschrieben. Das Ego stand hier im Vordergrund. Die Seele fordert Demut, und mit dieser Stellung hat es in der Vergangenheit an Bescheidenheit gefehlt. Insofern ist sich der Geborene auch seiner Seele nicht bewußt geworden. Des weiteren war er sich auch nicht darüber im klaren, welche Verantwortung er im Hinblick auf sein Karma sowie auf die Ideale der Universalität und Brüderlichkeit hatte. Er war selbstsüchtig und sah alles und jeden in Verbindung mit materiellen Aspekten. Das Spirituelle spielte für ihn keine Rolle. Dieser Mensch hat es versäumt, den materialistischen Aspekt mit dem spirituellen zusammenzubringen.

Der Skorpion eingeschlossen im 6. Haus zeigt, daß Dienstbereitschaft das Thema ist und daß die Dünkelhaftigkeit oder das Konservative dieses Zeichens im Vordergrund stehen. Der Skorpion ist entweder konservativ oder ein Snob – Zwischenstellungen gibt es hier nicht. Bei ersterem dürfte die Tendenz bestanden haben, sich abseits zu halten. Die unterlassene Hilfeleistung könnte in diesem Falle auf einen Minderwertigkeitskomplex zurückgehen, oder aber darauf, daß der Geborene einfach keine Lust hatte, sich mit den Problemen der Mitmenschen zu beschäftigen oder Verantwortung zu übernehmen. Wenn die dünkelhafte Einstellung im Vordergrund stand, können wir davon ausgehen, daß der Geborene für die Allgemeinheit Verachtung empfand und sich in keinster Weise mit den Bedürfnissen des normalen Menschen identifizierte. Das gleiche gilt für Gruppen, welche soziale Verbesserungen für die Menschheit anstrebten.

Wenn ein Zeichen eingeschlossen ist, nehmen die beiden angrenzenden Zeichen etwas von dessen Eigenschaften auf. Es sollte der Versuch unternommen werden, zwischen diesen drei Zeichen einen Ausgleich herzustellen, wozu ich bisher noch nichts gesagt habe. Beim Stier geht es dabei um die Zeichen Widder und Zwillinge. Das heißt also, daß sich der Stier hier durch das Konzept des «Ich-Bin» (Widder) sowie durch die Ausbildung der mentalen Qualitäten der Zwillinge weiterentwickeln könnte.

Der Widder ist ein kardinales Zeichen, der Stier ein fixes und die Zwillinge ein veränderliches. Es geht hier also um das Selbst, das Bewußtsein des Selbstes sowie um die Identifikation mit dem Bewußtsein des Selbstes. Zusammen haben diese drei Zeichen mit der Kommunikation über die Werte des Selbstes zu tun. Der Wert von Kommunikation beruht auf der Identifikation mit dem Selbst.

Selbst-Identifikation ist aber ohne jeden Wert, wenn sie nicht zur Anwendung gebracht wird (was für jedes Wissen gilt).

ZWILLINGE / SCHÜTZE

♊ ① ZWILLINGE EINGESCHLOSSEN IM 1. HAUS,
♐ ⑦ SCHÜTZE EINGESCHLOSSEN IM 7. HAUS:

Wenn die Zwillinge im 1. Haus eingeschlossen sind, handelt es sich um einen Menschen, der in der Vergangenheit seinen Verstand und seine intellektuellen Fähigkeiten nicht zur Entwicklung gebracht hat und dessen Herangehensweise an das Leben und das Bewußtsein seiner selbst nicht auf Logik gegründet war. Dieser Mensch hat es abgelehnt, das Wir-Konzept in seine Identität aufzunehmen. Mit der Zwillings-Eigenschaft mangelte es ihm an Kontinuität – eine der Schwächen, die mit diesem Zeichen verbunden ist. Der Zwilling neigt dazu, Emotionen auszublenden und Distanz zu wahren. Das Wichtigste für diesen Menschen ist die Entwicklung des Verstandes. Der Verstand hat sowohl mit Logik als auch mit Spiritualität zu tun, und er sollte im Rahmen der Persönlichkeit zum Ausdruck kommen. Es handelte sich hier um eine Persönlichkeit, der es am mentalen Element fehlte. Neben den Zwillingen stehen der Stier und der Krebs. Dies ist Ausdruck der Tatsache, daß der Geborene in der Vergangenheit dem Intellekt keinen besonderen Wert zugeschrieben und sich zu sehr von den Emotionen hat leiten lassen.

Der Schütze ist ebenfalls ein mentales Zeichen. Eingeschlossen in 7 steht er für die frühere Tendenz, zu dogmatisch gewesen zu sein und die Welt nur aus dem Blickpunkt der Verbindung zum eigenen Wesen betrachtet zu haben – statt sich selbst in Verbindung zur Welt. Weil dieses Zeichen auch auf das Ego ausgerichtet ist, können wir an dieser Stellung ablesen, daß es der Geborene versäumt hat, das Ich im Wir aufgehen zu lassen. Es gab in der Vergangenheit wenig Aufmerksamkeit oder Anteilnahme für andere. Das 7. Haus steht auch für die Partnerschaft mit dem Leben in seiner Gesamtheit – womit sich dieser Mensch in der Vergangenheit nicht identifiziert hat. Dieser Sachverhalt ergibt sich aus der Tatsache, daß Merkur als esoterischer Herrscher der Zwillinge mit dem Prinzip der Identifikation zu tun hat. In früheren Leben hast du es an Vertrauen mangeln lassen im Hinblick auf die Verbindung mit dem Leben in seiner Gesamtheit.

♊ ② ZWILLINGE EINGESCHLOSSEN IM 2. HAUS,
♐ ⑧ SCHÜTZE EINGESCHLOSSEN IM 8. HAUS:

Dies bedeutet die Verbindung von Werten und dem Intellekt. Welchen Wert hast du deinen geistigen Leistungen zugeschrieben? Die Entwicklung der imaginativen Vorstellungen war dir nicht besonders wichtig. Das Symbol der Zwillinge verkörpert die zwei Strömungen des Lebens – die materielle und die spirituelle –, zwischen denen in diesem Fall keine Ausgewogenheit herrschte. Es wäre gut denkbar, daß du in der Vergangenheit zu materialistisch eingestellt warst und deinen Geist nur dafür eingesetzt hast, Sicherheit zu schaffen und Besitztümer zu erwerben. Auf der anderen Seite aber hast du womöglich deine Vorstellungskraft für Tagträume und Phantasievorstellungen eingesetzt, die ohne jeden praktischen Nutzen waren.

Der Schütze ist hier eingeschlossen in Haus 8. Das gibt uns den Hinweis, daß die Suche nach Wahrheit auf eine egobezogene Weise erfolgte. Du hast Wahrheit nur aus dem unmittelbaren Bezug zu deinem Wesen gesehen. Möglicherweise hast du dich auf einzelne Aspekte der Wahrheit konzentriert, die dir im Rahmen deiner Bedürfnisse genehm waren, was eine eher oberflächliche Einstellung bedeutet. Du hast es an Ernsthaftigkeit im Glauben fehlen lassen sowie an der Anerkennung der höheren Wahrheiten, wie sie im Studium der Metaphysik, der Philosophie oder der Religion hätten erkannt werden können. Dies war dein Versäumnis in der Vergangenheit. Jupiter herrscht über den Schützen, was heißt, daß du keine Weisheit zur Entwicklung gebracht hast.

♊ ③ ZWILLINGE EINGESCHLOSSEN IM 3. HAUS,
♐ ⑨ SCHÜTZE EINGESCHLOSSEN IM 9. HAUS:

Hier war eine mangelnde Ausdauer beim Erwerb von Wissen zu beobachten gewesen. In der Vergangenheit hattest du deine Schwierigkeiten damit, dein Wissen – welcher Art es auch gewesen war – an andere weiterzugeben. Es fehlte dir an der Bereitschaft, dein Wissen mit anderen zu teilen. In dieser Hinsicht war keine Gemeinsamkeit, sondern Distanz und Abgehobenheit gegeben. Weil es hier auch um Brüder und Schwestern, um Nachbarn und um Verwandte geht, symbolisiert diese Stellung, daß du im Kontakt zu diesen deine kommunikativen mentalen Fähigkeiten nicht entwickelt und keine mentale Verbindung hergestellt hast.

Wenn der Schütze in 9 eingeschlossen ist, hast du in der Vergangenheit keine offene Geisteshaltung bewiesen und dich nicht für die Freiheit der Meinung und des Ausdrucks deiner Mitmenschen eingesetzt. Die Tatsache, daß du dich nicht um die Ausweitung deines Horizontes bemüht hast, zeigte sich in deiner dogmatischen Einstellung hinsichtlich der Religion, der Philosophie oder der Psychologie. Wenn Schütze in Haus 9 eingeschlossen ist, können wir davon ausgehen, daß der Mensch in diesem Leben für Toleranz und für die Anerkennung der Meinung der anderen eintreten muß. Weiterhin ist daran abzulesen, daß er den höheren Geist nicht auf bestmögliche Weise zum Einsatz gebracht und nicht das Christliche Prinzip in sich aufgenommen hat. Jedes Wissen – welcher Art auch immer, ob philosophisch, religiös oder psychologisch – war nur auf das eigene Wesen bezogen. Diese Stellung – wie die Zwillinge in 3 auch – bringt zum Ausdruck, daß es darauf ankommt, Wissen mit anderen zu teilen. Was den Erwerb von Wissen angeht, hat sich diese Person in der Vergangenheit oftmals als zu oberflächlich und zu wenig ernsthaft gezeigt.

♊ 4 ZWILLINGE EINGESCHLOSSEN IM 4. HAUS,
♐ 10 SCHÜTZE EINGESCHLOSSEN IM 10. HAUS:

Hiermit sind ähnliche Auswirkungen wie im vorstehenden Fall gegeben. Bei Haus 4 und Haus 10 geht es darum, welchen Einfluß du
auf andere und auf deine unmittelbare Umgebung hast, im Hinblick
auf dein Zuhause, deine Nachbarschaft, deinen Job oder was auch
immer. Die Zwillinge eingeschlossen in 4 sind ein Beleg dafür, daß
du andere in mentaler Hinsicht nicht beeinflußt hast. Der Zwilling
hat die Aufgabe, Wissen zu erwerben und weiterzugeben und zu
zeigen, wie Wissen praktisch angewendet werden kann. Hier hat es
in der Vergangenheit daran gefehlt, abstrakte Gedanken so zu for-
mulieren, daß jeder sie hätte verstehen können. Du kannst niemanden beeinflussen, wenn keiner versteht, was du denkst oder sagst.
Gedanken sind es, die die Welt in Bewegung halten. Dies ist das
Grundprinzip der Schöpfung – aufgrund der Tatsache, daß die
Schöpfung der Gedanke Gottes ist. Es geht mit den Zwillingen eingeschlossen in 4 um die Welt der Ideen. Ideen bringen zum Ausdruck, wer wir sind und wie wir anderen dabei helfen, etwas über
die Bedeutung des Lebens herauszufinden. Oftmals ist diese Stellung Ausdruck der Tatsache, daß du dir in der Vergangenheit nicht
genug Zeit gelassen hast, um andere auf ihrem Niveau zu verstehen. Es fehlte dir in dieser Hinsicht an Geduld.

Der Schütze verkörpert die höhere Oktave der Zwillinge. Hier
handelt es sich darum, daß der Einfluß auf einer größeren Basis
zum Ausdruck kommt und daß es nicht nur um deine Persönlichkeit oder um die Menschen geht, mit denen du täglich Umgang
hast. Wir haben es in diesem Fall mit der öffentlichen Meinung zu
tun und damit, Ratschläge zu geben. Schütze eingeschlossen in 10
ist der Beleg dafür, daß du dich mit deinem Verstand nicht auf die
verschiedenen Menschen eingestellt hast. Du hast es weiterhin abgelehnt, einen umfassenden Einfluß auszuüben, was der Ausdruck
einer mangelnden Verantwortung gegenüber der Welt war. Es war
dir wichtiger gewesen, dich um deine eigene Entwicklung und deinen eigenen Fortschritt zu kümmern. Die Belange der anderen haben dich in dieser Beziehung nicht besonders interessiert.

♊︎ ⑤ ZWILLINGE EINGESCHLOSSEN IM 5. HAUS,
♐︎ ⑪ SCHÜTZE EINGESCHLOSSEN IM 11. HAUS:

Die Zwillinge eingeschlossen in 5 haben mit den Beziehungen zu anderen zu tun. Sie sind ein Hinweis darauf, daß du es hier in der Vergangenheit an Kreativität hast fehlen lassen. Das ganze Leben ist eine Art Partnerschaft. Mit dieser Zwillings-Stellung ist angesprochen, daß zu früheren Lebzeiten eine Distanz und Reserviertheit zu beobachten gewesen war. Hast du dir um andere Leute Sorgen gemacht? Warst du dir überhaupt in deinem Geist der Tatsache bewußt gewesen, daß es andere Menschen gibt? In der Vergangenheit hast du vielleicht mit deiner Art der Aktivität in einem Wolkenkuckucksheim gelebt und dich nicht genug mit den alltäglichen Vorgängen beschäftigt. Dein Interesse für andere war nicht besonders stark ausgeprägt.

Der Schütze eingeschlossen in 11 ist ein Hinweis darauf, daß du im Hinblick auf Beziehungen – in bezug auf Freundschaften, gesellschaftliche Kontakte oder das Leben überhaupt – im Zentrum der Aufmerksamkeit stehen wolltest. Es waren dir nur solche Beziehungen wichtig, die dir einen Vorteil brachten. Du hast dich hinsichtlich deiner Kontakte nicht auf eine selbstlose Weise verhalten, sondern nur darauf geschaut, welchen Gewinn du aus ihnen ziehen konntest – materieller, sozialer oder anderer Art. Schütze eingeschlossen zeigt hier, daß du nicht erkannt hast, welchen Wert Beziehungen im Leben haben. In deinen Freundschaften herrschte Oberflächlichkeit. Was Loyalität bedeutet, hast du nie erfahren.

♊︎ ⑥ ZWILLINGE EINGESCHLOSSEN IM 6. HAUS,
♐︎ ⑫ SCHÜTZE EINGESCHLOSSEN IM 12. HAUS:

Eine Stellung, die anzeigt, daß du in deinem Dienst an der Menschheit keine Geduld bewiesen hast. Was dein Verhältnis zu anderen betraf, hast du Rastlosigkeit und Unbeständigkeit zum Ausdruck gebracht. Die Zwillinge legen hier nahe, daß du wenig Verständnis oder Sympathie für die Nöte des kleinen Mannes hattest. Weiterhin warst du unempfänglich für die sozialen Trends der Zeit. Möglicherweise hast du die Masse für das, was sie forderte, unbarmherzig verurteilt. Auch hier sehen wir einen Mangel an Gefühlen und

Emotionen. Im Rahmen der Dienstbereitschaft kam keine Anteilnahme und keine Sympathie zum Ausdruck.

Der Schütze in 12 hängt direkt mit der seelischen Entwicklung sowie mit dem Karma zusammen. Aufgrund der Selbstbezogenheit dieses Zeichens hast du in der Vergangenheit nicht erkannt, wie es um deine seelischen Qualitäten bestellt war. Es mangelte dir an der Fähigkeit, dich mit deinen Gefährten und dem Kosmos zu verbinden. Die Einheit des Universums konntest du nur von deinem Standpunkt der Selbstzentriertheit wahrnehmen. Du bist dir dein eigenes Universum gewesen – du kreistest gewissermaßen um dich, für dich allein. Den Wert von wahrer Spiritualität hast du nicht erkannt. Weiterhin können wir dieser Stellung entnehmen, daß es dir an Vertrauen in die kosmischen Gesetze und Prinzipien gefehlt hat.

♊ ⑦ ZWILLINGE EINGESCHLOSSEN IM 7. HAUS,
♐ ① SCHÜTZE EINGESCHLOSSEN IM 1. HAUS:

Hiermit ist angezeigt, daß zwischen der angemessenen Entwicklung des Ich- und der des Wir-Konzeptes ein Widerspruch bestand. Wenn die Zwillinge in 7 eingeschlossen sind, ist dies ein Indiz dafür, daß der Mensch nicht genug Verständnis für das Wir-Konzept aufgebracht hat. Dieser Mangel machte sich in Partnerschaften auf allen Ebenen bemerkbar. Das Wichtigste ist aber immer die Partnerschaft mit dem Leben überhaupt. Dieser Mensch hat dem Leben gegenüber stets eine gewisse Distanz bewahrt. Weil es sich um den 3. Quadranten handelt, geht es hier darum, die Persönlichkeit auf das Leben zu projizieren. Dies hat der Geborene zwar in der Vergangenheit versucht, allerdings von einer rein mentalen Ebene aus, ohne wirkliches Verständnis.

Als Reaktion darauf ist bei Schütze eingeschlossen in 1 viel Selbstbezogenheit zu beobachten, welche die Verbindung zum Leben prägt. In der Vergangenheit hat dieser Mensch seine Persönlichkeit nicht so entwickelt, daß andere ihn als Bestandteil seiner Umwelt gesehen hätten. Er hat sich reserviert gezeigt und Warmherzigkeit und Ernsthaftigkeit vermissen lassen. Möglicherweise hat er einen Zwiespalt in seinem Wesen zum Ausdruck gebracht: Für die Außenwelt eine Fassade, die seiner Persönlichkeit nicht entsprach. Vielleicht war seine Herangehensweise an das Leben und sein Verhalten anderen gegenüber eher von einer mechanischen Art, wobei er aber durchaus ein gefälliges Verhalten zum Ausdruck gebracht haben könnte. Möglicherweise war es so, daß er sich einmal auf diese und dann wieder auf eine ganz andere Art verhalten hat – je nachdem, was von ihm erwartet wurde. Dabei war allerdings diese eher mechanische Herangehensweise durch einen Mangel an Ernsthaftigkeit geprägt. Unter der Fassade, die der Geborene für die Außenwelt aufrechterhalten hat, könnten ganz entgegengesetzte Gefühle vorhanden gewesen sein. Vielleicht neigte er im Grunde seines Wesens zu einer kalten und dünkelhaften Einstellung, und möglicherweise hat er sich nur dann mit anderen verbündet, wenn er sich davon einen materiellen Vorteil oder einen Zugewinn an Sicherheit versprach.

Ⅱ [8] ZWILLINGE EINGESCHLOSSEN IM 8. HAUS,
♐ [2] SCHÜTZE EINGESCHLOSSEN IM 2. HAUS:

Wenn die Zwillinge in Haus 8 eingeschlossen stehen, läßt das darauf schließen, daß deine Suche nach Wahrheit und deine Beschäftigung mit metaphysischen Dingen aus rein intellektuellen Motiven heraus erfolgte. Du hast es daran mangeln lassen, im Hinblick auf die höhere Wahrheit Mitgefühl und Verständnis zu entwickeln. Es handelt sich hier um das Haus der höheren Werte – und du hast es versäumt, Werte auf der höchstmöglichen Ebene um der Wahrheit willen zur Entwicklung zu bringen. Weil die Zwillinge auch von Merkur beherrscht werden, geht es hier darum, daß du deine Erkenntnisse über die Wahrheit nicht auf angemessene Weise weitergegeben hast. Diese Stellung ist ein Beleg dafür, daß du im Bereich des Abstrakten verwurzelt warst und dich nicht besonders intensiv mit dem Konkreten beschäftigt hast.

Der Schütze eingeschlossen in 2 bedeutet eine Betonung der Werte, allerdings vom Blickpunkt des Ichs und des Egos aus. Du hast sehr wenig Wert auf die angemessene Entwicklung eines Bewußtseins deiner selbst gelegt. Es war dir nicht wichtig, den Wert des Selbstes im Hinblick auf die Beziehung zum Leben zu erkennen. Alles, was du in der Vergangenheit unternommen hast, geschah aus deinem Bedürfnis nach Sicherheit beziehungsweise aus dem Wunsch nach materiellen Dingen heraus. Du hast die Tatsache nicht anerkannt, daß Dinge nur dann von Wert sind, wenn sie zum Nutzen der Menschheit eingesetzt werden. Hier wurden die Gegenstände um ihrer selbst willen geschätzt – nicht aufgrund ihres Nutzens oder auch ihrer Schönheit. Mit dem eingeschlossenen Schützen bestand die Neigung zu Oberflächlichkeit im Hinblick auf Werte. Dieser Mensch neigte dazu zu sagen: »Was ich habe, hab' ich!« Mit der Überbetonung des Materiellen ging eine Geringschätzung des Spirituellen einher. Die Zwillinge eingeschlossen in 8 bedeuteten dagegen den Vorrang des Abstrakten über das Konkrete.

♊ 9️⃣   ZWILLINGE EINGESCHLOSSEN IM 9. HAUS,
♐ 3️⃣   SCHÜTZE EINGESCHLOSSEN IM 3. HAUS:

Die Zwillinge eingeschlossen in Haus 9 haben mit den Angelegenheiten zu tun, die den höheren Geist betreffen. Auch hier könnte ein kühler und intellektueller Ansatz, diesmal im Hinblick auf das höhere Wissen und den höheren Geist, vorhanden gewesen sein. Für diesen Menschen war das Christliche Prinzip reine Theorie und nichts, was tatsächlich zur Anwendung gebracht werden konnte. Gegenüber denjenigen, die keine so gute Auffassungsgabe wie er hatten, verspürte er viel Ungeduld. Es hat ihm außerordentlich große Schwierigkeiten bereitet, sein Wissen über den höheren Geist anderen mitzuteilen. Weiterhin mangelte es ihm an Toleranz für andere Meinungen.

Der Schütze eingeschlossen in 3 ist ein Beleg dafür, daß der Mensch die Mühen der Ausbildung und des Erwerbs von Wissen nur dann auf sich genommen hat, wenn er sich davon Vorteile für sein persönliches Fortkommen versprach. In seinen Beziehungen zu Nachbarn, Brüdern und Schwestern zählten für ihn nur seine eigenen Ziele. Er verfügte über eine falsche Einschätzung von Werten im Hinblick auf familiäre Verbindungen. In der Vergangenheit hat er nur über das geredet, was ihm wichtig war, und nicht über das, was andere bewegte. Auch hier traf es zu, daß sich der Mensch weigerte, andere an seinem Wissen teilhaben zu lassen. Was das Teilen angeht, muß eine Sache besonders hervorgehoben werden: Es handelt sich hier nicht nur darum, daß Wissen beziehungsweise Informationen mitgeteilt und Fertigkeiten weitergegeben werden, sondern auch darum, daß die Person über ihre Lebenserfahrungen berichtet. Davon können Menschen häufig mehr als von jeder akademischen Information profitieren.

♊ ⑩   ZWILLINGE EINGESCHLOSSEN IM 10. HAUS,
♐ ④   SCHÜTZE EINGESCHLOSSEN IM 4. HAUS:

Mit den Zwillingen eingeschlossen in 10 können wir die Schlußfolgerung ziehen, daß alles, was der Mensch in der Vergangenheit beruflich getan hat, nicht dem Gefühl der Verpflichtung gegenüber seiner Tätigkeit entsprang. Die Stellung war nur ein Mittel, die persönliche Sicherheit zu gewährleisten und eine bestimmte Position zu erreichen. Hier handelt es sich um einen Steinbock-Einfluß (der Steinbock regiert das 10. Haus). Möglicherweise war es so, daß dieser Mensch seine intellektuellen Fähigkeiten nur dazu eingesetzt hat, Prestige zu erzielen, und daß es ihn nicht gereizt hat, Beiträge für neue Arbeitstechniken zu leisten oder neue Verfahrensweisen zu entwickeln. Oftmals ist er hier nur aktiv geworden, weil es sich aus seiner Position oder aus Karrieregründen zwingend ergab. Es könnte so gewesen sein, daß er in dieser Beziehung immer den Weg des geringsten Widerstandes gegangen ist.

Der Schütze eingeschlossen in 4 zeigt, daß der Geborene sich von Belangen, die die Menschheit insgesamt betrafen, ferngehalten hat. Seine Philosophie war möglicherweise: »Das hast du dir selbst eingebrockt. Sieh zu, wie du die Suppe auslöffelst.« Mit dieser Stellung ist angezeigt, daß der Mensch die Verantwortung, die er gegenüber seinen Gefährten hatte, nicht erkannte. Er hat sich der Erkenntnis verweigert, daß er in der Tat seines Bruders Hüter ist, und daß alles, was er sagt, tut oder denkt, einen Einfluß auf alle Einheiten der Manifestationsformen des Lebens in all seinen Königreichen hat.

♊ ⑪   ZWILLINGE EINGESCHLOSSEN IM 11. HAUS,
♐ ⑤   SCHÜTZE EINGESCHLOSSEN IM 5. HAUS:

Hiermit kommt zum Ausdruck, daß deine Verbindungen in der Vergangenheit hauptsächlich mental geprägt waren. Denen gegenüber, die dir nicht interessant oder nicht intelligent genug vorkamen, hast

159

du viel Ungeduld erkennen lassen. Du hast es versäumt zu erkennen, daß du dafür verantwortlich bist, andere geistig zu stimulieren und gemäß ihres Bewußtseinszustandes zu fördern. Du warst ein Mensch, der auf Leute mit weniger Intelligenz und weniger geistiger Flexibilität herabgesehen hat. In intellektueller Hinsicht zeigtest du eine dünkelhafte Einstellung. Es war dir nicht möglich, mit anderen gemäß ihrer Bewußtseinsebene zu reden. Weiterhin hast du es versäumt, deine Mitmenschen in ihrer Vorstellungskraft zu fördern. In deinen Beziehungen brachtest du eine zu logische Einstellung unter Ausblendung von Gefühlen zum Ausdruck.

Der Schütze eingeschlossen in 5 zeigt, daß du deine mentale Kreativität nicht dafür eingesetzt hast, Beziehungen zu anderen herzustellen. Deine Verbindungen beruhten auf dem Sachverhalt, daß sie dir Vorteile verschafften. Hier herrschte in bezug auf Freundschaften und Verbindungen viel Oberflächlichkeit. Es ist in diesem Zusammenhang auch davon auszugehen, daß du keine angemessene Philosophie für deine Beziehungen mit anderen entwickelt hast. Alles mußte so ablaufen, wie du es dir vorstelltest. Was die Beziehungen anging, stand für dich das Nehmen und nicht das Geben im Vordergrund. Dies ist ein Anzeichen für die Begrenztheit – nicht für die Expansion – des Selbstes in der Vergangenheit.

♊ ⑫ ZWILLINGE EINGESCHLOSSEN IM 12. HAUS,
♐ ⑥ SCHÜTZE EINGESCHLOSSEN IM 6. HAUS:

Jede spirituelle Aktivität wurde von dem Menschen, bei dem die Zwillinge eingeschlossen in Haus 12 stehen, auf eine kühle, intellektuelle und analytische Weise unternommen. Wahre Spiritualität aber basiert auf Verständnis und auf Mitgefühl beziehungsweise der Verbindung des eigenen Wesens mit höheren Mächten. Dieser Mensch hat nicht erkannt, welchen Wert seelische Qualitäten haben – aufgrund der Tatsache, daß diese nicht augenfällig sind. Hier handelte es sich wahrscheinlich um jemanden, der immer gesagt hat: »Das muß ich mit meinen eigenen Augen sehen.« Es hat in der Vergangenheit daran gemangelt, die Vorstellungskraft für das Verständnis der spirituellen Gesetze zu benutzen. Die mentale Ausrichtung der Zwillinge stand hier im Widerspruch zu der wahren Offenheit gegenüber der Menschlichkeit, was eine distanzierte Haltung zum «närrischen» menschlichen Treiben zur Folge hatte. Die Tatsache, daß die Zwillinge hier eingeschlossen sind, bringt aber zum Ausdruck, daß der Geborene auf dieses närrische Treiben hätte einen positiven Einfluß ausüben können.

Der Schütze eingeschlossen in 6 ist der Beleg dafür, daß der Geborene der Öffentlichkeit nicht selbstlos gedient hat. Auch hier geht es darum, daß er bei allem, was er getan hat, seinen persönlichen Vorteil im Auge hatte. Insofern war die Dienstbereitschaft reine Fassade. Diese Stellung ist der Ausdruck dessen, daß er sich nicht um Spiritualität, Universalität und Brüderlichkeit bemüht hat. Im Gegenteil: Möglicherweise war es so, daß er seine Mitmenschen sehr negativ beurteilte und viel Ungeduld zeigte. Wenn der Schütze hier eingeschlossen ist, heißt das, daß es nicht zur Vervollkommnung des Ich-Konzeptes gekommen war. Hierzu wäre nötig gewesen, daß sich der Mensch in Beziehung mit den allgemeinen Angelegenheiten des Lebens gesetzt hätte.

KREBS / STEINBOCK

♋ ① KREBS EINGESCHLOSSEN IM 1. HAUS,
♑ ⑦ STEINBOCK EINGESCHLOSSEN IM 7. HAUS:

Wenn in deinem Horoskop das Zeichen Krebs im 1. Haus eingeschlossen ist, hast du es in der Vergangenheit abgelehnt, eine
warmherzige Persönlichkeit zur Entwicklung zu bringen, von der
sich deine Mitmenschen angesprochen gefühlt hätten. In diesem
Fall handelt es sich um die Kombination der Kühle des Zwillings
mit den dominierenden Zügen des Löwen, welcher keine Rücksicht
auf die Gefühle der anderen nimmt. So hat es hier gewissermaßen
den Anschein, daß sich der Krebs in der Zwickmühle zwischen diesen Zeichen befindet. In der Vergangenheit hat es daran gemangelt,
den Gefühlsaspekt zu entwickeln.

Der Steinbock eingeschlossen in 7 hat mit Problemen bei der
Identifikation des Selbstes mit anderen zu tun. Mit diesem Zeichen
ist für gewöhnlich viel Konservatismus sowie die Abneigung verbunden, sich mit den Schwierigkeiten der Mitmenschen zu befas-
sen. In beiden Fällen geht es um den Konflikt zwischen der Entwicklung des Ich- und des Wir-Konzeptes.

♋ ②   KREBS EINGESCHLOSSEN IM 2. HAUS,
♑ ⑧   STEINBOCK EINGESCHLOSSEN IM 8. HAUS:

Hier wirkt sich das Besitzergreifende des Krebses auf dem Gebiet des Materiellen aus. Dieser Mensch hat zu früheren Lebzeiten zuviel Aufmerksamkeit auf materielle Dinge gerichtet und es nicht geschafft, angemessene Wertvorstellungen zu entwickeln. Der Krebs kann gefühlsmäßig erkennen, welchen Wert Dinge, Geld und Besitztümer wirklich haben und wie sie als Hilfsinstrumente bei der Bewältigung der Probleme des Alltags eingesetzt werden können. In diesem Falle aber war es so, daß dieser Mensch selbstsüchtig war und es abgelehnt hat, uneigennützig zu handeln.

Wenn der Steinbock in 8 eingeschlossen ist, war damit eine sehr konservative Note verbunden gewesen. Bei allem, was der Geborene sagte, spielte sein persönliches Fortkommen die ausschlaggebende Rolle. Hier handelt es sich um den Mangel an einer Lebensperspektive beziehungsweise um den Sachverhalt, daß der Mensch nicht erkannt hat, welche Wahrheiten dem Leben in all seinen Manifestationsformen zugrundeliegen. Wir können in diesem Fall die Schlußfolgerung ziehen, daß in der Vergangenheit zuviel Wert auf das Materielle gelegt wurde, was zu Lasten des Spirituellen ging.

♋ ③   KREBS EINGESCHLOSSEN IM 3. HAUS,
♑ ⑨   STEINBOCK EINGESCHLOSSEN IM 9. HAUS:

Hiermit ist angezeigt, daß der Mensch in der Kommunikation mit anderen Gefühle hat vermissen lassen. In vielen Situationen zeigte er ein kühles Verhalten, das es anderen unmöglich machte, sich in seiner Gegenwart wohlzufühlen. Wissen hat er nur erworben, um damit zu glänzen – nicht, um es mit anderen zu teilen. Ist es diesem Menschen überhaupt möglich gewesen, sich in seinem Selbst mit allen Manifestationsformen des Lebens zu identifizieren? Es hat den Anschein, daß dem nicht so gewesen ist.

Der Steinbock eingeschlossen in 9 ist ein Beleg dafür, daß Wissen nur erworben worden ist, weil damit ein gesteigertes Prestige verbunden war. Indem er etwas über die Dinge in Erfahrung brachte, hat dieser Mensch sein Sicherheitsbedürfnis befriedigt. Dies gilt in bezug auf das Spirituelle, das Soziale sowie das Ökonomische im

weitesten Sinne. Der Geborene hat es zu früheren Lebzeiten versäumt, im Rahmen seiner Ideen, seiner Lebensphilosophie und seiner Anschauungen das Prinzip des höheren Geistes und insbesondere das Christliche Prinzip zum Ausdruck zu bringen. Wir können
mit Sicherheit davon ausgehen, daß er im Hinblick auf die Kommunikation Defizite gehabt hat. Was er nun lernen muß, ist, auf einer
höheren Ebene mit anderen in Verbindung zu treten.

♋ ④ KREBS EINGESCHLOSSEN IM 4. HAUS,
♑ ⑩ STEINBOCK EINGESCHLOSSEN IM 10. HAUS:

Der Krebs eingeschlossen in 4 bedeutet, daß die Krebs-Eigenschaften
wie Wärme und die Herstellung einer Beziehung zur Öffentlichkeit
von besonderer Wichtigkeit sind. Das gilt aus dem Grund, daß Haus
4 vom Krebs regiert wird. Was Karma und Reinkarnation betrifft, war
zu früheren Lebzeiten die Weigerung gegeben, seinen Einfluß auf andere anzuerkennen. Wir dürfen nicht vergessen, daß sich der Krebs
zwischen den Zeichen Zwillinge und Löwe befindet, was diesen
Menschen prägt. Bei ihm war es so gewesen, daß er anderen kein in-
spirierendes Vertrauen eingeflößt hat, sondern sich vielleicht höchstens als eine Art Beichtvater präsentierte. Der Geborene hat sich entweder abseits von anderen gehalten und keinen positiven Einfluß
ausgeübt oder aber versucht, seine Umgebung zu beherrschen.

Wenn der Steinbock in 10 eingeschlossen ist, war in der Vergangenheit eine mangelnde Aufmerksamkeit dafür vorhanden, die
eigene Autorität und Position konstruktiv einzusetzen. Autorität
bringt Verantwortung mit sich. Um zu führen, braucht der Mensch
ein gut entwickeltes Verantwortungsgefühl – welches aber in der
Vergangenheit nicht gegeben war. Hier finden wir den Schützen an
der Spitze des 10. Hauses, was ein Ausdruck der Tatsache ist, daß
der Geborene Autorität nur deshalb gezeigt hat, um sich selbst und
seine Position ohne jede Rücksicht auf die Mitmenschen zur Gel-
tung zu bringen. Der Wassermann auf der anderen Seite des Stein-
bocks legt hier nahe, daß der humanitäre Aspekt nicht zum Ausdruck gebracht worden ist. Wir müssen uns immer vor Augen
halten, daß jedes Zeichen aus den Erfahrungen resultiert, die mit
dem vorhergehenden Zeichen verbunden sind, und daß jedes Zeichen das Fundament für das nachfolgende darstellt. Es handelt sich

also ständig um ein Stadium der Vorbereitung. Was die eingeschlossenen Zeichen betrifft, nehmen sie immer etwas von der Färbung der angrenzenden Zeichen an. Hier kann es allerdings zu Transformationen kommen – wobei die Betonung auf *kann* liegt. Wenn wir uns dessen bewußt werden, was wir in der Vergangenheit versäumt haben, können wir im aktuellen Leben mit harter Arbeit tatsächlich manches transformieren.

♋ ⑤   KREBS EINGESCHLOSSEN IM 5. HAUS,
♑ ⑪   STEINBOCK EINGESCHLOSSEN IM 11. HAUS:

Mit dem Krebs in eingeschlossener Stellung haben wir es beim 5. Haus insbesondere mit Liebesaffären, Kindern und Kreativität zu tun. Was beispielsweise die Liebesaffären betrifft, zeigt diese Stellung den Mangel von wahrer Zuneigung und Anteilnahme. Die Tendenz bestand hier möglicherweise darin, das andere Geschlecht zur persönlichen Befriedigung zu benutzen. Hat es zu Kindern eine wahre Verbindung gegeben? Ich möchte das sehr bezweifeln. Es dürfte sich auch um keine sehr inspirierende Art der Kreativität gehandelt haben. Kreativität muß Bestandteil der Arbeit des Künstlers beziehungsweise der Grund für seine Tätigkeit sein. Er muß etwas von sich in das «Kind» seiner kreativen Talente einbringen.

Der Steinbock ist hier in Haus 11 eingeschlossen. Das heißt, daß sich der Geborene in der Vergangenheit nicht darum bemüht hat, gute Beziehungen zu anderen zu begründen. Das ganze Leben ist aber auf Beziehungen ausgerichtet. So verkörpert zum Beispiel der Tierkreis unsere Beziehung zum Planeten Erde und auf einer höheren Ebene die Beziehung unseres Planeten zur Galaxis. Bei dem Menschen mit dieser Stellung war in der Vergangenheit nicht die Tendenz gegeben, auf eine offene Art an Kontakte beziehungsweise das Leben überhaupt heranzugehen. Es mangelte an Vertrauen, was den Ausdruck von Gefühlen in Beziehungen betraf. Der Geborene hat es daran fehlen lassen, sich mit anderen zu verbinden. Mit dem Steinbock-Einfluß hat er hier nicht erkannt, daß eine Verbindung zum Leben nur dann möglich ist, wenn Gefühle zum Ausdruck kommen. Die Aufgabe hätte darin bestanden, innere Freiheit unter Einschluß von Mitgefühl und Verständnis zu entwickeln. Die Emotionen sind dabei nicht einmal das Entscheidende.

♋ ⑥ **KREBS EINGESCHLOSSEN IM 6. HAUS,**
♑ ⑫ **STEINBOCK EINGESCHLOSSEN IM 12. HAUS:**

Der Krebs eingeschlossen in 6 zeigt, daß dieser Mensch keinen besonderen Wert darauf gelegt hat, anderen zu Diensten zu sein. Es handelte sich hier um eine zurückhaltende Persönlichkeit, die ihre seelischen Qualitäten nicht im Rahmen des alltäglichen Lebens zum Ausdruck gebracht hat. Dieser Mensch lehnte es ab, sich mit den sozialen Trends seiner Zeit und/oder mit den Bedürfnissen des kleinen Mannes zu identifizieren. Diese Krebs-Stellung hat mit der Vervollkommnung des Ich-Konzeptes zu tun, mit der Ernte unserer Erfahrungen in der materiellen Welt. Der Geborene weigerte sich aber, seine Erfahrungen im Zusammenhang mit den Emotionen zu betrachten.

Was den Steinbock eingeschlossen in 12 betrifft, ist zu bemerken, daß es um die Weigerung ging, das Konzept der Universalität oder Einstimmung auf alle Manifestationsformen des Lebens zur Vollendung zu bringen. Mit dem Steinbock wurden hier zu Lasten der seelischen Qualitäten die materiellen Faktoren in den Vordergrund gestellt. Es muß nun dazu kommen, daß dieser Mensch sein Bewußtsein entwickelt, sich über die Ebene des Materiellen und des Sicherheitsdenkens erhebt und die Realität des Spirituellen erkennt.

♋ ⑦ **KREBS EINGESCHLOSSEN IM 7. HAUS,**
♑ ① **STEINBOCK EINGESCHLOSSEN IM 1. HAUS:**

Krebs eingeschlossen im 7. Haus ist Ausdruck der Tatsache, daß sich der Geborene in der Vergangenheit zu wenig um andere gekümmert und zu wenig Rücksicht genommen hat. Dies galt für alle Beziehungen, die dieser Mensch einging. Möglicherweise war er seine Verbindungen nur deshalb eingegangen, um sich zu verwurzeln, aus dem Wunsch heraus, irgendwohin zu gehören. Auf der anderen Seite könnte es aber auch so gewesen sein, daß er das Bestreben hatte, die Blicke auf sich zu ziehen.

Wenn Steinbock das Zeichen ist, das eingeschlossen in 1 steht, bedeutet das, daß der Geborene in sich gekehrt war und Angst hatte, andere an sich heranzulassen. Es bestanden hier starke Vorbehalte, sich seinem Wesen gemäß zu zeigen, aus Angst, ausgenutzt zu werden. Es ist klar, daß wir es hier nicht mit einem Menschen zu tun haben, der sein Leben zu einem rauschenden Fest gemacht hat. Es handelt sich eher um einen Beobachter des Lebens als um einen aktiven Teilnehmer.

♋ [8] KREBS EINGESCHLOSSEN IM 8. HAUS,
♑ [2] STEINBOCK EINGESCHLOSSEN IM 2. HAUS:

Hier besteht ein Zusammenhang zu der esoterischen Interpretation des Mondes, dem Herrscher des Krebses. Der Mensch, der diese Stellung aufweist, hat es in der Vergangenheit versäumt oder abgelehnt, seine innerliche und äußerliche Persönlichkeit mittels der Suche nach Wahrheit zur Integration zu bringen. Er hat es weiterhin nicht geschafft, seine seelischen Qualitäten zu regenerieren – aus dem Grund, daß er diesen keinen besonderen Wert zugeschrieben hat. In esoterischer Hinsicht steht der Mond für den Sinn unseres Daseins. Das eingeschlossene Mondzeichen Krebs zeigt uns, daß es der Mensch in der Vergangenheit abgelehnt hat, seinem Daseinszweck gemäß der kosmischen Gesetze und Prinzipien gerecht zu werden.

Der Steinbock eingeschlossen in 2 steht für den Sachverhalt, daß materielle Werte nicht in spirituelle überführt worden sind. Bei dieser Stellung können wir davon ausgehen, daß es zur Weigerung kam, Gegenstände und Geld auf eine wirklich sinnvolle Weise zu benutzen. Es kam dem Geborenen mehr auf das Anhäufen und auf Sicherheit an statt auf den vernünftigen Umgang mit Dingen. Dabei spielte unzweifelhaft auch das Motiv des Prestiges eine Rolle sowie der Wunsch, von anderen aufgrund des Besitzes und der Stellung anerkannt zu werden.

♋ [9] KREBS EINGESCHLOSSEN IM 9. HAUS,
♑ [3] STEINBOCK EINGESCHLOSSEN IM 3. HAUS:

Wer den Krebs eingeschlossen in 9 hat, legte in der Vergangenheit wenig Wert darauf, auf einer breiten Basis Wissen zu erwerben. Weiterhin müssen wir davon ausgehen, daß der Geborene wenig Achtung für die Meinungen und Anschauungen seiner Mitmenschen hatte. Im Gegenteil: Anderen gegenüber wurden immer wieder Vorurteile deutlich. Wissen wurde aus reinem Selbstzweck erworben und nicht aus dem Motiv heraus, anderen etwas mitzuteilen oder eine Richtung für das Leben aufzuzeigen. Dieser Mensch hat es abgelehnt, sich vorbehaltlos dem Leben hinzugeben. Er weigerte sich weiterhin, die Meinung anderer zu respektieren.

Wenn Steinbock in 3 eingeschlossen ist, ist die konservative oder reservierte Einstellung dieses Zeichens das zentrale Thema. Vielleicht hat sich dieser Mensch dem Erwerb von höherem Wissen entzogen, weil es ihm wichtiger war, Dinge zu lernen, von denen er sich Sicherheit versprach. Das 3. Haus hat mit Kommunikation zu tun. Mit dem Steinbock eingeschlossen in diesem Haus war es so, daß das Wissen und die Fertigkeiten nicht mit anderen geteilt wurden. Der Geborene hat alles nur für sich selbst eingesetzt. Er hat nicht erkannt, daß alle Menschen Brüder sind und daß zwischen allen Menschen ein Zusammenhang besteht. Außerdem mangelte es ihm an Geduld und Verständnis für andere.

♋ ⑩ KREBS EINGESCHLOSSEN IM 10. HAUS,
♑ ④ STEINBOCK EINGESCHLOSSEN IM 4. HAUS:

Der Krebs eingeschlossen in Haus 10 ist ein Hinweis darauf, daß es um das Verhältnis zu Autoritäten und um die eigene Stellung im Leben geht. Als Reaktion auf das 4. Haus erhebt sich hier die Frage, welchen Einfluß wir auf andere haben. Der Krebs steht in 10 in dem Haus, welches vom Steinbock regiert wird, so daß wir es auch in diesem Fall mit einer Persönlichkeit zu tun haben, die in der Vergangenheit außerordentlich zurückhaltend war und die jede Ausstrahlung und Anziehungskraft vermissen ließ. Es wurde nur sehr wenig Aufmerksamkeit darauf gerichtet, auf welche Art es hier zu Fortschritten kam und ob diese möglicherweise zu Lasten von anderen gingen. Menschen, die ein Bewußtsein für andere haben, vermeiden es unter allen Umständen, ihre Umgebung zu verletzen – was aber in diesem Fall in der Vergangenheit nicht zutraf.

Der Steinbock eingeschlossen in Haus 4 steht für eine mangelhafte Verwurzelung im Leben und für die Tatsache, daß der Geborene nicht erkannte, daß er einen Einfluß auf seine Umgebung hatte. Aufgrund seiner Selbstbezogenheit war er hier viel zu sehr mit sich selbst beschäftigt. Es war ihm auch gleichgültig, wie andere ihn gesehen haben. Er legte des weiteren keinen Wert darauf, seinen Beitrag zur Lösung von allgemeinen Problemen zu leisten. Seine Welt bestand für ihn nur aus seiner unmittelbaren Umgebung, wobei er sich noch nicht einmal mit dieser identifiziert hat. Um es noch einmal zu sagen: Das Leben besteht aus Beziehungen und daraus, daß wir an etwas teilhaben.

♋ [11] KREBS EINGESCHLOSSEN IM 11. HAUS,
♑ [5] STEINBOCK EINGESCHLOSSEN IM 5. HAUS:

Mit dieser Krebs-Stellung ist verbunden, daß der Geborene seine Gefühle in den Beziehungen nicht zum Ausdruck gebracht hat. Die Beziehungen waren für ihn eher eine Sache der Form. Normalerweise bedeutet der Steinbock die Personifizierung der Welt und ihrer Probleme. Wenn wir aber einen Menschen vor uns haben, in dessen Horoskop der Krebs eingeschlossen in 11 steht, trifft dies nicht zu. Entweder hat sich diese Person im Hinblick auf Beziehungen sehr wählerisch gezeigt und wenig auf die Gefühle der anderen geachtet oder aber Kontakte gesucht, um andere zu beherrschen.

Steinbock eingeschlossen in 5 zeigt, daß sich der Mensch der Herausforderung, sich als kreatives Individuum zu beweisen, entzogen hat. Das Entscheidende im Hinblick auf Beziehungen und das Leben überhaupt war für ihn das Materielle und Konkrete. Veränderungen hat er soweit wie möglich vermieden. Wahrscheinlich war es auch so, daß er keine Chance ergriffen hat und auf keine neue Art aktiv geworden ist, wenn damit auch nur das geringste Risiko verbunden war.

Wir müssen uns nicht nur in unseren Beziehungen zu den Mitmenschen kreativ zeigen, sondern auch in unserer Herangehensweise an das Leben überhaupt. Kreativität ist nicht nur auf Kunst oder auf bestimmte Fertigkeiten beschränkt (allerdings kann eine künstlerische Beschäftigung einen fördernden Einfluß auf unsere Kreativität haben). All dies hat der Mensch mit dem Steinbock eingeschlossen in 5 nicht beachtet.

♋ 12 KREBS EINGESCHLOSSEN IM 12. HAUS,
♑ 6 STEINBOCK EINGESCHLOSSEN IM 6. HAUS:

Wir haben es hier damit zu tun, daß es zu früheren Lebzeiten nicht zur Verbindung mit dem Absoluten oder auch Göttlichen gekommen ist. Das spirituelle Element wurde in der Vergangenheit abgelehnt. Weiterhin hat dieser Mensch nicht erkannt, daß das Universum von Einheit durchdrungen ist. Er weigerte sich, Emotionen in einen Zustand zu transformieren, der Mitgefühl und Verständnis eingeschlossen hätte. Letzteres wäre wichtiger gewesen, als die Emotionen unmittelbar zum Ausdruck zu bringen. Der Geborene hat es versäumt, anderen selbstlos zu dienen – Dienst zu leisten um des Dienstes willen und nicht wegen des anerkennenden Schulterklopfens.

Mit dem Steinbock eingeschlossen in 12 war auch die Weigerung verbunden, die Bedürfnisse der Allgemeinheit anzuerkennen und für sie tätig zu werden. Dieser Mensch war sehr ungeduldig denen gegenüber, die in einer weniger glücklichen Lage als er waren. Weiterhin hat es hier an Besonnenheit gefehlt, was möglicherweise damit zu tun hatte, daß von falschen Voraussetzungen ausgegangen wurde. Diese Person hat es entweder abgelehnt oder aber nicht geschafft, das Ich-Konzept zur Vervollkommnung zu bringen. Voraussetzung dafür wäre gewesen, wirklich Anteil am Leben anderer zu nehmen. Es hätte die Möglichkeit dazu bestanden, den Mitmenschen etwas über die Bedeutung des Lebens mitzuteilen. Der Geborene hat sich aber geweigert, dies zu tun.

LÖWE / WASSERMANN

♌ ① LÖWE EINGESCHLOSSEN IM 1. HAUS,
♒ ⑦ WASSERMANN EINGESCHLOSSEN IM 7. HAUS:

Wenn das Zeichen Löwe im 1. Haus eingeschlossen ist, war einer der Bereiche, auf denen du dich in der Vergangenheit verweigert hast, der der Führerschaft. Wahrscheinlich hattest du das Potential deiner Persönlichkeit nicht ausgeschöpft und es deshalb in der Folge versäumt, dich als verantwortungsvoller und konstruktiver Führer zu zeigen. Eines der Gebiete, das mit der spirituellen Entwicklung der Menschheit zusammenhängt, ist das des Umgangs mit Autorität und Führungseigenschaften. In dieser Beziehung gibt es Stolz und falschen Stolz, wobei du in der Vergangenheit nicht erkannt hast, was was ist.

Eine der Eigenschaften, die du im Rahmen deiner Persönlichkeit hättest zur Entwicklung bringen sollen, war die der Demut, womit aber keine Unterwürfigkeit und kein Kriechertum gemeint ist. In der Vergangenheit hättest du eine Persönlichkeit entwickeln sollen, die dich unter den Menschen zu einem Führer gemacht hätte. Es wäre gut gewesen, wenn du von einer übergeordneten Position aus Einfluß auf andere ausgeübt hättest – es wäre dir angemessen gewesen, die Fäden an dich zu ziehen und die Aktivitäten zu lenken. Das Löwe-Zeichen hat immer mit dem Ego zu tun.

Mit dem Ego meinen wir hier aber nicht etwas, was auf Dünkel-haftigkeit oder Einbildung beruht, sondern eine Bewußtheit sei-ner selbst. Dies hängt damit zusammen, daß es das Ego ist, durch welches wir uns im Leben zum Ausdruck bringen. Der Einsatz des Egos im Rahmen der Erfahrungen unseres Lebens hat Einfluß auf unsere Seele, weil auf diese Art unsere seelischen Eigenschaften stimuliert werden. All dies hat der Mensch in der Vergangenheit nicht erkannt.

Mit dieser Löwe-Stellung ist auch verbunden, daß dir die Gefüh-le deiner Mitmenschen in der Vergangenheit gleichgültig waren. Wenn Löwe eingeschlossen ist, mußt du über das Wassermann-Zei-chen nach Ausgewogenheit suchen – die Wassermann-Eigenschaft der Humanität ist ein Ausgleich für die löwehafte Ignoranz der Ge-fühle der Mitmenschen.

Der Wassermann eingeschlossen in Haus 7 zeigt, daß Beschrän-kungen hinsichtlich des Wir-Konzeptes bestanden. Dies war des-halb der Fall, weil du das allumfassende Muster der Menschlichkeit nicht in dich aufgenommen hast. Du hast dieses höchstens auf dei-ne unmittelbare Umgebung angewendet und aller Wahrscheinlich-keit nach auch nicht die uranischen Prinzipien der Weisheit und der Harmonie sowie das Christliche Prinzip gelebt. Wassermann einge-schlossen an dieser Stelle ist ein Beleg dafür, daß keine umfassende Perspektive auf das Leben gegeben war. Auch hier wurde nur regi-striert, was sich in der unmittelbaren Umgebung abspielte. Du hät-test dein Interesse aber über deinen unmittelbaren Bekanntenkreis hinaus auf das Leben in seiner Gesamtheit und auf die Partner-schaften mit allen Manifestationsformen des Lebens richten sollen.

♌ ② LÖWE EINGESCHLOSSEN IM 2. HAUS,
♒ ⑧ WASSERMANN EINGESCHLOSSEN IM 8. HAUS:

Löwe eingeschlossen in Haus 2 bedeutet, daß du in der Vergangen-heit den Wert des Egos nicht anerkannt hast. Des weiteren hast du sehr wenig Wert auf die Entwicklung eines Sinns für Kreativität ge-legt. Es bestanden für dich ohne jeden Zweifel viele Möglichkeiten, kreativ zu sein, die du aber nicht genutzt hast. Um hier noch einmal auf das Moment der Führerschaft zu kommen: Eingeschlossen be-deutet der Löwe, daß du es versäumt hast, eine Führungsposition

einzunehmen. Ein gutes Beispiel hierfür wäre, daß du in einem Komitee, in einer Aktionsgemeinschaft oder Organisation oder bei
einer Kampagne die Stellung eines Vorsitzenden hättest bekleiden
sollen, du aber jemand anderem die Verantwortung zugeschoben
hast. Gelegentlich kann diese Löwe-Stellung auch anzeigen, daß
der Mensch im Hinblick auf die wichtigen sowie die weniger wichtigen Werte nicht über eine angemessene Herangehensweise verfügte.

Der Wassermann eingeschlossen in Haus 8 zeigt, daß dir die
höheren Konzepte nichts bedeutet haben. Der Mensch hat schon
immer nach Wahrheit gesucht – die Tatsache, daß Wassermann hier
eingeschlossen ist, bringt zum Ausdruck, daß dir aufgrund von unzulänglichen Wertvorstellungen die Suche nach Wahrheit gleichgültig war. Der Mensch ist bestrebt, den Schleier des Unbekannten zu
lüften. In diesem Fall aber haben wir es eher mit einer Art Nicht-
Neugier zu tun. Der Geborene hatte kein besonderes Interesse an
den höheren Wahrheiten und an der Entwicklung von Spiritualität.
Er hat die philosophischen und intellektuellen Aspekte des Lebens
der materiellen Sicherheit geopfert.

♌︎ ③ LÖWE EINGESCHLOSSEN IM 3. HAUS,
≈ ⑨ WASSERMANN EINGESCHLOSSEN IM 9. HAUS:

Das Löwe-Zeichen eingeschlossen im 3. Haus ist ein Beleg dafür,
daß hinsichtlich der Kommunikation keine führende Rolle angestrebt wurde. Du hättest der auskunftsfreudige Mensch sein können, der sein Wissen und seine Erfahrungen vorbehaltlos mit anderen teilt. Vielleicht haben ein zu großer Stolz oder auch eine
Neigung zur Introversion das verhindert. Der Löwe hat weiterhin
mit Kreativität zu tun: Wie kreativ hast du dich in deiner Kommunikation, in der Wahrnehmung deiner selbst und in deiner Identifikation mit anderen gezeigt? Diese Stellung legt nahe, daß du das Ich-
Konzept nicht zur Vollendung gebracht und keine Identifikation mit
deinem Selbst erzielt hast. Der Zweck der Erfahrungen des Lebens,
wie sie durch das Horoskop dargestellt sind, liegt darin, jedem
Quadranten gerechtzuwerden und eine ausgewogene Beziehung
zwischen den gegenüberliegenden Quadranten herzustellen. Der
Löwe eingeschlossen in 3 ist ein Hinweis darauf, daß du dies nicht

geschafft hast. Auch im Hinblick auf das Ziel, das dem 1. Quadranten entspricht, hast du keinen Erfolg gehabt.

Wenn der Wassermann in 9 eingeschlossen ist, hat das eine enorme Bedeutung. Es geht hier um das höhere Selbst, um den höheren Geist und um das Christliche Prinzip. Wir haben es in diesem Fall in erster Linie mit der Ablehnung mentaler Qualitäten zu tun, zu welcher es in der Vergangenheit kam. Dein Geist schlief sozusagen; er hatte nicht die Möglichkeit, sich frei zu entfalten. Du hast zu früheren Lebzeiten keinen Wert auf intellektuelle Tätigkeiten gelegt und möglicherweise auch philosophische oder psychologische Herangehensweisen zugunsten von «praktischen» Erwägungen zurückgestellt – womit du das Spirituelle dem Materiellen opfertest. Das 9. Haus steht für die Vollendung des Wir-Konzeptes, und in diesem Fall ist das Ziel der Ausgewogenheit verfehlt worden. Der Wassermann steht für humanitäre Aktivitäten, und mit dem Wassermann eingeschlossen in 9 hat es der Mensch in der Vergangenheit abgelehnt, sich mit den anderen Einheiten des Lebens zu verbinden. Weiterhin war es hier nicht zur Identifikation mit dem höheren Geist gekommen, welcher ein Kanal für den kosmischen Geist und den kosmischen Einfluß überhaupt ist.

♌ ④ LÖWE EINGESCHLOSSEN IM 4. HAUS,
♒ ⑩ WASSERMANN EINGESCHLOSSEN IM 10. HAUS:

Mit dem Löwen eingeschlossen in dieser Stellung hast du in der Vergangenheit nicht den Versuch unternommen, das Ich-Konzept zur Vollendung zu bringen. Das hatte seinen Grund darin, daß du dir deines Selbstes beziehungsweise der Art, wie du andere beeinflußt, nicht bewußt gewesen bist. Du hattest nicht den Ehrgeiz, deine Spuren in der Geschichte zu hinterlassen – was aber unser Ziel sein sollte. Wenn der Löwe in 4 eingeschlossen ist, zeigt das, daß du dir wenig Gedanken über deinen Beitrag zum Leben sowie zur Unterstützung der anderen gemacht hast. Du warst auf dich selbst bezogen und hast dein Selbst nicht auf deine Mitmenschen ausgeweitet. Es mangelte dir an Einfühlungsvermögen für die Lage anderer. Wenn du einmal einen Dienst geleistet hattest, spielte für dich die ausschlaggebende Rolle dabei, welche Vorteile dir daraus erwuchsen. Du hast hier nicht, wie es eigentlich sein sollte, Selbstlosigkeit bewiesen, sondern überlegt, wie du zu Anerkennung kommen konntest.

Der Wassermann eingeschlossen in 10 ist ein Beleg dafür, daß du dich mit umfassenden humanitären Bewegungen hättest verbinden können, dies aber nicht getan hast. Was die Entwicklung einer größeren Perspektive angeht, können wir sagen, daß dein Einfluß auf die öffentliche Meinung nur gering war. Wir haben es hier mit dem Haus der Werbung, der öffentlichen Proklamationen sowie der Autorität zu tun. Es handelte sich in diesem Fall in der Vergangenheit um die Weigerung, Techniken zu entwickeln, mit denen du das Denken der Menschen hättest beeinflussen können. So ist es dann nicht zu Veränderungen auf sozialem, politischem, ökonomischem oder religiösem Bereich gekommen.

♌︎ [5]   LÖWE EINGESCHLOSSEN IM 5. HAUS,
♒︎ [11]   WASSERMANN EINGESCHLOSSEN IM 11. HAUS:

Wenn der Löwe im 5. Haus eingeschlossen ist, hat sich dies auf das Verhältnis zu Kindern, auf Liebesaffären und auf Kreativität bezogen. Am Löwen können wir hier ablesen, daß du es versäumt hast, Kreativität zu entwickeln – was den Umgang mit anderen betrifft oder auch nur für deine Gedanken gilt. Weiterhin ist davon auszugehen, daß du deiner Verantwortung Kindern gegenüber nicht gerechtgeworden bist. Was Affären angeht, ist hiermit angezeigt, daß du keine Rücksicht auf die Gefühle deiner Partner genommen hast. Du warst ein Mensch, der seine Wünsche bedingungslos ausgelebt hat, unabhängig davon, worauf sich dies bezog.

Der Wassermann eingeschlossen steht hier für die Weigerung, tatsächlich in Kontakt zu anderen zu kommen. Deine Beziehungen hätten auf dem Ideal der Brüderlichkeit und der Universalität beruhen sollen. Statt dich mit der Menschheit insgesamt zu verbinden, hast du dich sehr wählerisch in deinen Beziehungen gezeigt und nur solche Kontakte geknüpft, in denen gemeinsame Interessen gegeben waren. Weiterhin können wir an dieser Stellung ablesen, daß du es versäumt hast, dich auf die Vollendung des Wir-Konzeptes vorzubereiten – welche durch das 12. Haus angezeigt ist.

♌ 6️⃣ LÖWE EINGESCHLOSSEN IM 6. HAUS,
♒ 12️⃣ WASSERMANN EINGESCHLOSSEN IM 12. HAUS:

Mit dieser Löwe-Stellung hat es der Mensch in der Vergangenheit abgelehnt, anderen zu Diensten zu sein. Er hätte in dieser Beziehung freiwillig und uneigennützig von sich aus tätig werden sollen, war aber immer auf öffentliche Anerkennung aus. Mit anderen Worten: Es gab hier in der Vergangenheit einige Probleme. Der Löwe eingeschlossen in 6 zeigt, daß wenig Neigung bestand, sich mit der Allgemeinheit zu identifizieren. Es fiel diesem Menschen auch schwer, sich mit seinen Mitarbeitern oder Untergebenen zu arrangieren. Das könnte seine Ursache in dem Stolz und den dominierenden Eigenschaften gehabt haben, die mit diesem Zeichen verbunden sind. Mit dem Löwen eingeschlossen in 6 waren in der Vergangenheit viele Chancen gegeben, um hinsichtlich der Allgemeinheit oder der Mitarbeiter eine führende Rolle einzunehmen. Dieser Mensch aber hat seine Aufmerksamkeit in einem zu starken Maße auf sich statt auf das Wohlergehen der anderen gerichtet.

Mit dem Wassermann ist in diesem Fall der Sachverhalt verbunden, daß es um die Vervollkommnung des Ich-Konzeptes geht. Hier handelt es sich um die Ernte der Erfahrungen des Lebens. In der Vergangenheit hat es der Geborene versäumt, das Ich zur Vollendung zu bringen. Sein Ich war und blieb auf ihn selbst bezogen. Für ihn stand sein Ego im Mittelpunkt – nicht das Verhalten als Individuum, das sich selbst als Bestandteil des Lebens ansieht und sich darum bemüht, anderen zu Diensten zu sein. Wenn der Wassermann in Haus 12 steht, ist das von großer Bedeutung, aufgrund der Tatsache, daß wir es hier mit der Seele, dem Karma, der inneren Persönlichkeit, Spiritualität, der spirituellen Initiation sowie der Vervollkommnung des Wir-Konzeptes zu tun haben.

♌ 7️⃣ LÖWE EINGESCHLOSSEN IM 7. HAUS,
♒ 1️⃣ WASSERMANN EINGESCHLOSSEN IM 1. HAUS:

Das Zeichen Löwe eingeschlossen in 7 hat damit zu tun, daß wir es in der Vergangenheit versäumt haben, wahre Spiritualität und wahre Brüderlichkeit zum Ausdruck zu bringen. Du hast es nicht fertiggebracht, dich als Bestandteil des All-Umfassenden zu sehen und dich nicht auf dieses eingestimmt. In der Folge dessen war es dir nicht gegeben, Universalität und Einheit zu erfahren. Über den Wassermann regiert Uranus, was auf der esoterischen Ebene heißt, daß das höhere Selbst ins Spiel kommt. Das höhere Selbst ist die Essenz der Seele beziehungsweise unser Geist. Hierbei handelt es sich um die kosmische Substanz, welche unsere Wurzeln darstellt. Du hast es in der Vergangenheit versäumt, dies anzuerkennen und in deinem Leben zum Ausdruck zu bringen. Weiterhin hast du es nicht geschafft, dein Selbst zu spiritualisieren – es war dir nicht gegeben, eine spirituelle Initiation zu erleben. Wir haben es in diesem Fall mit der Weigerung zu tun, das Wir-Konzept zur Vollendung zu bringen, weil das Ich im Vordergrund stand. Der alte esoterische Spruch «Alles aufgeben heißt, alles zu gewinnen» wurde in der Vergangenheit nicht beherzigt. Wenn der Löwe in 7 eingeschlossen ist, läßt dies vermuten, daß du deine Partnerschaft nicht positiv gestaltet hast, gleichgültig, ob es sich dabei um die Ehe, den Beruf oder um das Leben überhaupt handelte. Es fehlte dir hier am richtigen Konzept, was die Gefühle deiner Mitmenschen betraf. Die Autorität und die Kraft, die mit diesem Zeichen verbunden sind, kamen in der Vergangenheit aus dem Löwen statt durch den Löwen zur Wirkung.

Wenn der Wassermann in 1 eingeschlossen steht, zeigt dies, daß es hinsichtlich der Entwicklung Mängel gegeben hat. Du hattest große Chancen gehabt, eine Persönlichkeit zu entwickeln, welche allen Beziehungen zum Leben gerecht geworden wäre. Du hättest ein großer Humanist sein können. Aber anstatt zu geben, hast du dich darauf beschränkt zu nehmen. Du hast es abgelehnt, die Wassermann-Prinzipien der Harmonie und Weisheit zum Ausdruck zu bringen. Der Wassermann sollte als Persönlichkeit in die Welt treten und ein Hinweis auf die Zukunft sein. Was den Menschen betrifft, der diese Stellung im Horoskop hat: Für ihn galt die Neigung, an der Vergangenheit festzuhalten, was ihm in seinem Wesen überhaupt nicht entsprach. Weiterhin ist hiermit angezeigt, daß ein Mangel an Selbstdisziplin herrschte. Du hast es versäumt, deine Persönlichkeit frei zum Ausdruck zu bringen.

♌ 8 LÖWE EINGESCHLOSSEN IM 8. HAUS,
♒ 2 WASSERMANN EINGESCHLOSSEN IM 2. HAUS:

Hier bezieht sich die Weigerung, eine Führungsposition einzunehmen, auf den Bereich der Suche nach Wahrheit, auf die Metaphysik und auf die Astrologie. Es könnte sein, daß deine Anteilnahme an der Welt auf einer Ego-Zentriertheit beruhte – daß es dir Genugtuung bereitete, als jemand angesehen zu werden, der über ein großes Wissen verfügte oder der Autorität verkörperte. Du hast es aber daran fehlen lassen, im Hinblick auf die Wahrheit Werte zu entwickeln. Es war dir nicht möglich – oder widerstrebte dir –, die Wahrheit in deinem Wesen zu reflektieren.

Der Wassermann eingeschlossen in 2 zeigt, daß du die Entwicklung von geistigen Werten abgelehnt hast. Ideale wie Brüderlichkeit oder Spiritualität waren dir gleichgültig, und was deine Mitmenschen dachten oder meinten, spielte für dich nicht die geringste Rolle. Deine Werte waren eher materieller denn spiritueller Natur. Insofern handelte es sich auch hier um die Opferung der spirituellen Werte zugunsten des Materiellen.

♌ 9 LÖWE EINGESCHLOSSEN IM 9. HAUS,
♒ 3 WASSERMANN EINGESCHLOSSEN IM 3. HAUS:

Wenn wir im Horoskop den Löwen eingeschlossen in Haus 9 haben, können wir daran ablesen, daß der Erwerb von Wissen in der Vergangenheit ausschließlich auf intellektueller Neugier beruhte. Du hast dich in diesem Fall geweigert, deine Erkenntnisse und Erfahrungen mit anderen zu teilen. Dein Wissen war nur eine Widerspiegelung des Löwen – statt daß der Löwe eine Widerspiegelung deines Wissens oder deiner Weisheit gewesen wäre. Auf Weisheit hast du keinen Wert gelegt (Weisheit ist die Anwendung von Wissen auf das Leben). Du hast es daran fehlen lassen, die Meinungen und Gedanken der anderen zu berücksichtigen und zu respektieren, was eine Begrenztheit deines Geistes bedeutete. Mit dieser Stellung ist schließlich noch angezeigt, daß der Mensch in der Vergangenheit keine angemessene Lebensphilosophie entwickelt hat.

Wenn Wassermann in 3 eingeschlossen ist, können wir daraus entnehmen, daß du im Rahmen deiner Kommunikation die Prinzipien der Brüderlichkeit, Universalität und Spiritualität nicht zum Ausdruck gebracht hast. Weiterhin ist angezeigt, daß du deine diesbezüglichen Kenntnisse – wenn sie denn vorhanden waren – nicht mit anderen teiltest. Wir müssen hier davon ausgehen, daß du keine dieser Qualitäten entwickelt hast und daß du keinen Wert darauf legtest, dich mit diesen zu identifizieren.

♌︎ [10] LÖWE EINGESCHLOSSEN IM 10. HAUS,
♒︎ [4] WASSERMANN EINGESCHLOSSEN IM 4. HAUS:

Wenn der Löwe im 10. Haus eingeschlossen steht, zeigt uns das, daß der Geborene keine übergeordnete Stellung anstrebte, sondern sich lieber im Hintergrund hielt. Es war ihm möglicherweise lieber, niedere Positionen zu bekleiden statt Verantwortung für Entscheidungen und für die Mitmenschen zu übernehmen. Möglicherweise hat er Angst vor Autorität gehabt, weil er nicht wußte, wie er mit dieser umgehen sollte. Unter Umständen hat es in dieser Beziehung in der Vergangenheit auch einen Minderwertigkeitskomplex gegeben.

Der Wassermann eingeschlossen in 4 ist dagegen ein Beleg dafür, daß es der Geborene vom Standpunkt der Harmonie, der Weisheit, der Liebe oder des Humanismus aus abgelehnt hat, andere auf eine konstruktive Weise zu beeinflussen. Vielleicht war er einer dieser zurückgezogen lebenden Intellektuellen, die sich nicht darüber im klaren sind, daß Wissen Verantwortung bedeutet. Wissen muß auf das Leben angewendet und mit anderen geteilt werden; es muß dazu dienen, anderen den Sinn des Lebens aufzuzeigen. Wenn der Wassermann in 4 eingeschlossen ist, hat die Person dies in der Vergangenheit nicht berücksichtigt.

♌︎ [11] LÖWE EINGESCHLOSSEN IM 11. HAUS,
♒︎ [5] WASSERMANN EINGESCHLOSSEN IM 5. HAUS:

Mit dem Löwen eingeschlossen in Haus 11 ist verbunden, daß du im Rahmen deiner Beziehung mit anderen keine Bescheidenheit und Anteilnahme zum Ausdruck gebracht hast. Du hättest im sozialen Leben eine Führungspersönlichkeit sein und – als Reaktion auf das 5. Haus – viel Kreativität bei diesbezüglichen Aktivitäten beweisen können. Diese Stellung zeigt aber, daß es dir bei deiner Beziehung zum Leben darauf ankam, dein Selbst zu präsentieren (aufgrund der Tatsache, daß der Löwe immer im Mittelpunkt des Interesses stehen möchte). Vielleicht wäre es manchmal besser gewesen, wenn du dich mit einem Platz in der zweiten Reihe zufriedengegeben hättest. Welche Auswirkungen mit Führerschaft einhergehen, war dir nicht bewußt gewesen.

Der Wassermann eingeschlossen in 5 zeigt, daß du aus humanitärer Sicht außerordentlich kreativ hättest sein können. In intellektueller Hinsicht gab es für dich keine Grenzen. Du hast möglicherweise alles untersucht, was es zu untersuchen gab. Der Fortschritt der Welt geht auf diejenigen zurück, die weiterzudenken wagen, auf diejenigen, die Kreativität zum Ausdruck bringen und sich vorstellen, was sein kann. In unserem Fall müssen wir davon ausgehen, daß der Mensch sich geweigert hat, dies zu tun. Die Lebensphilosophie dürfte hier gewesen sein: »Laß doch alles so, wie es ist.« Mit anderen Worten: Dir hat es gereicht, dich mit dem Bestehenden zu arrangieren – was dir ein Gefühl der Sicherheit verschaffte. Spekulationen über das, was sein konnte, behagten dir nicht.

♌ ⑫   LÖWE EINGESCHLOSSEN IM 12. HAUS,
♒ ⑥   WASSERMANN EINGESCHLOSSEN IM 6. HAUS:

Wir haben es hier mit Karma und der Seele zu tun. In diesem Fall müssen wir mit dem Löwen in eingeschlossener Stellung davon ausgehen, daß du es mit deinem Ego abgelehnt hast, dich mit dem Karma sowie mit deinen seelischen Qualitäten in ihrer Gesamtheit zu identifizieren. Statt dich selbst als ein Sandkorn am Strand zu sehen, hattest du das Gefühl, der Strand zu sein. Du hast es nicht geschafft, den Prinzipien der Universalität, der Brüderlichkeit, der wahren Spiritualität sowie dem Wir-Konzept gerecht zu werden.

Der Wassermann eingeschlossen in 6 ist ein Indiz dafür, daß du es nicht fertiggebracht hast, am Leben teilzunehmen. Die allgemeinmenschlichen Belange haben dich nicht interessiert. Die Trends deiner Zeit waren dir gleichgültig, und du hast es abgelehnt, das Ich-Konzept im Rahmen der Allgemeinheit sowie der Menschlichkeit überhaupt zum Ausdruck zu bringen (letzteres als Reaktion auf das 12. Haus). Es fehlte deinem Leben an Harmonie und an der

180

Bereitschaft, etwas für andere zu tun. Das Wichtigste aber war, daß du das Christliche Prinzip und den höheren Geist nicht im Rahmen von Dienstbereitschaft an anderen in dein Leben integriert hast.

JUNGFRAU / FISCHE

♍ ① JUNGFRAU EINGESCHLOSSEN IM 1. HAUS,
♓ ⑦ FISCHE EINGESCHLOSSEN IM 7. HAUS:

Das Zeichen Jungfrau eingeschlossen in 1 ist ein Ausdruck der Tatsache, daß du in der Vergangenheit deine Persönlichkeit nicht auf ernsthafte Weise zur Entwicklung gebracht hast, sondern eher ein oberflächliches Verhalten zeigtest. Du hast es versäumt, Unterscheidungsvermögen zu beweisen, was Beziehungen betrifft. Weiterhin war ein Mangel an Geduld und der Bereitschaft vorhanden, anderen zu Diensten zu sein. Die Jungfrau in 1 bedeutet hinsichtlich der Persönlichkeit die Befähigung zu lehren. Weil wir es aber mit der eingeschlossenen Stellung zu tun haben, war dies in der Vergangenheit nicht der Fall gewesen.

Hier stehen die Fische eingeschlossen in Haus 7, was Ausdruck der Tatsache ist, daß du deiner Verantwortung anderen und dem Leben gegenüber nicht gerechtgeworden bist. Du hast es versäumt, Mitgefühl und Verständnis in deinem Wesen zum Ausdruck zu bringen, und es mangelte dir an Aufmerksamkeit und Anteilnahme für deine Mitmenschen. Die Fische haben mit Spiritualität zu tun. Mit dieser Stellung ist davon auszugehen, daß du nicht den Versuch unternommen hast, zu einem ganzheitlichen spirituellen Wesen zu werden. Du hast dich in der Vergangenheit nur wenig mit den Idealen der Brüderlichkeit und der Universalität beschäftigt.

♍ ② JUNGFRAU EINGESCHLOSSEN IM 2. HAUS,
♓ ⑧ FISCHE EINGESCHLOSSEN IM 8. HAUS:

Mit der Jungfrau eingeschlossen in 2 ist die Tatsache verbunden, daß es dir in der Vergangenheit an Unterscheidungsvermögen zwischen den wichtigen und den unwichtigen Werten des Lebens gefehlt hat. Es könnte so gewesen sein, daß du dich zu stark auf die banalen und nichtigen Dinge des Alltags konzentriert hast und dir dabei entging, was wirklich wichtig war. Vielleicht gründeten sich deine Wertvorstellungen auch auf eine oberflächliche Einschätzung deinerseits, ohne jeden Versuch, sie in etwas Höheres oder wirklich Bedeutungsvolles zu überführen.

Wenn die Fische im 8. Haus eingeschlossen sind, können wir daran ablesen, daß du keine Verantwortung dem Leben gegenüber übernommen hast und daß es dir nicht wichtig war, etwas über den zugrundeliegenden Sinn des Lebens in Erfahrung zu bringen. Du hattest ein Talent für die metaphysischen Lehren beziehungsweise für die Lehren der höheren Wahrheiten – was du allerdings entweder nicht wußtest oder nicht wissen wolltest. Aufgrund dessen sind diese Prinzipien in deinem Leben nicht zum Ausdruck gekommen. Es könnte auch so gewesen sein, daß du sehr viel Wissen über diese Gesetze und Prinzipien erworben hattest, dieses aber wegen der fischehaften Passivität nicht nach außen hin zum Ausdruck brachtest.

♍ ③ JUNGFRAU EINGESCHLOSSEN IM 3. HAUS,
♓ ⑨ FISCHE EINGESCHLOSSEN IM 9. HAUS:

Mit der Jungfrau eingeschlossen in 3 ist angezeigt, daß der Geborene Bildung beziehungsweise Erziehung nicht hoch eingeschätzt hat. Dieser Mensch hat sich wahrscheinlich nicht besonders darum bemüht, Wissen zu erwerben. Falls letzteres nicht zutreffen sollte, hat es daran gemangelt, die Kenntnisse mit anderen zu teilen. Es könnte aber auch so gewesen sein, daß der Geborene seine Zeit für sinnlose Studien verschwendet hat oder daß ihm die Lorbeeren, die er sich vom Wissenserwerb versprach, wichtiger waren als jede praktisch verwertbare Fertigkeit. Im Hinblick auf die Kommunikation mit den Mitmenschen ist es zu großen Problemen gekommen. Die Jungfrau steht hier am Ende des 1. Quadranten. Insofern geht es darum, daß der Mensch in der Vergangenheit sich seiner selbst nicht bewußt geworden ist und sich nicht mit anderen identifiziert hat, wie es Merkur als Herrscher des 3. Hauses entsprochen hätte.

Die Fische eingeschlossen im 9. Haus zeigen, daß der Mensch die höhere Bildung und den Einsatz des höheren Geistes abgelehnt und keine angemessene Lebensphilosophie zum Ausdruck gebracht hat. Hiermit ist angezeigt, daß in dieser Hinsicht eine zu passive Haltung bestand. Dieser Mensch hat sich nicht genügend angestrengt, was den 3. Quadranten und die Vervollkommnung des Wir-Konzeptes betrifft. Weiterhin war es ihm nicht gelungen, sich mit dem Leben in all seinen Manifestationsformen zu identifizieren. Wenn er sich in der Vergangenheit doch mit dem höheren Geist, mit der höheren Bildung oder mit dem Christlichen Prinzip auseinandergesetzt hat, ist davon auszugehen, daß es an der Anwendung der Erkenntnisse auf das Leben gemangelt hat. In diesem Fall bestand die Weigerung, andere an den Gedanken teilhaben zu lassen.

♍ ④ JUNGFRAU EINGESCHLOSSEN IM 4. HAUS,
♓ ⑩ FISCHE EINGESCHLOSSEN IM 10. HAUS:

Mit der Jungfrau eingeschlossen in Haus 4 hast du in der Vergangenheit keine Dienstbereitschaft zum Ausdruck gebracht – was damit zusammenhängt, daß das 4. Haus zeigt, wo wir anderen zu Diensten sein sollten und welchen Einfluß wir damit ausüben können. Du hast es daran fehlen lassen, dein aurisches Feld auf eine Weise zu entwickeln, von der jeder in deiner Umgebung hätte profitieren können. Das 4. Haus verlangt immer viel Verständnis und Geduld im Umgang mit anderen, und hierzu ist zu sagen, daß dies in der Vergangenheit nicht gerade eine charakteristische Eigenschaft von dir war. Eine andere Frage wäre die, ob du Mitmenschen, die dich um Hilfe baten, erfolgreich beraten konntest oder nicht.

Hier sind die Fische eingeschlossen in 10. Dies steht für das Versäumnis in früheren Leben, Autorität auf angemessene Weise einzusetzen. Vielleicht bist du früher ein Priester, ein Politiker oder jemand gewesen, der in anderer Beziehung eine herausragende Position innehatte. Das wird durch das eingeschlossene Fische-Zeichen in 10 angezeigt – ebenfalls angelegt ist aber hiermit, daß du die Pflichten, die diese Rolle mit sich brachte, nicht effektiv erfüllt hast. Es wäre auch denkbar, daß du in der Vergangenheit sehr wenig Ehrgeiz hattest. Mit dieser Stellung müssen wir unser Augenmerk auf den außerordentlich wichtigen Sachverhalt lenken, daß das MC der Bereich ist, in dem der Mensch Unterstützung durch den Kosmos erfährt. Die Fische als Indiz für entwickelte Spiritualität wären hier der Hinweis darauf, daß du nicht der Kanal gewesen bist, durch den die Menschheit in Kontakt mit den kosmischen Energien kommen konnte. Es geht hier um das kosmische Muster im Hinblick auf die Evolution des Planeten Erde.

♍ ⑤ JUNGFRAU EINGESCHLOSSEN IM 5. HAUS,
♓ ⑪ FISCHE EINGESCHLOSSEN IM 11. HAUS:

Wir haben es bei dieser Jungfrau-Stellung damit zu tun, daß der Mensch in der Vergangenheit seine Kreativität nicht zur Entwicklung gebracht hat. Kreativität bezieht sich entweder auf die Kunst oder aber auf die Beziehungen zu anderen. Die Jungfrau eingeschlossen in 5 kann bedeuten, daß wir uns in früheren Leben anderen auf eine eher oberflächliche Weise näherten oder daß wir hinsichtlich künstlerischer Betätigungen einen pseudo-intellektuellen Ansatz hatten. Die künstlerischen Fähigkeiten beziehen sich bei der Jungfrau mehr auf das Schreiben als auf das Malen oder auf die Bearbeitung von Gegenständen. Weil das 5. Haus vom Löwen beherrscht wird, könntest du in der Vergangenheit vielleicht mit Dramen oder mit dem Theater zu tun gehabt haben, wobei davon auszugehen ist, daß es der Aspekt des Glanzes war, der dir die meiste Befriedigung verschaffte. Vielleicht hat es dir auch an Geduld Kindern gegenüber gefehlt, und möglicherweise hast du im Hinblick auf deine Liebespartner wenig Scharfblick bewiesen. Der mit der Jungfrau verbundene Aspekt der Kritik kann hier in allen Bereichen, die mit dem 5. Haus zu tun haben, zum Tragen kommen.

Hier finden wir das Zeichen Fische eingeschlossen im 11. Haus, was ein Ausdruck der Tatsache ist, daß du in früheren Leben nicht

185

dazu in der Lage warst, angemessene Beziehungen zu deinen Mitmenschen herzustellen. Dein gesellschaftliches Leben war in erster Linie von Oberflächlichkeit gekennzeichnet. Auf Freundschaft als solche hast du nur sehr wenig Wert gelegt. Du warst möglicherweise nur ein «Freund für gute Stunden». Als Reaktion auf das Jungfrau-Zeichen bedeuten die Fische hier, daß es dir an Unterscheidungsvermögen im Hinblick auf deine Freunde mangelte.

♍ ⑥   JUNGFRAU EINGESCHLOSSEN IM 6. HAUS,
♓ ⑫   FISCHE EINGESCHLOSSEN IM 12. HAUS:

Wenn wir die Jungfrau eingeschlossen in Haus 6 finden, ist davon auszugehen, daß der Mensch die Qualität der Dienstbereitschaft nicht zum Ausdruck gebracht hat. Die Jungfrau neigt dazu, sich sehr mit der Gesundheit zu beschäftigen. Bei der eingeschlossenen Stellung in Haus 6 hat sich der Mensch in der Vergangenheit möglicherweise überhaupt nicht um seinen Körper und um seine Gesundheit gekümmert (was dem normalen Verhalten der Jungfrau vollkommen widerspricht). Die Jungfrau steht hier am Ende des 2. Quadranten, welcher mit der Vervollkommnung des Ich-Konzeptes zusammenhängt. Das Ich kann nur dann vervollkommnet werden, wenn es im Rahmen der Lebenserfahrungen zum Ausdruck kommt. An letzterem hat es diesem Menschen gefehlt. Er hat sich nicht darum bemüht, sein Selbst nach außen hin auf angemessene Weise zum Ausdruck zu bringen, mit der Folge, daß es im aktuellen Leben nur eine sehr kümmerliche Ernte geben wird. Mit dieser Stellung ist auch noch einmal die Fähigkeit zu lehren angesprochen. Möglicherweise hat der Geborene hierzu die vielfältigsten Gelegenheiten gehabt, ist aber seiner Verantwortung nicht gerecht geworden.

Die Fische eingeschlossen in 12 stehen dafür, daß du in der Vergangenheit keine spirituelle Initiation erlangt hast. Dies lag insbesondere daran, daß du dir nicht darüber im klaren gewesen warst, was wahre Spiritualität bedeutet und was mit den Prinzipien der Brüderlichkeit und der Universalität angesprochen ist. Weiterhin kam es als Reaktion auf das 6. Haus dazu, daß du der Menschheit nicht bereitwillig und uneigennützig gedient hast.

♍ 7 JUNGFRAU EINGESCHLOSSEN IM 7. HAUS,
♓ 1 FISCHE EINGESCHLOSSEN IM 1. HAUS:

Die Jungfrau eingeschlossen in Haus 7 ist ein Beleg für ein schlecht entwickeltes Beurteilungsvermögen und für eine überkritische Haltung. Hieraus resultierte die Unfähigkeit, das Wir-Konzept zur Entwicklung zu bringen, was die Aufgabe ist, die mit dem 3. Quadranten zusammenhängt.

Wenn die Fische im 1. Haus eingeschlossen sind, hast du in der Vergangenheit nicht daran gearbeitet, eine positive und starke Persönlichkeit zum Ausdruck zu bringen. Möglicherweise warst du ein sehr passiver Mensch – ein Duckmäuser, der nicht den Mut hatte, die Wahrheit zu sagen. Hier haben wir es wieder mit der Entwicklung des Ich-Konzeptes zu tun. Die Fische eingeschlossen in 1 bedeuten, daß du es nicht geschafft hast, ein Selbst auszubilden und ein Bewußtsein deiner selbst zu gewinnen. Du bist möglicherweise in der Vergangenheit eine schwache Person gewesen, deren Einstellung dem Leben gegenüber von einer ausgeprägten Unbeständigkeit war.

♍ 8 JUNGFRAU EINGESCHLOSSEN IM 8. HAUS,
♓ 2 FISCHE EINGESCHLOSSEN IM 2. HAUS:

Dieser Mensch hat seinen praktischen Verstand nicht in Verbindung mit der höheren Wahrheit oder der Suche nach dem Sinn des Lebens zum Ausdruck gebracht. Es ist Merkur, der über die Jungfrau herrscht und der den praktischen Verstand symbolisiert. Wenn die Jungfrau hier eingeschlossen ist, hat es der Mensch versäumt, abstrakte Gedanken und Erkenntnisse über Wahrheit auf die konkrete Ebene zu übertragen. Auch verschloß er sich in dieser Hinsicht seiner Umgebung. Mit der Jungfrau ist oftmals eine gewisse Oberflächlichkeit verbunden, was in diesem Fall heißen könnte, daß nur oberflächlich nach Wahrheit gesucht worden ist. Vielleicht fiel es dem Geborenen auch sehr schwer, zwischen Wahrheit und Lüge zu unterscheiden. Schließlich ist noch anzumerken, daß es hier möglicherweise Probleme bei der Entwicklung von Werten gegeben hat, die auf Spiritualität beruhen und mit dem Intellekt zusammenhängen.

Die Fische eingeschlossen im 2. Haus zeigen, daß du es vermieden hast, allgemeingültige Werte zu entwickeln. Dies gilt insbesondere im Hinblick auf das Materielle. Es könnte sich hier um jemanden gehandelt haben, der nicht mit Geld umgehen konnte, der keinen Respekt vor Geld hatte oder der nicht wußte, wozu Besitz eigentlich dient.

♍ ⑨ JUNGFRAU EINGESCHLOSSEN IM 9. HAUS,
♓ ③ FISCHE EINGESCHLOSSEN IM 3. HAUS:

Die Jungfrau in eingeschlossener Stellung in Haus 9 zeigt, daß es Probleme dabei gegeben hat, Fertigkeiten und Konzepte des höheren Wissens und des Christlichen Prinzips praktisch im Alltagsleben zur Anwendung zu bringen. Auch hier haben wir es hinsichtlich der Vergangenheit mit einem mangelhaft ausgeprägten Unterscheidungs- und Urteilsvermögen zu tun. Möglicherweise hat dieser Mensch in früheren Leben immer wieder aufs neue Kurse absolviert, um sich mit dem zu schmücken, was er dabei lernte – und nicht erkannt, daß Wissen etwas Ernsthafteres ist. Die Lebensphilosophie dürfte hier eine sehr oberflächliche gewesen sein. Was Religion betrifft, hat der Geborene vielleicht Äußerungen von sich gegeben, die reine Lippenbekenntnisse waren, statt das, was den wahren Glauben ausmacht, exemplarisch zum Ausdruck zu bringen. Andererseits ist es hier nicht dazu gekommen, daß der Geborene einen freien Geist bewiesen hätte. Auch tendierte er dazu, in dieser Hinsicht seine Mitmenschen einzuschränken.

Wenn die Fische im 3. Haus eingeschlossen sind, haben wir es bezüglich der Vergangenheit mit der Weigerung des Menschen zu tun, Wissen zu erwerben und Wissen an andere weiterzugeben. Es hat hier am Verständnis für den Wert von Erziehung und Bildung gefehlt. Dem Geborenen war bei seinem Studium möglicherweise das Moment der Geselligkeit wichtiger als der Erwerb von Wissen und Fertigkeiten.

♍ ⑩   JUNGFRAU EINGESCHLOSSEN IM 10. HAUS,
♓ ④   FISCHE EINGESCHLOSSEN IM 4. HAUS:

Diese Stellung könnte ein Beleg dafür sein, daß du dich in der Vergangenheit, was den Einsatz von Autorität betrifft, nicht gerade
durch Takt und Diplomatie ausgezeichnet hast. Es wäre denkbar,
daß du in deiner beruflichen Laufbahn nicht daran interessiert gewesen warst, auf welche Weise du bestmöglich für die Allgemeinheit hättest tätig werden können. Vielleicht hast du dich nur deshalb für deinen Beruf entschieden, weil er dir im Hinblick auf das
persönliche Fortkommen am meisten versprochen hat – nicht aus
dem Grund, daß du hier am meisten beitragen konntest. Mit dieser
Stellung könnte auch der Mißbrauch oder der ungerechtfertigte Einsatz von Autorität verbunden gewesen sein.

Wenn die Fische eingeschlossen in Haus 4 stehen, ist damit ausgedrückt, daß du deiner Verantwortung gegenüber den Mitmenschen nicht gerechtgeworden bist und verkannt hast, welchen Einfluß du hattest. Was die alltägliche Ebene angeht, kommt hiermit
zum Ausdruck, daß du keine positive häusliche Atmosphäre begründet hast. Es ist davon auszugehen, daß es dir in deiner Persönlichkeit, in deiner persönlichen Erscheinungsweise und in deinen
Gewohnheiten an Vertrauen für die Mitmenschen gefehlt hat. Bist
du dir der Verantwortung in deinem Leben wirklich bewußt gewesen? Du hast es nicht geschafft, Spiritualität in dir zu entwickeln,
was es deinen Mitmenschen ermöglicht hätte, dich um Rat und um
Anteilnahme zu bitten. Du warst jemand, der nicht von anderen be-
helligt werden wollte und der seine Ohren vor den Problemen anderer verschloß. Du hast nicht die Hand gereicht, wenn es darum
ging, Hilfe und Unterstützung zu gewähren.

♍ ⑪   JUNGFRAU EINGESCHLOSSEN IM 11. HAUS,
♓ ⑤   FISCHE EINGESCHLOSSEN IM 5. HAUS:

Die Jungfrau eingeschlossen in Haus 11 ist ein Anzeichen dafür,
daß du in der Vergangenheit Schwierigkeiten damit hattest, ein an-
gemessenes gesellschaftliches Leben zu führen und angemessene
Verbindungen herzustellen. Unterscheidungsvermögen ist eine sehr
positive Eigenschaft, wenn es richtig eingesetzt wird. Wenn es dar-

an mangelt, kann das unter Umständen zu verheerenden Auswirkungen führen. Die Jungfrau eingeschlossen an dieser Stelle ist der Beleg dafür, daß du wenig Geduld und Verständnis im Rahmen deiner Beziehungen gezeigt hast. Die meisten Menschen mit der Jungfrau an der Spitze von 11 haben ein Zuhause, das einem sozialen Beratungszentrum gleicht. Wenn es sich aber darum handelt, daß dieses Zeichen in 11 eingeschlossen ist, müssen wir davon ausgehen, daß der Geborene keine Atmosphäre begründet hat, die andere angezogen hätte. Weiterhin ist hier denkbar, daß diese Person anderen nicht gedient hat, sondern die Mitmenschen zu ihrem Vorteil benutzte. Freundschaften waren ihr nur wichtig, wenn sie sich einen Nutzen von ihnen versprach.

Die Fische als eingeschlossenes Zeichen in Haus 5 stehen dafür, daß du es vermieden hast, Kreativität im Hinblick auf Talente und Fertigkeiten zu entwickeln. In allgemeinerer Hinsicht bist du vielleicht ein Vater oder eine Mutter gewesen, der oder die ständig an den Kindern herumgenörgelt hat – statt deiner Verantwortung, sie angemessen zu erziehen, gerechtzuwerden. Weiterhin war es bei dir vielleicht so, daß du dich fortwährend leichtfertig auf Liebesaffären eingelassen hast, die immer wieder in einem Desaster endeten. Dies könnte damit zu tun gehabt haben, daß du bewußt oder unbewußt andere getäuscht hast oder daß du selbst das Opfer von Täuschungen geworden bist. Falls letzteres zutrifft, ist dies als Reaktion auf die Jungfrau eingeschlossen in Haus 11 zu sehen, was für ein schlecht ausgeprägtes Unterscheidungsvermögen steht.

♍ ⑫ JUNGFRAU EINGESCHLOSSEN IM 12. HAUS, ♓ ⑥ FISCHE EINGESCHLOSSEN IM 6. HAUS:

Die Jungfrau eingeschlossen im 12. Haus zeigt, daß es dir in der Vergangenheit an Dienstbereitschaft gefehlt hat. Wenn du jemandem einen Dienst erwiesen hast, dann nur deshalb, weil du dir davon Anerkennung oder eine Belohnung versprachst. Du könntest der Mensch gewesen sein, der sich zwar freigiebig zeigte, aber immer Bedingungen stellte. Was die Beziehungen betrifft, herrschte eine eher oberflächliche Einstellung. Bei dir könnte es sich beim ersten Augenschein um einen Humanisten gehandelt haben. In deinem Inneren allerdings fühltest du viel Ungeduld und Kritik gegenüber den Mitmenschen. Es bestand des weiteren die Tendenz, vorschnell zu urteilen. Was die Verbindung der Seele des Selbstes mit der Seele des Kosmos sowie der Seele des gewöhnlichen Menschen anging, hat es große Probleme gegeben.

Die Fische eingeschlossen in 6 zeigen, daß es am Sinn dafür gefehlt hat, welche Verantwortung mit dem Dienen verbunden ist. Der Geborene hat in der Vergangenheit nicht genug Aufmerksamkeit auf die Bedürfnisse seiner Mitmenschen gerichtet. Auch hier haben wir es wieder mit einem Mangel an Spiritualität und mit dem Mangel für das Gefühl der Einheit und der Universalität zu tun. Wenn dieser Mensch in der Vergangenheit einmal Sympathie mit jemandem empfand, könnte es sich dabei um eine rein sentimentale Empfindung gehandelt haben, welche die niedrigste Form des Mitgefühls darstellt und sich auf den Bereich der Emotionen bezieht. Was die Gesundheit betrifft, zeigt diese Stellung, daß der Mensch seinem Körper keine große Beachtung geschenkt hat. Dies könnte sich in einer mangelhaften Körperhygiene oder auch in Unregelmäßigkeiten hinsichtlich der Nahrungsaufnahme, der Arbeit oder der Erholung geäußert haben. Im Hinblick auf Alkohol waren hier möglicherweise Ausschweifungen gegeben. Mit dieser Stellung könnten bezüglich der Realitäten des Lebens mehr oder weniger ausgeprägte Fluchttendenzen vorhanden gewesen sein.

TEIL 3

DAS DREIECK VON SATURN, JUPITER UND MERKUR

SATURN, JUPITER UND MERKUR

DAS DREIECK DER EVOLUTION

SATURN: *Das Karma in seiner Gesamtheit*

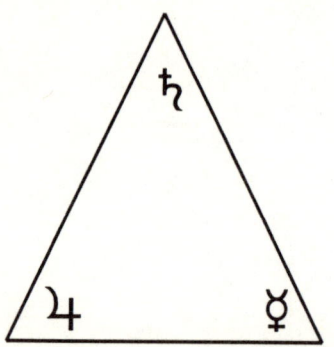

JUPITER:
Das Gebiet, auf dem am Karma gearbeitet werden kann

MERKUR:
Die Art und Weise, wie am Karma gearbeitet werden kann

Nicht alle Astrologen wissen, welche Auswirkungen mit der Theorie der Reinkarnation zusammenhängen und wie Reinkarnation und Karma vom Horoskop aus zu interpretieren sind. Es wäre hier notwendig, daß sich der Astrologe als Metaphysiker erweist, aus dem Grund, daß Karma und Reinkarnation mit all ihren Implikationen zu dem Bereich der Metaphysik gehören.

Das im folgenden näher beschriebene Symbol, der Stern Davids, illustriert das Zusammenspiel der Planeten im Hinblick auf Reinkarnation und Karma.

DER STERN DAVIDS

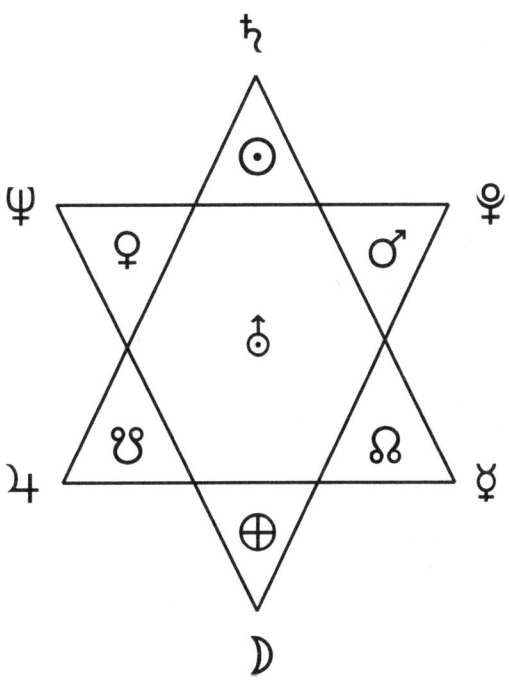

♄	**Saturn:**	Karma in seiner Gesamtheit	⛢ **Uranus:**	Christliches Prinzip
☉	**Sonne:**	Seele	♃ **Jupiter:**	Weisheit
♆	**Neptun:**	Spiritualität	☿ **Merkur:**	Kommunikation
♀	**Venus:**	Harmonie	☽ **Mond:**	Persönlichkeit
♂	**Mars:**	Energie	☋ **abst. Mondkn.:**	Widerstand
♇	**Pluto:**	Wille	☊ **aufst. Mondkn.:**	Richtung
			⊕ **Glückspunkt:**	Erde

Wenn wir uns bei der karmischen Betrachtung des Horoskops auf den Stern Davids beziehen, müssen wir unseren Blick auf die Stellung von Saturn, Jupiter und Merkur richten.

♄ **Saturn** bedeutet das Karma des Menschen in seiner Gesamtheit. Die Saturn-Stellung ist ein Indiz auf die Zeit, in der das Karma entstanden ist. Karma sammelt sich über die geschichtlichen Perioden hin an, aus dem Grund, daß alle kulturellen Entwicklungen, gesellschaftlichen Bewegungen und politischen Strömungen aufs engste mit dem Geist ihrer Zeit verbunden sind. Jede geschichtliche Epoche bedeutet Wachstum, und jede individualisierte Seele inkarniert in den verschiedensten historischen Perioden.

Wodurch ist aber bestimmt, daß Karma in einem ausreichenden Maße vorhanden ist? Die Götter des Karmas wissen, wann die Seele an einem Punkt der Sättigung angelangt ist. Von diesem Punkt an wird das Karma in den aufeinanderfolgenden Inkarnationen abgearbeitet. Die aufeinanderfolgenden Inkarnationen sind bestimmt durch die Erfahrungen, welche dazu dienen, Karma abzuarbeiten. Allerdings kann auch dann noch in einem geringeren Maße Karma angehäuft werden.

Wir können über kurze Zeit hinweg leichter Karma aufnehmen als abtragen. Um Karma abzuarbeiten, sind viel mehr Inkarnationen notwendig, als um es anzuhäufen. Für die Gesamtheit des Karmas über die Zeitläufe hinweg steht der Planet Saturn. Saturn zeigt, welche Gelegenheiten wir in der Vergangenheit verstreichen ließen oder welche Fähigkeiten wir erhalten haben. Wir müssen uns dabei immer vor Augen führen, daß Karma sowohl etwas Positives als auch etwas Negatives bedeuten kann. Es muß nicht zwangsläufig etwas Schlechtes sein.

Karma hat fünf Aspekte. Es gibt für uns:

1. Das Karma des Planeten Erde,
2. das Karma unserer Nation,
3. das Karma unserer Rasse oder ethnischen Gruppe,
4. das Karma unserer Familie und
5. das individuelle Karma (welches von Pluto symbolisiert wird).

♃ **Jupiter** zeigt im Horoskop, auf welchem Gebiet der Mensch am besten an seinem Karma arbeiten kann. Es werden sich für den Betreffenden immer wieder zu diesem Haus gehörende Gelegenheiten ergeben, die die Aufmerksamkeit auf die Arbeit am Karma lenken. Es sei noch einmal daran erinnert, daß Jupiter Weisheit bedeutet, und dies ist die Eigenschaft, die der Mensch hinsichtlich dieses Planeten und seiner Stellung zum Ausdruck bringen sollte. Jupiter steht auch für die Polarität, was ebenfalls wichtig ist, weil wir so vielleicht dazu gezwungen sind, einen Ausgleich herzustellen.

☿ **Merkur** im Horoskop liefert uns die Information, auf welche Weise wir am besten an unserem Karma arbeiten können. Das ist insofern logisch, als daß Merkur vom Standpunkt der Reinkarnation aus mit Kommunikation zu tun hat. Das Leben besteht aus den verschiedensten Beziehungen, und diese Beziehungen gründen auf Kommunikation, Unterscheidungsvermögen und Geduld. Der Stern Davids weist mit seiner Spitze nach oben, was heißt, daß es sich um ein Dreieck der Evolution handelt. Wir entwickeln uns weiter, indem wir Erfahrungen machen, und indem wir Erfahrungen machen, lernen wir. Das Lernen stellt die Art und Weise dar, wie wir uns dem Leben annähern.

Auch die anderen Planeten sind im Hinblick auf den Stern Davids in die karmische Interpretation einzubeziehen. Die Sonne steht für die Seele und deren Eigenschaften. Sie symbolisiert die innere Person, das wahre Wesen. Insofern ist es naheliegend, daß sie sich bei Saturn befindet. Die Grundlinie des evolutionären Dreiecks erstreckt sich vom absteigenden zum aufsteigenden Mondknoten. Der absteigende Knoten bedeutet den Weg des geringsten Widerstandes beziehungsweise die Tendenz, sich in diesem Leben an das zu halten, was zuvor war – auf unbewußte Weise an den Erinnerungen festzuhalten. Es ist der Widerstand gegenüber der Veränderung, der für den absteigenden Mondknoten charakteristisch ist. Interessant ist die Nachbarschaft zu Jupiter, weil dieser zeigt, wo du daran arbeiten solltest, das Alte hinter dir zu lassen. Der aufsteigende Mondknoten steht im evolutionären Dreieck bei Merkur. Er symbolisiert, auf welche Weise du die negativen Eigenschaften des absteigenden Knotens umformen kannst, und er bedeutet die Herausforderung, die dein jetziges Leben für dich bringt. Er zeigt, in welche Richtung die Veränderungen gehen sollten und wie du die aus früheren Leben mitgebrachten negativen Eigenschaften ändern kannst. Die Untersuchung Merkurs in dem Saturn/Jupiter/Merkur-Dreieck liefert weitere Anhaltspunkte, wie wir uns gemäß dem aufsteigenden Mondknoten zum Ausdruck bringen sollten.

An der Spitze des involutionären Dreiecks finden wir den Mond. Der Mond hat eine dualistische Qualität: Auf der allgemeineren Ebene verkörpert er die Persönlichkeit, im Hinblick auf die esoterische Lehre die Seele. Der Mond symbolisiert den Fall Adams. Es handelt sich hier darum, daß der Geist auf die physische Ebene gebracht wird und damit den Beschränkungen und Begrenzungen unterworfen ist, die Materie, Raum und Zeit ihm auferlegen. Es ist deshalb nur logisch, daß im Stern Davids der Glückspunkt in der Nähe des Mondes steht: Der Glückspunkt symbolisiert die Erde, welche der einzige Planet innerhalb unserer Galaxie ist, der ein intensives physisches Leben hervorgebracht hat. Alle Planeten unterstützen Leben – sie sind aber eher Zentren von Lebensenergien als Zentren einer materiellen Form. Dies steht offensichtlich in Verbindung zu der metaphysischen Auffassung der sieben Strahlen, der sieben Ebenen und der sieben Körper des Menschen. Wir entwickeln uns auf dem Planeten Erde, wir machen hier unsere Erfahrungen, und wir wachsen durch den Kontakt mit der Materie. Und wir bringen auf diesem Planeten unseren *physischen* Körper zur Perfektion. Auf den anderen Planeten perfektionieren wir die anderen menschlichen Körper, dann, wenn wir uns vom Rad der Inkarnationen und vom Karma befreit haben.

Der Mensch, dem die Befreiung vom Rad der Inkarnationen und vom Karma gelungen ist, wird die Feststellung machen, daß es noch andere «Räder» für ein fortgesetztes Wachstum auf allen anderen Ebenen gibt. Wir reinkarnieren immer und immer wieder, auf verschiedenen Ebenen der Bewußtheit und verschiedenen Ebenen des Seins. Auf diese Weise perfektionieren wir dann den «Körper», der mit der jeweiligen Ebene in Beziehung steht.

Nebenbei ist vielleicht von noch Interesse, daß mit Ausnahme von Venus und Merkur alle Planeten Trabanten haben. Die Trabanten verdünnen die kosmischen Energien der sieben kosmischen Strahlen, so daß jeder Planet diese Art von Energie seinem Entwicklungszustand und seinem Zweck im evolutionären Plan entsprechend anwenden kann. Allerdings ist hier vielleicht die Frage zu stellen, ob Venus und Merkur, die nicht weiter als 48 Grad von der Sonne entfernt stehen können, als Trabanten der Sonne aufzufassen sind.

Um zum Stern Davids zurückzukehren: Neptun und Pluto bilden die Basis des Dreiecks der Involution. Neptun steht für Spiritualität, Mitgefühl, Verständnis, und Pluto repräsentiert den Willen. Diese beiden Planeten verkörpern den Göttlichen Geist, wie er seinem eigenen Karma gemäß zum Ausdruck kommt, gemäß dem Willen, aus der kosmischen Leere des Nichts zur umfassenden Manifestation zu gelangen. Es muß daran erinnert werden, daß Gott nicht mit dem Universum gleichzusetzen ist, sondern mit dem Leben innerhalb des Universums. Sowohl der Geist als auch der Wille zur Existenz werden von Neptun beziehungsweise von Pluto symbolisiert. Dabei ist Neptun die höhere Oktave der Venus, und letztere steht für den Aspekt des Fühlens und die Liebe, die der Vater seinen Kindern entgegenbringt. Hier ist Geist, der in das Wasser der Tiefe einfließt. Pluto ist die höhere Oktave von Mars, der den Willen zu sein symbolisiert. Mars steht auch für das Aufsteigen des Wassers, für die Energie sowie für den Niederschlag des Göttlichen in einer konkreten Manifestation.

Es ist in diesem Zusammenhang von besonderem Interesse, daß Neptun (der Geist) den spirituellen Wegweiser für alle und für jede individuelle Manifestationsform darstellt.

Uranus im Mittelpunkt des Stern Davids markiert den höheren Geist, das höhere Selbst sowie das Christliche Prinzip in jedem von uns. Er steht für die Freiheit des Ausdrucks. Der höhere Geist ist der alles überragende Geist in jedem von uns – der Göttliche Geist oder der Geist der Welt. Als die Verkörperung des höheren Selbstes steht Uranus nicht für die Seele, sondern für deren Essenz, und im Hinblick auf das Christliche Prinzip symbolisiert er den zweiten Strahl, den der Liebe/Weisheit oder der Harmonie/Weisheit. Wenn wir versuchen zu verstehen, was Uranus zum Ausdruck bringt, erkennen wir, was das Wassermann-Zeitalter wirklich bedeutet und warum sich all die Veränderungen innerhalb der sozialen Strukturen seit 1951 ergeben haben (wobei es sich bei diesem Jahr laut der Aussage einiger Astrologen um den Beginn des Wassermann-Zeitalters handelt). In den ersten 50 Jahren dieser Phase bildete sich der Tonfall sowie das Tempo dieses Zeitalters heraus. Ob dies nun eine Entwicklung zum Besseren oder zum Schlechteren bedeutet, wird davon abhängen, wie die Menschheit damit umgeht.

Horoskope haben mit Karma zu tun und sind auf Karma gegründet. Jedes Individuum ist Leben, und jeder Mensch sollte erkennen, was er ist und wo er ist und worin die Summe der Erfahrungen seines Lebens besteht. Aber schon das neugeborene Kind hat sein Horoskop. Wovon geht dieses aus? Warum kam es zu diesem Leben? Wenn wir uns die Dreiheit von Saturn, Jupiter und Merkur vor Augen führen, können wir erkennen, warum das Kind hier ist, woran es später arbeiten muß und auf welche Weise es das tun sollte. Diese Dreiheit ist die Basis, die den Zweck des Horoskops sowie den speziellen Grund für die aktuelle Inkarnation enthüllt.

SATURN IM 1. HAUS

Die Stellung von Saturn im 1. Haus zeigt immer, daß die Entwicklung der Persönlichkeit im Mittelpunkt steht. Das 1. Haus zeigt die Persönlichkeit an und die Art und Weise, wie die Welt dich sieht – aus dem Grund, daß du dein Wesen und deine Aktivität im Rahmen deiner Persönlichkeit zum Ausdruck bringst. Wenn Saturn gut aspektiert ist, heißt das, daß du in der Vergangenheit deine Persönlichkeit gut entwickelt und dich verantwortungsbewußt verhalten hast. Diese Stellung legt nahe, daß du in diesem Leben die Früchte deiner positiven Entwicklung ernten kannst. Die Welt wird deine Persönlichkeit sowie deinen positiven Einfluß auf andere schätzen. Wie es aber auch bei anderen guten Aspekten der Fall ist, kann dies unter Umständen mißbraucht werden.

Wenn du ein Horoskop untersuchst, solltest du dich sowohl mit den positiven als auch mit den negativen Aspekten beschäftigen. Positive Aspekte können zu Passivität führen und dazu, daß wir zu schnell Lob erhalten. Es könnte sein, daß es der Mensch selbstverständlich findet, für seine Persönlichkeit Anerkennung zu erhalten und es nicht einsieht, daß er konstruktiven Gebrauch von ihr machen muß. Jeder negative Aspekt dagegen ist, wenn der Mensch diesbezüglich ein Bewußtsein erlangt hat, ein Sprungbrett zur Weiterentwicklung.

Hat Saturn im 1. Haus negative Aspekte, zeigt dies einen mißbräuchlichen Nutzen der Persönlichkeit zu früheren Lebzeiten an. Diese Stellung bedeutet vielleicht, daß du dich geweigert hast, dich auf eine korrekte Weise zu entwickeln. Vielleicht hast du dich Veränderungen widersetzt und dich als Individuum nicht weiterentwickelt, sondern bist immer in den alten Gleisen geblieben. Beachte, daß sich die Planeten gemäß den Zeichen, in denen sie stehen, auswirken.

Das 4. Haus hat, was Reinkarnation und Karma betrifft, etwas damit zu tun, welchen Einfluß und welchen Effekt du auf die Welt hast. Auf der allgemeinen Ebene steht es für deine Umgebung und für dein Zuhause. Auf der esoterischen Ebene geht es hier um deine Aura, die nichts anderes als das Zuhause ist, welches du immer mit dir herumträgst. Was es auch ist, das einen Einfluß auf deine Aura hat: Es macht sich in jedem Moment und gegenüber jedem Menschen bemerkbar, der in deinen Einflußbereich kommt. Insofern kannst du im Hinblick auf Philosophie, religiöse Lehren und die Metaphysik mit Saturn im 1. und Jupiter im 4. Haus auf eine positive Weise an deinem Karma arbeiten, indem du einen wohltätigen Einfluß auf andere ausübst. Mehr als alles andere legt die Stellung von Jupiter im 4. Haus nahe, daß es um das Bedürfnis nach der Auseinandersetzung mit den höheren Lehren der Wahrheit geht. Jupiter in 4 steht im Quadrat zu Haus 1, und die Stellung von Saturn in 1 – ob dabei das Quadrat zu Jupiter gegeben ist oder nicht – unterstreicht noch einmal, daß das Individuum die Verantwortung dafür trägt, seine Persönlichkeit auf eine Weise zu entwickeln, die der Tatsache entspricht, daß er ein Mikrokosmos des Makrokosmos ist.

Wir wollen einmal annehmen, daß Saturn im 1. Haus steht, Jupiter in Haus 4 und Merkur in Haus 6. In diesem Fall haben wir es in erster Linie mit Dienstbereitschaft, Kommunikation und Geduld zu tun. Durch einen selbstlosen und hingebungsvollen Dienst und durch die Fähigkeit, mit anderen zu kommunizieren, könnte Merkur hier auf die Entwicklung der Persönlichkeit einen fördernden Einfluß haben. Ein Nebeneffekt wäre die Tatsache, daß die Dienstbereitschaft anderen zugute kommt.

Wenn in diesem Falle Krebs an der Spitze des 1. Hauses steht, hätten wir eine Verbindung, die zeigt, daß es auf angemessene Gefühle sowie ein Verständnis der Emotionen ankommt. Der Geborene würde entweder über diese emotionale Fähigkeit und dieses Wissen verfügen oder hätte die Aufgabe, dies zu lernen. Es könnte sich hier um einen Menschen handeln, an den sich andere wenden,

um vertrauensvoll von ihren Sorgen zu erzählen. Krebs ist das Tierkreiszeichen, das für die Gefühle steht, und in diesem Fall würde
der Krebs dem Saturn den Gefühlsaspekt nahebringen. Wenn zu Jupiter im 4. Haus Spannungsaspekte bestehen, handelt es sich möglicherweise um jemanden, der viele Vorurteile hat. Es geht dabei
um den Sachverhalt, daß anderen gegenüber eine konstruktive und
vorurteilslose Anteilnahme zum Ausdruck gebracht wird.

Wenn Merkur im 3. Haus in der Jungfrau steht, könnten Eigenschaften, die mit Kritik zu tun haben, die Folge sein – allerdings
auch kommunikative Fähigkeiten. Dieser Mensch könnte von
einem recht sarkastischen, dabei aber gutmütigen Wesen sein. Merkur im 3. Haus steht nicht nur für die Fähigkeit, mit Brüdern und
Schwestern und den Verwandten zu kommunizieren. Wegen des
Quadrat-Aspektes zum 12. Haus haben wir es auch hier mit der allgemeinen menschlichen Brüderlichkeit, mit Universalität und Einheit zu tun. Wir müssen in diesem Fall die Tatsache anerkennen,
daß jeder Mensch mit allem und jedem in diesem »Königreich« in
Beziehung steht.

Wenn sich das Zeichen Jungfrau an der Spitze des 1. Hauses befindet und zu Saturn in 1 Spannungsaspekte bestehen, ist zu vermuten, daß der Mensch in der Vergangenheit im Rahmen seiner
Persönlichkeit nicht aufrichtig gewesen ist, daß er eine überkritische Einstellung gezeigt oder andere nur sehr oberflächlich beurteilt hat. Es könnte hier so gewesen sein, daß den äußerlichen Zügen zuviel Aufmerksamkeit gewidmet wurde und das Wesentliche
aus dem Blick geriet. Es dürfte in diesem Fall eine sehr starke
Selbstbezogenheit und viel persönliche Unsicherheit vorhanden gewesen sein.

Wir wollen einmal annehmen, daß bei der gegebenen Saturn-Stellung Jupiter in Haus 5 im Wassermann steht. Diese Jupiter-Stellung
bedeutet die Opposition zum 11. Haus, welches zeigt, auf welche
Weise wir mit den anderen verbunden sind. Mit Spannungsaspekten
zu Jupiter in 5 könnte in der Vergangenheit die Tendenz verbunden
gewesen sein, Mitmenschen vorschnell oder nicht gründlich genug
zu beurteilen. Dies bedeutete also ein schlecht entwickeltes Urteilsvermögen sowie einen Mangel an Disziplin. Jupiter im 5. Haus im
Wassermann bringt zum Ausdruck, daß es im aktuellen Leben darauf
ankommt, Disziplin zu entwickeln, in Verbindung mit Toleranz
gegenüber der Meinung der Mitmenschen. Ein negativer Wasser-

mann-Jupiter im 5. Haus zeigt an, daß der Mensch in der Vergangenheit keine andere Meinung hat gelten lassen.

Ein weiteres Beispiel soll Merkur im 4. Haus im Schützen sein. Merkur regiert über die Jungfrau. Mit dem Schützen ist die Tendenz verbunden, auf sich selbst bezogen zu sein – die Welt in Verbindung zu sich zu sehen statt sich in Verbindung zur Welt. Was den niederen oder nicht entwickelten Schütze-Ausdruck angeht, besteht die Neigung, über diejenigen die Nase zu rümpfen, die nicht über die gleiche Bildung, den gleichen sozialen Status oder das gleiche Einkommen verfügen. Der Schütze-Merkur im 4. Haus kann bei negativer Aspektierung darauf hinweisen, daß der Mensch gegenüber anderen in der Vergangenheit sehr vorurteilsvoll gewesen ist, zumindest dann, wenn er sich ihnen überlegen gefühlt hat. Im Hinblick auf das Abarbeiten von Karma zeigt diese Stellung, daß der Geborene versuchen muß, sich mit anderen zu identifizieren. Wenn er sich als Einheit mit den Mitmenschen begreift, kann er anderen etwas über dieses Einssein mitteilen.

Steht Jupiter im 5. Haus und Saturn in Haus 1 in der Jungfrau, kommt es zu einem Trigon sowie dazu, daß Karma in Angelegenheiten abgearbeitet werden kann, die mit dem 5. Haus zusammenhängen. Dies wäre zum Beispiel möglich durch das Unterrichten von Kindern (die Jungfrau ist das Zeichen der Lehrer). Diese Kombination könnte auch auf eine intensive Beschäftigung mit den eigenen Kindern im Leben hindeuten. Jupiter in Haus 5 und Saturn in Haus 1 stehen für die Notwendigkeit, sich auf verantwortungsvolle Weise mit der Elternschaft auseinanderzusetzen: die Kinder sorgfältig zu erziehen und Kindern mit Würde und Respekt zu begegnen. Wenn hier im Hinblick auf Jupiter Spannungen gegeben sind, zeigt dies, daß der Betreffende viel Aufmerksamkeit auf seine Verantwortung richten muß, und zwar deshalb, weil er in der Vergangenheit vor seiner Verantwortung geflohen ist. Die Jungfrau könnte in diesem Zusammenhang bedeuten, daß der Geborene sich nur sehr wenig um seine Kinder gekümmert hat.

Vielleicht geht es hier auch um Verbindungen im Hinblick auf Liebe. Wenn Jupiter gut gestellt ist, haben wir es wahrscheinlich mit einer Person zu tun, die dem anderen Geschlecht gegenüber aufrichtig ist – was auch hinsichtlich der früheren Leben Gültigkeit gehabt haben dürfte. Eine Verletzung von Jupiter in Haus 5 weist dagegen hinsichtlich der Vergangenheit auf Indiskretionen im Liebesleben hin.

Mit dieser Stellung geht es darum, nun Umsicht und Weisheit bezüglich der Liebe zum Ausdruck zu bringen. Wenn hier zwischen Saturn und Jupiter eine Spannung vorhanden ist, könnte es sich der Mensch zur Aufgabe machen, anderen zu Diensten zu sein, zum Beispiel durch die Arbeit mit behinderten Kindern.

Wir wollen nun einmal annehmen, daß sich Jupiter in Haus 5 befindet und Merkur in Haus 7 in den Fischen steht. Merkur verdeutlicht, daß alle Partnerschaften im Rahmen von Kooperation und Kommunikation zum Ausdruck gebracht werden sollten. Er herrscht über die Jungfrau, und die Jungfrau ist das Zeichen, das den Fischen gegenüberliegt. Der Fische-Mensch ist unter Umständen für die Jungfrau ein rotes Tuch. Nichtsdestotrotz kann die Jungfrau vom Fisch lernen, daß die Dinge nicht immer so klar liegen, wie zunächst gedacht. Umgekehrt hat womöglich die Jungfrau einen günstigen Einfluß auf den Fische-Menschen, indem sie ihm Genauigkeit und Umsicht nahebringt. Wenn Saturn im 1. Haus in Opposition zu Merkur in Haus 7 steht, können wir die Schlußfolgerung ziehen, daß es der Mensch in der Vergangenheit vermieden hat, in seinen Beziehungen Verantwortung zu übernehmen. Der Fisch haßt es, Verantwortung übernehmen zu müssen – mit der Stellung des Fische-Merkurs in Haus 7 und dem Jungfrau-Saturn in 1 aber muß der Mensch die Verantwortung anerkennen, die mit den Partnerschaften im Leben, mit der Ehe und mit dem Beruf zusammenhängt. Merkur ist der Herrscher der Jungfrau, was heißt, daß es hier um Verbindungen zu anderen auf allen Ebenen geht.

Wenn Saturn im 1. Haus im Löwen steht, haben wir es mit einem Menschen zu tun, der eine sehr dynamische Vergangenheit hinter sich hat. Wenn zwischen Saturn und Neptun ein Spannungsaspekt vorhanden ist, hat er in seinem früheren Leben seine spirituelle Autorität und Macht mißbraucht (Neptun steht für Spiritualität und für Erkenntnis). Alles in der Vergangenheit ist dann aus einer Art persönlichem Wetteifer heraus getan worden. Nehmen wir einmal an, daß zwischen Neptun in der Waage und dem Löwe-Saturn in Haus 1 ein Spannungsaspekt besteht. Bei diesem Menschen könnte es sich um einen früheren ägyptischen Priester handeln. Wie dem auch sein mag: Wir haben hier jemanden vor uns, der sich nicht gut mit einem durchschnittlichen Vertreter der Menschheit verbinden kann. Zu früheren Lebzeiten könnte der Geborene seine Emotionen für sich behalten und Probleme damit gehabt haben, sich zu entspannen. Mit

205

Saturn im 1. Haus ist der Mensch aufgefordert, sich mit der Jugend auseinanderzusetzen. Wenn bei dieser Stellung auch noch der Mond im Krebs im 12. Haus stehen würde, könnte dies auf große Schwierigkeiten bezüglich des Ausdrucks von Emotionen hinweisen.

SATURN IM 2. HAUS

Die Stellung von Saturn im 2. Haus zeigt, daß der Mensch im Hinblick auf Werte Verantwortung übernehmen muß – weil Werte das Wichtigste in unseren Beziehungen sind. Werte können mit Sachen, mit Geld oder mit anderem zu tun haben. Die Frage liegt hier darin, welche Art von Werten das Leben prägen. Wenn Saturn im 2. Haus steht, kämpft der Geborene fortwährend darum, etwas zu erreichen oder Besitz anzuhäufen. Sind dabei harmonische Aspekte zu Saturn gegeben, fällt es leichter, Sicherheit im Leben zu erfahren. Allerdings könnte es auch hier notwendig sein, Hilfe in Anspruch zu nehmen. In negativer Hinsicht können wir aus dieser Stellung ableiten, daß es der Mensch in der Vergangenheit versäumt hat, eigene Werte zu entwickeln. Gleichfalls denkbar wäre der Mißbrauch von Dingen oder eine unangemessene Betonung des Materiellen.

Erinnere dich daran, daß die Stellung eines Planeten im Zeichen bestimmte Eigenschaften bedeutet, welche die Angelegenheiten, die mit dem betreffenden Haus in Beziehung stehen, betonen oder aber behindern können. Ein gutes Beispiel hierzu ist ein verletzter Löwe-Saturn in Haus 2. Dies bedeutet, daß der Geborene sich in der Vergangenheit nicht durch Bescheidenheit, sondern durch Stolz, Egoismus und den Mißbrauch von Autorität hervorgetan hat. Materielle Gegenstände, Geld und Besitztümer wurden in diesem Fall dazu benutzt, andere zu kontrollieren oder das eigene Ich zu betonen. Diese Ichbetonung steht in Verbindung zu dem selbstdarstellerischen Moment, das mit dem Löwen in seiner niederen Entwicklungsform verbunden ist. Die Dinge werden dabei nach dem äußerlichen Wert um des Wertes willen und nicht ihrem eigentlichen Wert gemäß beurteilt. Es handelt sich dann um Besitztümer, die auf egoistische Motive zurückgehen.

Ein verletzter Saturn im 2. Haus steht immer für unangemessene Haltungen und Wertvorstellungen – zum Beispiel ein unkluges oder auch ablehnendes Verhältnis zu Geld –, welche aus der Vergangenheit resultieren. Es bedeutet eine außerordentlich große Verantwortung, Geld zu haben und zu benutzen. Geld kann, für sich betrachtet, sehr bequem sein. Sowohl, was das eigene Geld als auch das der anderen betrifft, kommt es darauf an, eine überlegte Einstellung zu entwickeln. Jeder Mensch mit Saturn im 2. Haus hat das Bedürfnis nach Sicherheit. Ist Saturn verletzt, kommt es bei dem Versuch, dieses Bedürfnis zu befriedigen, zu Frustrationen. Der Mensch muß hier die Lektion lernen, daß er das, was er begehrt und schließlich erreicht, auf eine verantwortungsvolle Weise einsetzt. Allerdings gibt es auch hier die Kehrseite der Medaille, aufgrund der Tatsache, daß Saturn nicht nur der Ratgeber, sondern auch der Verneiner ist. Wenn Saturn verletzt im 2. Haus steht und der Mensch es nicht schafft, Sicherheit zu erlangen, bleibt ihm nichts anderes, als dies zu akzeptieren. Es ist dabei klar, daß die Lektionen der Armut und Mittellosigkeit keine leichten sind.

Saturn repräsentiert das Karma in seiner Gesamtheit, und es geht bei ihm weniger um Bestrafung als um das Lernen. Wenn er verletzt im 2. Haus steht, kann das bedeuten, daß der Geborene in seinem Leben nicht über die Mittel verfügt, das zu tun, was er möchte. Es wird dann nicht zum Luxus und den anderen Wunschvorstellungen kommen, was zu akzeptieren ist gemäß den esoterischen Worten: »Wer alles aufgibt, wird alles erhalten.« Wenn es der Mensch akzeptiert, daß er möglicherweise ohne dieses oder jenes auskommen muß und die damit zusammenhängende Lektion lernt, wird er erkennen, daß er das bekommt, was er braucht – nicht das, was er begehrt.

Der Mensch mit einem verletzten Saturn im 2. Haus muß große Vorsicht walten lassen, nicht in einen übertriebenen Geiz zu verfallen. Diese Tendenzen könnten bedeuten, daß in der Vergangenheit Unklarheit darüber bestanden hat, wie etwas zu erreichen war.

Wenn wir uns wieder auf den karmischen Aspekt beziehen, können wir den verletzten Saturn in Haus 2 als Reaktion auf das 8.

Haus auffassen. Bei diesem geht es um die Eigenschaft, höhere Werte zur Entwicklung zu bringen. Es handelt sich dabei um den Gegensatz zwischen der Materie auf der einen und der Spiritualität auf der anderen Seite. Der Mensch, der einen verletzten Saturn im Horoskop hat, neigte dazu, sich auf den materiellen Aspekt zu konzentrieren. Er sollte nun seine Aufmerksamkeit auf die Realität des Lebens richten und die Tatsache anerkennen, daß alle Materie auf Geist beruht und durch Geist energetisiert wird. Mit anderen Worten: Der Geist (Gott) ist das Leben innerhalb des Universums, wie es sich uns darstellt.

Wir wollen einmal annehmen, daß bei dieser Saturn-Stellung Jupiter im 11. Haus in den Zwillingen steht. Auf der höheren Ebene des Bewußtseins hat das 11. Haus mit Beziehungen zu tun, gleichgültig, ob es sich dabei nun um gesellschaftliche Aktivitäten oder um Freundschaften handelt. Mit der Stellung von Jupiter in diesem Haus liegt nahe, daß der Mensch in der Vergangenheit bei der Auswahl von Freunden vorschnell verfahren ist. Er könnte die mentalen Zwillings-Eigenschaften jedenfalls dazu verwendet haben, schnell Kontakte zu anderen zu knüpfen. Zugleich aber ist es denkbar, daß er jemand war, der andere benutzt hat und der nicht sah, was seine Umgebung für ihn tat. Mit der Stellung in den Zwillingen könnte eine kühle und reservierte Einstellung verbunden gewesen sein. Gefühle wurden möglicherweise nur im Nachhinein gezeigt oder dann, wenn sich der Mensch einen Nutzen davon versprach.

Wenn ein Spannungsaspekt zu Neptun oder zu Uranus gegeben ist, hat der Geborene in früheren Leben wenig Urteilsvermögen bei der Auswahl von Freunden bewiesen. In diesem Leben kommt es darauf an, seine Partner sorgfältiger auszuwählen. Jupiter in Haus 11 heißt, daß der Mensch nicht bestrebt war, einen Status zu erreichen, der ihm in seinen Kontakten Anerkennung und Ehre gewährleistete. Es war ihm egal, ob er einen guten Ruf besaß und von anderen geschätzt wurde.

Ein Beispiel für eine gute Saturn-Stellung in Haus 2 wäre die Konjunktion mit dem Stier-Jupiter. Wenn hierzu harmonische Aspekte vorhanden sind, können wir wohltätige Auswirkungen aus der Vergangenheit erwarten, zum Beispiel das Erwerben von Besitztümern, möglicherweise auch eine Erbschaft. In Abhängigkeit davon, welche Aspekte zu dieser Konjunktion bestehen, sind aber auch Verluste denkbar. Wenn zum Beispiel ein Spannungsaspekt zu

Mars gegeben ist, weist das darauf hin, daß dem Menschen etwas –
Geld oder anderes – gestohlen wurde. Diese Stellung bedeutet, daß
der Mensch in der Vergangenheit nicht ehrlich gewesen ist und daß
ihm folgerichtig deshalb nun selbst Dinge abhanden kommen. Das
Gesetz der Vergeltung sorgt immer wieder für Ausgleich.

Ein Beispiel für einen schlechten Einfluß wäre ein Spannungsaspekt zwischen Neptun und der Saturn/Jupiter-Konjunktion. Hier
müssen wir davon ausgehen, daß der Geborene unter einem Betrug oder unter Täuschungen zu leiden hat, als Resultat der Tatsache, daß er in früheren Leben seinerseits andere betrogen und
getäuscht hat. Ein weiteres diesbezügliches Beispiel wäre ein Spannungsaspekt zwischen dieser Konjunktion und Merkur. Dies würde
eine Ausrichtung auf Menschen bedeuten, die fortwährend über-
treiben oder lügen. In der Vergangenheit aber ist es dann dieser
Mensch gewesen, der andere belogen hat oder ein Aufschneider
gewesen ist. Nun ist es an ihm, an Lügner zu geraten. Was er gegeben hat, wird er bekommen.

Wir dürfen nicht vergessen, daß Saturn im 2. Haus immer als Reaktion auf das 8. Haus, dem Haus des Geldes der anderen, zu sehen ist. Diese Stellung könnte anzeigen, daß der Geborene früher
den Besitz anderer nicht respektiert hat. In diesem Leben könnte er
vielleicht ein Vermögensverwalter sein oder eine Vertrauenspositi-
on hinsichtlich eines gemeinschaftlichen Besitzes haben. Wenn
dein Saturn im 2. Haus im Löwen steht, könntest du durch die Arbeit für eine Wohltätigkeitsorganisation etwas von deinem Karma
abarbeiten. Bei Saturn rückläufig im Skorpion und Jupiter rückläufig im Steinbock würde ein außerordentlich großer Nachdruck auf
dieser Verantwortung liegen, welche sich aus der Vergangenheit ergibt. Dies würde anzeigen, daß der Mensch in der Vergangenheit
Geld veruntreut hat. Um dies wiedergutzumachen, ist im aktuellen
Leben sehr viel Arbeit nötig.

Saturn ist ein Hinweis auf Karma. Wenn er im 2. Haus steht und
sich zum Beispiel Merkur im Wassermann im 7. Haus befindet,
kommt das «Wir-Konzept» zum Tragen. Daraus ist zu folgern, daß
im Lebensstil die Ideale der Brüderlichkeit oder andere humanitäre
Vorstellungen zum Ausdruck kommen. Wir dürfen hier Anteilnahme sowie eine eigenständige Meinung im Hinblick auf die Mitmenschen und deren Besitztümer erwarten. Was die esoterische Ebene
betrifft, steht Merkur für das Bedürfnis, sich im Kontakt zu anderen

mit sich selbst zu identifizieren. Nur dann, wenn wir uns selbst als Individualität zum Ausdruck bringen, sind wir ein integraler Bestandteil der Gesamtheit aller Lebensformen und dazu in der Lage, den Idealen der Universalität und Brüderlichkeit gerechtzuwerden. All dies beruht hier auf den Wassermann-Einflüssen.

Merkur in den Zwillingen in Haus 8 wäre ein Indiz dafür, daß Karma durch die Neuentwicklung von Ideen beziehungsweise durch den Gebrauch des Verstandes abgearbeitet werden soll. Die Zwillinge sind das Tierkreiszeichen, welches für den Verstand steht. Sie neigen allerdings zur Überbetonung des Abstrakten. Merkur in den Zwillingen fordert den Menschen dazu auf, alle mentalen Aktivitäten auf die praktische alltägliche Basis zu beziehen. Wir können auch Gedanken als «Dinge» auffassen, welchen durch Merkur in der äußerlichen Welt Ausdruck verliehen wird. Mit dem Zwillings-Merkur bestand das Problem in der Vergangenheit darin, daß sich der Geborene in den Höhen der Abstraktion verlor und sich in spekulativen Betrachtungen erging. Er versäumte es, die Welt an seinen Ideen und an seinem Verstand teilhaben zu lassen. Der Zwillings-Merkur in Haus 8 ist dem Saturn im 2. Haus entgegengesetzt. Dies heißt, daß der Mensch keine kühle mentale Herangehensweise an das Leben zeigen soll, sondern sich ernsthaft darum bemühen muß, Intellektualität und praktische Erwägungen in Übereinstimmung zu bringen. Es geht hier weiterhin um die Entwicklung des Unterscheidungsvermögens sowie um das Suchen (weil Merkur immer mit der allgemeinen praktischen Seite des Lebens zu tun hat).

Merkur in den Zwillingen im 8. Haus heißt auch, daß der Geborene in der Vergangenheit anderen gegenüber, die nicht auf seiner Geistesebene standen, sehr ungeduldig gewesen war. Die mentale Distanz, die mit dem Zwillings-Merkur verbunden ist, hat hier ihre Ursache. Der Geborene muß erkennen, daß jeder Mensch sich auf einer anderen Entwicklungsstufe befindet. Wenn er sich dieser elementaren Wahrheit bewußt ist, kann er anderen bei der Entwicklung ihres Bewußtseins helfen. In der Vergangenheit hat er dies versäumt, was der Grund dafür ist, daß er es jetzt tun muß.

Merkur im 6. Haus und Saturn in Haus 2 sind Anzeichen dafür, daß das Thema Dienstbereitschaft eine wichtige Rolle spielt. Merkur regiert die Jungfrau, was zur Folge hat, daß diese Stellung mit der Fähigkeit zu lehren in Verbindung steht. Als Gegenreaktion zum 12. Haus können wir hier den Schluß ziehen, daß der Gebore-

211

ne es in der Vergangenheit an sozialem Bewußtsein hat fehlen lassen und keine Bereitschaft zu dienen oder zu lehren gezeigt hat. Bei Saturn im 2. Haus, dem Haus der Werte, bedeutet Merkur in 6, daß der Mensch anderen ohne den Gedanken an Eigennutz helfen muß. Bezüglich der Vergangenheit haben wir es auch hier mit einer nervösen Ungeduld gegenüber anderen sowie mit der Tendenz zu tun, die Mitmenschen überkritisch zu beurteilen. Vielleicht war hier früher allerdings auch ein Übermaß an Selbstkritik und infolgedessen ein Gefühl der Minderwertigkeit gegeben. Im jetzigen Leben ist möglicherweise eine Haltung vorhanden, sich selbst herabzusetzen. Merkur im 6. Haus fordert den Menschen dazu auf, seine Fähigkeit zur Zusammenarbeit und zur Arbeit für andere in einem positiveren Licht zu sehen. Allerdings könnte er sich auch zuviele Gedanken über seine Gesundheit machen, weil er möglicherweise in der Vergangenheit ein Hypochonder gewesen ist.

Saturn im 3. Haus

Saturn im 3. Haus unterstreicht die Verantwortung, die der Geborene bei der Kommunikation mit anderen hat. Diese Stellung fordert dazu auf, durch das Erwerben von Wissen die alltäglichen Erfahrungen auf eine vernünftige Weise einzuordnen. Es handelt sich darum, ein Bewußtsein der eigenen Identität und des eigenen Wesens zu erlangen.

Wenn Saturn in diesem Haus positiv gestellt ist, bedeutet dies, daß es in der Vergangenheit stabile Familienverhältnisse sowie eine verantwortungsbewußte Einstellung gegenüber den Verwandten gegeben hat. In diesem Leben kann der Mensch dann erwarten, daß ihm seine Familie aufgrund der Sicherheit, die er ihr bietet, ihre Anerkennung ausspricht. Er könnte sich als der Ratgeber hinsichtlich familiärer Probleme erweisen. Es ist wichtig, hier auf das Zeichen zu schauen, in welchem Saturn steht. Ein männliches Zeichen zeigt, daß sich die Verantwortung auf Brüder bezieht, bei einem weiblichen geht es um die Schwestern. Wenn Saturn im 3. Haus schlecht gestellt ist, war der Mensch zu früheren Lebzeiten seiner Verantwortung nicht gerechtgeworden, sondern hat seine Familie abgelehnt und enttäuscht. Er hat es verweigert, den mentalen, moralischen oder spirituellen Beistand zu gewähren, der von ihm erhofft wurde. In diesem Leben könnte es dann dazu kommen, daß sich die Brüder oder Schwestern von ihm abwenden. Gleichfalls denkbar wäre, daß überhaupt keine Geschwister vorhanden sind, sondern daß der Geborene sehr darunter litt, ein Einzelkind zu sein.

Vom Blickpunkt der Kommunikation aus würde ein Jungfrau-Saturn im 3. Haus in Opposition zu Jupiter in Haus 9 möglicherweise einen Menschen bedeuten, der in einem früheren Leben ein religiöser oder ein spiritueller Lehrer gewesen ist und seinen Einfluß mißbraucht hat. In diesem Falle hätten wir wahrscheinlich die Fische an der Spitze des 9. Hauses, was für die Weigerung in einem früheren Leben steht, die Lehren der höheren Wahrheit anzuerkennen. Vorstellbar wäre auch, daß sich der Mensch zwar mit spirituellen Lehren auseinandergesetzt hat, es aber ablehnte, andere an seinen Erfahrungen teilhaben zu lassen.

Wir wollen nun annehmen, daß bei Saturn in 3 Merkur im 10. Haus steht. Hier war zu früheren Lebzeiten viel Ungeduld, ein schlechtes Urteilsvermögen sowie die Unfähigkeit vorhanden gewesen, mit anderen auf eine angemessene Weise zu kommunizieren. Diese Stellung zeigt auch bezüglich der Vergangenheit die Tendenz zu Vorurteilen sowie die Tatsache, daß der Mensch immer wieder die Kritik seiner Umgebung hervorgerufen hat. Um dies näher zu beschreiben, gehen wir davon aus, daß Saturn im Wassermann steht. In diesem Fall kam es zu einer mißbräuchlichen Nutzung der Wassermann-Prinzipien, dem Mangel an humanitären Idealen oder auch zur Ablehnung des Ideals der Brüderlichkeit. Dieser Mensch hatte sich der Erkenntnis der Einheit, die das Universum durchzieht, verweigert, und er war nicht dazu bereit, sich humanitären Gruppen anzuschließen. Merkur in Haus 10 verdeutlicht in diesem Zusammenhang, daß es der Geborene unterlassen hatte, eine Verbindung zu anderen herzustellen, und daß es nicht zur Diskussion über die Wassermann-Prinzipien gekommen war. Merkur könnte sich hier in den Fischen befinden, was für das aktuelle Leben die intensive Identifikation mit spirituellen Werten nahelegen würde. Die Aufgabe besteht darin, ein Beispiel für die Umsetzung des «Wir-Konzeptes» in die Realität zu werden. Es gilt in diesem Fall, andere auf eine positive Weise zu beeinflussen.

Das 4. Haus zeigt unseren Einfluß auf dieUmgebung. Der Mensch, der Jupiter rückläufig im 4. Haus hat, war sich möglicherweise niemals der Verantwortung bewußt, anderen ein Vorbild sein zu müssen. Die Rückläufigkeit von Jupiter zeigt für sich allein betrachtet, daß kein gutes Urteilsvermögen und keine Großzügigkeit, dafür aber viele Vorurteile gegeben waren. Wir können davon ausgehen, daß dieser Mensch sich in der Vergangenheit nicht durch die Christlichen Prinzipien wie zum Beispiel Weisheit oder Harmonie ausgezeichnet hat. Um dies wiedergutzumachen, ist eine Expansion des Selbstes im Hinblick auf die Vereinigung mit allen Formen des Lebens notwendig. Weisheit, ein gut entwickeltes Urteilsvermögen und der Verstand müssen die Eigenschaften sein, von denen aus die Person aktiv wird.

Merkur im 9. Haus im Löwen ist ein Hinweis darauf, daß der Geborene bezüglich der Wahrheiten der höheren Lehren wie Philosophie oder Religion außerordentlich ungeduldig und weiterhin sehr freizügig in seiner Kritik anderen gegenüber gewesen ist. Das Selbstbild dieses Menschen resultierte aus seinem Ego, aus der Eigenschaft, die Welt in der Verbindung zur eigenen Person zu sehen statt die eigene Person in ihrer Verbindung zur Welt. Um hier das Karma abzuarbeiten, muß der Geborene erkennen, welche Verantwortung er im Hinblick auf die Kommunikation hat, und er muß danach streben, seine Haltung und seine Persönlichkeit weiterzuentwickeln. Für jedes Horoskop mit einem Löwe-Merkur im 9. Haus gilt, daß Bescheidenheit und Dienstbereitschaft anderen gegenüber zum Ausdruck gebracht werden müssen. Es geht hier um die Erkenntnis, daß auch die Mitmenschen das Recht auf eigene Ideen und eine eigene Meinung haben. Der Löwe an der Spitze des 9. Hauses zeigt, daß der Geborene in der Vergangenheit mehr durch Befehl denn durch Überzeugung regiert hat und daß ihm das Wohlergehen der anderen nicht immer am Herzen lag. Es geht nun für ihn darum, eine angemessene Lebensphilosophie zu entwickeln und sich darum zu bemühen, das Selbst gemäß den Idealen der Brüderlichkeit und Universalität zum Ausdruck zu bringen.

Mit Saturn im 3. Haus hast du in der Vergangenheit keine gute Verbindung zu deinen Nachbarn gehabt, den Wert von Bildung nicht erkannt oder deine Chancen nicht genutzt. Was dieses Leben betrifft, mußtest du vielleicht auch deine Ausbildung unter– oder abbrechen.

Wir wollen jetzt annehmen, daß Jupiter in Haus 6 steht. Die Abarbeitung von Karma würde sich dann also auf den Bereich der Dienstbereitschaft anderen gegenüber beziehen. Der Geborene müßte sich hier an der Öffentlichkeit ausrichten, er müßte aktiv Anteil nehmen an gemeinschaftlichen Unternehmungen oder an Projekten, an denen Untergebene oder andere Menschen mitarbeiten. Wenn hier keine Spannungsaspekt vorliegt, dürfte der Betreffende von der Öffentlichkeit, den Mitarbeiter und den Untergebenen respektiert und anerkannt sein. Seine Umsicht sowie der Respekt, der ihm entgegengebracht wird, sind ein direktes Resultat des weisen Umgangs mit den entsprechenden Jupiter-Eigenschaften zu früheren Lebzeiten. Als Reaktion auf das 12. Haus könnte dies der Beweis dafür sein, daß sich der Geborene in der Vergangenheit durch Mitgefühl und Verständnis für andere ausgezeichnet hat.

Wenn hier negative Aspekte bestehen, dürfte mit Jupiter die Tendenz einhergehen, wenig Verständnis für die Probleme der Mitmenschen aufzubringen. Es könnte sein, daß hier viele Vorurteile vorhanden sind und der Mensch sich weigert, das Prinzip der Universalität anzuerkennen. In der Vergangenheit hat es sich hier um eine sehr selbstbezogene Persönlichkeit gehandelt. Es ist auch anzunehmen, daß die Gesundheit gut war, der Mensch dies aber als gegeben hinnahm und gesundheitliche Erwägungen für ihn keine Rolle spielten. Das könnte als Konsequenz für das aktuelle Leben eine Neigung zu Krankheiten bedeuten. Es könnte sein, daß Gesundheit gewünscht, aber nur sehr schwer zu erlangen ist.

Jupiter instruiert uns, wo wir an unserem Karma arbeiten können. In unserem Beispiel stehen dann also die Angelegenheiten, die mit dem 6. Haus zusammenhängen, im Vordergrund. In Verbindung damit geht es um die Erkenntnis des Ichs als der Instanz, die das alltägliche äußerliche Leben wahrnimmt.

Wir wollen hier noch eine andere Merkur-Stellung untersuchen, nämlich Merkur in Haus 1. Hierbei besteht im Hinblick auf das 3. Haus, in dem sich der Saturn befindet, ein Sextil. Dies heißt auf der allgemeinen Ebene, daß es sich bei diesem Menschen in der Vergangenheit um einen rastlosen, nervösen und gedankenlosen Charakter gehandelt hat. Diese Qualitäten erfahren durch das Zeichen, das an der Spitze des 1. Hauses steht, eine Modifikation. Die Stellung von Merkur in 1 bedeutet eine doppelte Betonung des Aspektes der Persönlichkeit oder der Art und Weise, wie die Welt diesen Menschen wahrnimmt und wie er sich der Welt präsentiert. Wenn Spannungsaspekte vorhanden sind, hat sich der Geborene in der Vergangenheit in dieser Hinsicht negativ dargestellt. Jetzt ist er gefordert, die positiveren Merkur-Eigenschaften zum Ausdruck zu bringen. Als Reaktion auf das 7. Haus geht es hier auch um die Identifikation mit den Mitmenschen. Auf der esoterischen Ebene steht Merkur für die Persönlichkeit. Für denjenigen mit Merkur in 1 ist es von grundlegender Wichtigkeit, sich darüber klarzuwerden, wie es um die Verbindung des Selbstes zu den Mitmenschen bestellt ist.

SATURN IM 4. HAUS

Wenn Saturn im 4. Haus positiv gestellt ist, heißt das, daß der Geborene in der Vergangenheit gut für seine Familie sorgte, daß er stabile familiäre Verhältnisse begründet hat, daß seine Familie sich auf ihn verlassen konnte und daß er seiner Verantwortung den Kindern gegenüber gerechtgeworden ist. In diesem Leben kann er die positiven Auswirkungen einer sicheren häuslichen Struktur genießen. Neben dieser eher allgemeinen Interpretation geht es bei Saturn in 4 darum, welches Selbstbild der Geborene hat und ob er in diesem Zusammenhang dazu in der Lage ist, andere konstruktiv zu beeinflussen. In der Vergangenheit ist er dieser Verantwortung gerechtgeworden. Der Mensch ist «seines Bruders Hüter» (hier handelt es sich um das christliche Ideal der Nächstenliebe). Seines Bruders Hüter zu sein heißt nicht, die Probleme für diesen zu lösen, sondern ihn dazu anzuleiten, sich selbst zu helfen.

Ein negativer Saturn in 4 bringt zum Ausdruck, daß der Geborene in früheren Leben die Familie nicht gut versorgt und keine stabilen häuslichen Strukturen begründet hat, was seine Aufgabe den Kindern gegenüber gewesen wäre. In diesem Leben wird er in einem Elternhaus aufgewachsen sein, das durch emotionale, intellektuelle, spirituelle oder finanzielle Mängel charakterisiert war. Auf der höheren Ebene geht es hier darum, daß der Mensch nicht willens war, seines Bruders Hüter zu sein. Jetzt kommt er aber nicht mehr darum herum, seine Verantwortung für andere anzuerkennen. Aller Wahrscheinlichkeit nach hat er eine Schutzmauer um sich errichtet, um niemanden mit seinen Sorgen an sich heranzulassen. Dies zeigt eine Distanz von der Umgebung und eine Losgelöstheit von weltlichen Vorgängen.

Wenn zwischen Saturn und Neptun ein Spannungsaspekt vorhanden ist, können wir dies als Beleg dafür ansehen, daß sich der Geborene nicht um den Ausdruck von Spiritualität bemüht hat. Als Reaktion darauf mangelt es auch im aktuellen Leben an Spiritualität. Dies trifft sowohl hinsichtlich unserer unmittelbaren häuslichen Umgebung als auch des aurischen Feldes zu, welches das Zuhause ist, das der Mensch immer mit sich trägt. Wenn du über diese Schwingungen Bescheid weißt, ist dir klar, was das heißt. «In dem Sandkorn ist das Universum» – und dein Universum bist du.

Die Stellung von Saturn im 4. Haus bedeutet die Notwendigkeit, eine positive Aura zu entwickeln beziehungsweise in der Folge davon einen positiven Einfluß auf andere zu nehmen. Das 1. Haus ist deine Persönlichkeit: Wie die Welt dich sieht. Das 4. Haus ist deine Welt in einem subtileren Sinn. Es geht hier um die Notwendigkeit, ein eigenes Zuhause zu errichten, in physischer oder in aurischer Betrachtung. Das 4. Haus steht im Quadrat zum 1. Haus, was heißt, daß es nicht ganz einfach ist, zwischen der äußerlichen und der innerlichen Person eine Verbindung herzustellen, die anderen als Vorbild dienen kann.

Wenn Saturn im 4. Haus negativ gestellt ist, können wir daran ablesen, daß du in der Vergangenheit dein Ich nicht entwickelt hast. Dein Selbstbild hatte zwar mit dir zu tun, aber eher auf selbstsüchtige denn auf selbstlose Weise. Falls Jupiter auch in 4 stehen sollte, wären beide Planeten Ausdruck dafür, daß sowohl im Zuhause wie auch in der unmittelbaren Umgebung am Karma gearbeitet werden kann. Es ist auch denkbar, daß Saturn im 4. und Jupiter im 1. oder im 7. Haus steht. Dies wäre auch kein Zufall. Was Reinkarnation und Karma betrifft, gibt es so etwas wie Zufall oder isolierte Geschehnisse nicht. Bei Saturn in Haus 4 wohnt dieser Jupiter-Stellung eine gewisse Logik inne. Jupiter in Haus 1 hat mit der Expansion der Selbsterkenntnis zu tun, und in 7, am Anfang des 3. Quadranten, steht er für den Beginn des Wir-Konzeptes, welches mit Anteilnahme oder Aufmerksamkeit für andere zusammenhängt. Saturn im 4. Haus dagegen zeigt, daß der Mensch sich darum bemühen muß, das Ich mit dem Wir in Verbindung zu bringen, aufgrund der Tatsache, daß er ein Bestandteil der verschiedenen Formen des Lebens ist und nicht unabhängig davon existiert.

Jedes Horoskop zeigt in seiner Abbildung der Polaritäten und Aspekte, auf welchem Gebiet der Mensch zu Harmonie und Ausgewogenheit kommen kann. In dem Beispiel, das wir jetzt untersuchen, ist Saturn im 4. Haus der Punkt der Balance. Jupiter in Haus 1 ist als Aspekt davon zu sehen. Letzterer steht für das Bedürfnis, die Expansion des Selbstes gemäß der Prinzipien von Weisheit, Verständnis und Lebensklugheit zu vollziehen. Als Reaktion auf das 7. Haus bedeutet dies die Einsicht, daß wir bei der Ausweitung der Bewußtheit für unser Selbst die Verbindung zu anderen berücksichtigen müssen. Jupiter im 1. Haus symbolisiert die Entwicklung des Ichs, und Jupiter in Haus 7 ist die Annäherung an das Leben aus der Gesamtheit der Beziehungen heraus.

Eine andere positive Stellung ist Jupiter im 11. Haus, welches nicht nur das soziale Leben und die Freunde repräsentiert, sondern auch die Verbindungen zu den Mitmenschen. Als Reaktion auf das 5. Haus hat es damit zu tun, auf welche Weise wir unsere Beziehungen erschaffen. Es ist hier zu beachten, welches Zeichen an der Spitze von 5 steht. Das im Tierkreis gegenüberliegende Zeichen würde dann an der Spitze des 11. Hauses stehen, dem Haus, in dem sich in unserem Beispiel Jupiter befindet. Wir wollen jetzt einmal annehmen, daß Jupiter hier im Skorpion steht und der Stier an der Spitze von 5. Die Weise, auf die sich der Stier hier zeigen könnte, ist diejenige, Freundschaften zu würdigen und auf verschiedene Art zu entwickeln. Skorpion an der Spitze des 11. Hauses würde bedeuten, daß die Werte, die andere betreffen, sehr wichtig sind – ob sich dies nun auf soziale Rollen, auf Freunde oder die Mitmenschen ganz allgemein bezieht. Skorpion, der Herrscher des 8. Hauses, könnte den Menschen den Wert der esoterischen Philosophie als Basis aller Beziehungen erkennen lassen.

Merkur wiederum bringt zum Ausdruck, auf welche Weise du an all dem arbeiten kannst. Wenn zum Beispiel Saturn im 4. und Jupiter im 6. Haus steht, würde sich dies auf den Aspekt der Dienstbereitschaft beziehen. Die Jungfrau ist der Herrscher des 6. Hauses sowie das Zeichen, welches mit Dienstbereitschaft zu tun hat. Wir wollen nun davon ausgehen, daß sich Merkur im 3. Haus befindet. Hier würde es darum gehen zu lernen, sich auf eine angemessene Art mit anderen auseinanderzusetzen. In der Vergangenheit war es dazu aufgrund der Tatsache, daß der Mensch wenig Geduld und wenig Aufmerksamkeit für seine Umgebung aufbrachte, nicht gekommen. Merkur im 3. Haus zeigt, daß es von außerordentlicher Wichtigkeit ist, mit anderen zu kommunizieren.

Das 3. Haus steht zunächst einmal für Geschwister. Wenn wir aber diese Merkur-Stellung im Zusammenhang mit Reinkarnation und Karma betrachten, können wir diesen Planeten nicht auf Verwandte oder die Nachbarn beschränken. Die ganze Welt und alle Menschen, die auf ihr leben, sind unsere Brüder, Schwestern, Nachbarn und Verwandten. Kommunikation spielt sich im weitesten Maßstab ab. Wo immer du in Erscheinung trittst, machst du durch deine Art zu kommunizieren auf dich aufmerksam. Auch hier ist es von großer Bedeutung, in welchem Zeichen sich der Planet befindet. Dies zeigt bei Merkur, auf welche Weise du dein Kommunikationsvermögen entwickeln solltest. Merkur in 3 können wir als Reaktion auf das 9. Haus betrachten, welches für Freiheit des Ausdrucks steht. Es geht dabei nicht nur um deine Freiheit, sondern auch um die der anderen – was sich auch auf Überzeugungen erstreckt, die von deinen abweichen. Für den Menschen, dessen Merkur sich im 3. Haus befindet, ist Kommunikation immer auf den konkreten und praktischen Aspekt bezogen. Selbst dann, wenn hier eine gewisse Intellektualität zum Ausdruck kommt, ist es ihm wichtig, daß alle verstehen, was er meint.

Auf der esoterischen Ebene hat Merkur mit der Selbst-Identifikation zu tun, wobei es sich um einen sehr subtilen Einfluß handeln kann. Mit Merkur im 3. Haus muß diese Identifikation immer mit dem praktischen Aspekt verbunden sein und auf den Alltag angewendet werden. Merkur bedeutet den Verstand auf der praktischen Ebene und die Auseinandersetzung mit den konkreten Dingen des Lebens. Mit Merkur im 3. Haus ist die Information verbunden, daß du in der Vergangenheit keine Selbst-Identifikation zur Entwicklung gebracht hast. Vielleicht warst du dir deiner selbst bewußt gewesen – zur Selbst-Identifikation aber ist es nicht gekommen. Letztere ist Voraussetzung dafür, daß das Ich-Prinzip im Rahmen der alltäglichen Geschehnisse auch tatsächlich zum Ausdruck gebracht wird. Merkur in Haus 3 gibt dir die Möglichkeit, diese Identifikation auf einer höheren Bewußtseinsebene zu erreichen, mit dem Begleiteffekt, daß die Angelegenheiten des 2. Quadranten dazu beitragen können, das Ich-Prinzip zu unterstützen. Diese Merkur-Stellung bedeutet, daß Selbstlosigkeit – und nicht Selbstbezogenheit – eines der Lebensziele ist.

Ein weiteres Beispiel für Merkur und die Abarbeitung von Karma soll die Stellung dieses Planeten im 8. Haus sein. Diese Merkur-Position zeigt, daß du in der Vergangenheit keine spirituellen Wahrheiten zum Ausdruck gebracht hast. Im aktuellen Leben geht es für dich nun darum, eine solide Basis von unumstößlichen metaphysischen Wahrheiten zu errichten. Durch dieses Begründen von Wissen und von höheren Werten kommst du in die Lage, anderen etwas Bedeutungsvolles sagen zu können. Und indem du mit anderen hierüber kommunizierst, wirst du wiederum neue Dinge erfahren. Du kannst nicht etwas erhalten, bevor du nicht etwas gibst – gemäß dem Motto, daß alles ein ständiges Geben und Empfangen ist. Je mehr du gibst, desto mehr wirst du erhalten. Merkur mit all seinen praktischen Aspekten steht auch in 8 für die Notwendigkeit, die Wahrheiten, die du entdeckst oder erkennst, auf der konkreten praxisbezogenen Ebene im Rahmen von Dienstbereitschaft zur Anwendung zu bringen. Es ist interessant, daß dieser Planet der Herrscher sowohl des 3. Hauses (Kommunikation) als auch der von 6 ist (Dienstbereitschaft und Lehren). Diese dualistische Qualität verkörpert zwei einander mehr oder weniger entgegengesetzte Eigenschaften und zeigt dabei, auf welche Weise wir am Karma arbeiten sollten.

Eine andere positive Stellung ist in diesem Zusammenhang Merkur im 12. Haus. Hier ist die Opposition zu Haus 6 gegeben, dessen Herrscher Merkur ist. Dienstbarkeit kommt also gemäß der Aktivitäten zum Ausdruck, die mit dem 6. Haus zusammenhängen, allerdings auf einer subtileren Ebene. Mit der Stellung in 12 fördert Merkur das Bewußtsein für das eigene Wesen, für Karma, für die seelischen Qualitäten und für das Prinzip der Universalität. Er zeigt hier durch die Selbst-Identifikation mit den seelischen Qualitäten, daß der Mensch die Fähigkeit hat, anderen zu Diensten zu sein. Dies würde vervollständigt durch den Ausdruck von wahrer Spiritualität, welche auf der Vorstellung von Brüderlichkeit und Einheit beruht, die das Universum durchzieht. Durch diese Qualitäten könnte der Merkur-Einfluß den Menschen dazu bringen, anderen ein leuchtendes Vorbild zu sein. Voraussetzung dafür ist allerdings das Dienen, ohne damit die Hoffnung auf Anerkennung zu verbinden. Es geht darum zu dienen um des Dienens willen.

Wir wollen jetzt untersuchen, was Saturn rückläufig in der Jungfrau bedeutet. Was heißt dies im Hinblick auf Reinkarnation und
Karma? Es bestand hier in der Vergangenheit die Tendenz, anderen
gegenüber nur scheinbar oder auf eine sehr oberflächliche Weise
zu Diensten zu sein oder sich abseits der Mitmenschen zu halten.
Die Lektion, die der Jungfrau-Saturn im 4. Haus bringt, ist zu lernen, sich intensiv und ernsthaft mit anderen auseinanderzusetzen.
Der Mensch muß hier jeder Person den Eindruck vermitteln, daß er
Anteil an ihrem Geschick nimmt.

Wenn dein Jupiter im 10. Haus im Widder stehen würde, könntest du dein Karma durch die Präsentation deiner Persönlichkeit abarbeiten. Auch hier wäre die Expansion der Persönlichkeit oder des
Egos das beherrschende Thema. Das Ego ist wichtig, allerdings
nicht vom Standpunkt des Selbstes aus betrachtet (hinsichtlich des
Selbstes war es in der Vergangenheit zu Exzessen gekommen). Finden wir den Widder im 11. Haus, könntest du in der Vergangenheit
sehr ungeduldig mit deinen Mitmenschen gewesen sein, weil sie
sich anders aufgeführt haben als du oder weil sie im Kontakt zu anderen nicht so redegewandt waren. Habe Geduld! Es befinden sich
nicht alle Menschen auf der gleichen Stufe des Bewußtseins oder
der Entwicklung.

SATURN IM 5. HAUS

Saturn im 5. Haus hat insbesondere etwas mit dem ersten Kind zu tun. Wenn du Kinder hast, ist es das erste Kind, für das du eine besondere Verantwortung trägst. Ein verletzter Saturn steht immer für eine sehr große Verantwortung gegenüber Kindern, und oftmals dafür, daß diese Enttäuschungen bringen. Möglicherweise erreichen sie nicht das, was du dir von ihnen erwartest hast, und vielleicht geben sie dir nichts von deiner Zuneigung für sie zurück. Die Kinder des Menschen, dessen Saturn im 5. Haus steht, nehmen häufig als gegeben hin, was ihre Eltern für sie tun, ohne jemals dafür Dank oder Anerkennung zu bekunden.

Wenn Saturn hier in einem fruchtbaren Zeichen steht, ist die Wahrscheinlichkeit größer, daß Kinder vorhanden sind. Allerdings ist damit auch mehr Verantwortung gegeben. Wenn es sich hier um ein unfruchtbares Zeichen handelt, hast du höchstwahrscheinlich keine Kinder. Du solltest auch bedenken, daß die Stellung von Saturn in Haus 5 bedeutet, daß sowohl ein Halbsextil als auch ein Halbquadrat zum 6. Haus vorhanden ist. Jeder Spannungsaspekt von der Sonne oder dem Mond aus könnte gesundheitliche Probleme mit sich bringen, welche den Kinderwunsch verhindern.

Ein Beispiel dazu: Ein junges Paar, er ein Ire und sie ein italienisches Mädchen. Iren halten sich ja immer für sehr zeugungskräftig, und auch Italienerinnen gelten als fruchtbar. In den sechs Jahren nach ihrer Hochzeit hatten sie kein Kind bekommen. In dem Glauben, daß es an ihr läge, hatte der Mann sie zu allen möglichen Ärzten gebracht, allerdings ohne jeden Erfolg. Als ihre Horoskope berechnet wurden, stellte sich heraus, daß er einen verletzten Saturn im 5. Haus hatte, im Spannungsaspekt zur Sonne in Haus 6. Es wurde ihm gesagt, daß es ihm aufgrund gesundheitlicher Probleme, die auf seine Kindheit zurückgingen, nicht möglich sei, Kinder zu zeugen. Er wollte das nicht glauben und fuhr nach Connecticut, wo seine Tante lebte (seine Eltern waren bereits tot). Er sprach mit ihr darüber, wie es in seiner Kindheit um seine Gesundheit bestellt war, und mußte hören, daß er mit neun Jahren Mumps gehabt hatte, wobei auch die Leistengegend befallen war (was sich in Zeugungsunfähigkeit auswirken kann). Es wurde dann seine Samenflüssigkeit untersucht und festgestellt, daß der betreffende Wert etwas zu niedrig lag. Aufgrund dessen kam es zu einer medizinischen Behandlung, und eineinhalb Jahre später hatte das Paar sein erstes Kind.

Wenn in deinem Horoskop Saturn in 5 steht und ein Spannungsaspekt zu Neptun vorhanden ist, weist das darauf hin, daß du zu früheren Lebzeiten uneheliche Kinder gehabt hast. Früher genossen diese Kinder nicht den gesetzlichen Schutz wie heutzutage. Dieses Karma macht sich deshalb im aktuellen Leben bemerkbar, mit dem Resultat, daß du entweder keine Kinder hast oder daß dir deine Kinder große Probleme bereiten. Saturn im 5. Haus heißt vom Blickpunkt der Reinkarnation und des Karmas aus, daß du es in der Vergangenheit abgelehnt hast, Verantwortung gegenüber deinen Nachkommen zu übernehmen.

Saturn in 5 zeigt in Abhängigkeit zu dem Planeten, den er aspektiert, auch, welche Fehler du zu früheren Zeiten in der Liebe gemacht hast. Im Horoskop der Frau können wir an Saturn unter Umständen ablesen, daß viele Affären zu verheirateten Männern gegeben waren. Im Horoskop des Mannes steht er dafür, daß dieser heimlich Verhältnisse zu verheirateten Frauen hatte. Das Individuum hat sich geweigert, selbst Verantwortung zu übernehmen, zumindest, was den Ausdruck von wahrer Liebe betraf. Es war für ihn bequemer, sich mit jemandem einzulassen, der seinerseits schon gebunden war, in der Gewißheit, daß nichts Ernsthaftes aus der Beziehung werden konnte. Der Mensch ist aber gefordert, Verantwortung zu übernehmen. Untersuche hier das Zeichen näher – alle Planeten kommen gemäß den Qualitäten, die mit dem Zeichen einhergehen, zum Ausdruck. Das Zeichen enthüllt, welche Fehler

begangen wurden, und was getan werden kann, sie wiedergutzumachen.

Wo sollte deiner Ansicht nach Jupiter hier am besten stehen? Erinnere dich an die Dreiecksbeziehungen. In allgemeinerer Hinsicht
ist es Merkur, der Kommunikation symbolisiert. Wir müssen die
Merkur-Stellung untersuchen, wenn wir uns fragen, auf welche
Weise wir mit unseren Mitmenschen verbunden sind. Auf der esoterischen Ebene ist dieser Planet durch eine Bipolarität geprägt, und
er hat zu tun mit der Selbst-Identifikation. Dies ist wichtig, wenn du
dich mit deinem Karma in seiner Gesamtheit auseinandersetzt und
damit, wo du an ihm arbeiten kannst. Die Identifikation mit dir
selbst ist ein notwendiger Schritt. Um unser Karma aus der Vergangenheit abzuarbeiten, müssen wir uns zunächst einmal damit beschäftigen, wer wir selbst sind. Wo sollte Jupiter im Zusammenhang
mit Saturn im 5. Haus deiner Meinung nach also am besten stehen?

Es gibt zwei Bereiche, die hierfür sehr positiv wären. Zum einen
wäre dies Jupiter in Haus 11. Das 11. Haus hat sehr viel mit unseren
Beziehungen zu tun. Wenn Jupiter sich hier befindet, mußt du dein
Karma in deinen Beziehungen zu den Mitmenschen abarbeiten.

Wie steht es mit Jupiter in Haus 4? Das 4. Haus bedeutet die Umgebung. Allgemeiner gesagt handelt es sich um die physische Struktur, die uns in unserem Zuhause umgibt, sowie um die Aura, die
wir mit uns tragen. Alles, was wir denken, fühlen und sagen, findet
seinen Niederschlag in unserer Aura. Wenn du in einen Raum
kommst, in dem Menschen sind, könnten dich Gefühle überfluten,
die dich schockieren; vielleicht aber fühlst du dich auch von jeder-
mann freundlich aufgenommen. Hier handelt es sich um verschiedene zwischenmenschliche Einflüsse. Jupiter ist im Hinblick auf
Reinkarnation und Karma sehr wichtig. Er zeigt, welchen Einfluß
wir auf unsere Umgebung ausüben. Aus diesem Grund ist Jupiter in
4 auch eine gute Stellung für den Fall, daß sich Saturn in 5 befindet.
Es kommt damit auch zum Quadrat zu Haus 1. Dies unterstreicht
die Notwendigkeit, die eigene Persönlichkeit zur Entwicklung zu
bringen, um damit andere konstruktiv zu unterstützen.

Wir wollen jetzt einmal den Fall setzen, daß Jupiter im 2. Haus
steht. Wenn wir in karmischen Begriffen denken, müssen wir uns
mehr mit Werten als mit Geld beschäftigen. Werte sind das Wichtigste im Leben. Was das Karma betrifft, sollten wahre Werte für den
Menschen mit Jupiter in 2 oberste Priorität haben. Wir sehen hier

auch die Opposition zum 8. Haus, welches mit den höheren Werten in Verbindung steht. Jupiter in 2 und Saturn in 5 könnten zum Beispiel finanzielle Verantwortung für Kinder bedeuten (was allerdings eine allgemeinere Betrachtungsweise ist).

Jupiter in 4 bezieht sich bei Saturn in 5 auf das Zuhause. Als Vater oder als Mutter hast du es mit dieser Stellung zu früheren Lebzeiten versäumt, das Nötige für dein Zuhause zu tun. Es handelt sich hier um den Bereich, in dem du jetzt tätig werden solltest. Mit Saturn in 5 mußt du dies in Verbindung damit sehen, daß du früher der Verantwortung deinen Kindern, Liebespartnern oder deiner Kreativität gegenüber nicht gerechtgeworden bist. Diese Planetenstellung bedeutet die Opposition zu Haus 11, welches für Beziehungen steht.

Mache dir die verschiedenen Faktoren, die hier eine Rolle spielen, klar. Es ist beispielsweise nicht der eine Planet im Löwen im 1. Haus, der in diesem Falle von Bedeutung ist. Auch die Aspekte, die zwischen den Planeten bestehen, sind in Betracht zu ziehen. Rufe dir auch ins Gedächtnis, daß zum Beispiel das 1. Haus automatisch die Opposition zu Haus 7 bedeutet. Es handelt sich hier zwar um einen subtilen, nichtsdestotrotz aber wichtigen Einfluß.

Wenn Jupiter im 11. Haus in Opposition zu Saturn in 5 steht, könnten Schwierigkeiten beim Eingehen von Freundschaften vorhanden sein. Wenn du aber erst einmal gelernt hast, die verschiedenen Menschen und Beziehungen zu schätzen, und angemessene soziale Wertvorstellungen entwickelt hast, kannst du aus dieser Stellung sogar einen Gewinn ziehen.

Gesetzt den Fall, Saturn befindet sich in 5 und Jupiter sich in 7 – wo wäre deiner Meinung nach der beste Platz für Merkur? Merkur ist Kommunikation, und er herrscht über die Jungfrau, welche für Unterscheidungsvermögen steht. Die vielleicht wichtigste Jungfrau-Eigenschaft hinsichtlich der Reinkarnation ist die Dienstbereitschaft. Die beste Stellung wäre also Merkur im 6. Haus.

Auf welche Weise würdest du dich mit anderen verbinden, wenn Merkur in Haus 2 stünde? Unter Einsatz der Kommunikation über Werte. Merkur herrscht aber auch über die Jungfrau beziehungsweise über das Unterscheidungsvermögen, was heißt, daß du zwischen guten und schlechten Werten unterscheiden mußt. Darin liegt die Lektion, die diese Merkur-Stellung beinhaltet. Es kommt hier darauf an, was wirklich wichtig ist und was nicht. Vom Standpunkt der Reinkarnation aus geht es um die Unterscheidung zwischen wahren und falschen Werten.

Jupiter hat mit Überzeugungen und Vorurteilen zu tun. Wenn bei dir Saturn in 5 steht und, in Opposition dazu, Jupiter in Haus 11, waren deine Verbindungen zu den Mitmenschen in der Vergangenheit auf Vorurteile und tendenziöse Einstellungen begründet. Vorurteile können sich auf soziale, auf ökonomische, auf intellektuelle, religiöse oder ethnische Faktoren beziehen. Mit Merkur in Haus 6 könnte deine Aufgabe darin liegen, angesichts all dessen Unterscheidungsvermögen zu entwickeln. Merkur in 6 bedeutet ungeachtet seines Zeichens, daß ein Jungfrau-Einfluß gegeben ist (die Jungfrau herrscht über das 6. Haus), was zur Folge hat, daß das Urteilsvermögen eine wichtige Rolle spielt. In der Vergangenheit bestand mit dieser Stellung kein Blick für die Auswahl von Freunden. Und was genauso wichtig war: Dieser Mensch zeigte sich nicht dazu in der Lage, Auswahlkriterien für seine Beziehungen zu entwickeln. Würdest du zum Beispiel eine Freundin danach auswählen, ob sie blond ist, oder dich gegen jemand entscheiden, weil dir Schwarzhaarige zuwider sind? Kommt es nicht vielmehr darauf an, jemanden gemäß seinem Wesen zu schätzen? Ist nicht das Ausschlaggebende, daß gemeinsame Interessen vorhanden sind? Zuviele Menschen lassen sich bei ihrem Urteil über andere von äußerlichen Faktoren leiten.

Wir haben es bisher bei den Saturn-Stellungen mit der nördlichen Hälfte des Horoskops zu tun, mit den Häusern 1 bis 6, in denen es um das Ich-Prinzip geht. Der 1. Quadrant repräsentiert die Entwicklung des Ichs, der 2. steht für dessen Vervollkommnung. Die Bedeutung der Nordhälfte des Horoskops liegt darin, daß wir daran arbeiten müssen, uns unserer selbst bewußt zu werden. Diese Bewußtheit müssen wir dann in unserem Alltag zum Ausdruck bringen. Wenn sich Saturn in der Nordhälfte deines Horoskops befindet und dort im 1. Quadranten, heißt das, daß du dein Ich in der Vergangenheit nicht angemessen entwickelt hast. Steht er im 2. Quadranten, ist daran abzulesen, daß es hinsichtlich der Vervollkommnung des Ichs beziehungsweise bei dessen Anwendung Probleme gegeben hat. Hier geht es darum, welchen Einfluß du auf andere hast und wie es um deine Dienstbereitschaft bestellt ist. Hier zeigt sich, wie du dein Ich-Konzept zur Anwendung bringst. Es geht also bei Saturn in 5 nicht ausschließlich um Kinder, um Liebesaffären und um Kreativität, sondern auf einer subtileren Ebene darum, wie du dich gemäß deinem Bild von dir im Leben zum Ausdruck bringst.

Wenn Merkur im 6. Haus steht, bringst du dich selbst durch Dienstbereitschaft zum Ausdruck. Merkur oder Jupiter in der Südhälfte des Horoskop beziehungsweise im 3. Quadranten haben dagegen mit der Entfaltung des Wir-Konzeptes zu tun. Der 4. Quadrant wiederum Vervollkommnung. Die Auseinandersetzung mit anderen ist dann geprägt durch die Erkenntnis der Universalität, der Brüderlichkeit und der Einheit. Wenn bei dir sowohl Saturn als auch Jupiter als subtilerer Einfluß in der Südhälfte des Horoskops stehen, zeigt sich all dies durch eine Einstellung, die sich auf das Wir und nicht mehr auf das Ich bezieht: »Nach dir«. Die Südhälfte des Horoskops hat auch mit dem Geistigen zu tun, mit dem kulturellen Aspekt der Menschheit. Das 12. Haus ist das Haus des Karmas, die letzte spirituelle Initiation, welche dich aus dem Rad der Inkarnationen erlöst.

Jupiter in Haus 9, welches mit dem höheren Geist in Verbindung steht, zeigt, daß du hinsichtlich des Lebens, der Philosophie und der Religion eine eigenständige Anschauung entwickeln mußt, welche allerdings nicht auf einer rein intellektuellen Herangehensweise beruhen darf. Wenn hier Spannungsaspekte vorhanden sind, könnte das ein Beleg dafür sein, daß es in dieser Beziehung in der Vergangenheit Probleme gegeben hat und daß du dich möglicherweise der Religion mit sehr vielen Vorurteilen genähert hast. Du mußt nun lernen, mit dem höheren Selbst – auch Christliches Prinzip genannt – zusammenzuarbeiten.

Das 9. Haus steht vom Blickpunkt der Reinkarnation aus für den freien Ausdruck. Wenn sich bei dir Jupiter in diesem Haus befindet, ist es sehr wichtig, daß du vor den Überzeugungen deiner Mitmenschen den größten Respekt hast und ihnen dabei hilfst, diese zum Ausdruck zu bringen – auch dann, wenn du ihnen inhaltlich nicht zustimmst. Das ist deshalb für dich von Bedeutung, weil du es in früheren Leben nicht getan hast. Im 9. Haus kommt das Wir-Prinzip zur Kulmination. Es sind unsere Philosophie und unsere Lebensanschauungen, in Verbindung mit unserem Wissen, die bestimmen, welches Ende unsere Freundschaften, unsere Arbeitsverhältnisse und sogar unser Leben nehmen.

Die meisten Menschen neigen dazu, sich mit dem 8. Haus ausschließlich vom Gesichtspunkt des Todes aus zu beschäftigen. Das

8. Haus steht aber für mehr als nur den Tod. Es geht hier um das Ende von Entwicklungen oder von Dingen, welches Veränderungen mit sich bringt. Es ist Merkur, der für Veränderung steht, und Merkur in Haus 8 heißt, daß der Mensch sich auf einer praxisbezogenen Ebene verändern und neugestalten muß gemäß der Anwendung von Philosophie, Wissen und des höheren Geistes. Du kannst all dies durch Merkur zum Ausdruck bringen. Weil du hier in der Vergangenheit Fehler gemacht hast, ist es notwendig, daß du jetzt von einer soliden Basis ausgehst.

Das 8. Haus steht auch für das Interesse an Astrologie, dem Okkulten sowie allen Dingen, die mit dem Tod zusammenhängen. Die meisten Menschen denken hier an Testamente und an Erbschaften – in Wirklichkeit aber geht es um das Interesse am Leben nach dem Tod. Träume haben ebenfalls mit diesem Haus zu tun. All dies ist in Verbindung mit Karma und Reinkarnation zu sehen. Es handelt sich um Irrtümer der Vergangenheit, die sich jetzt im Leben durch Saturn in Haus 5 manifestieren.

Das Wichtigste mit Saturn in 5, Jupiter in Haus 9 und Merkur in Haus 8 ist die Einstellung, mit der du dem Leben gegenübertrittst. Durch die Auseinandersetzung mit dem höheren Geist mußt du lernen, wie du in deinem Alltag diese Wahrheiten auf praxisbezogene Weise zum Ausdruck bringen kannst. Es geht darum, daß du Einfluß darauf nimmst, wie die Dinge ausgehen. Ich meine hiermit nicht das impulsive Aufkündigen einer Freundschaft oder Stellung oder den fortwährenden Umzug von einer Wohnung zur anderen. Es gibt Menschen, die Freundschaften nach einer Auseinandersetzung beenden, die umziehen, weil sie mit ihren Nachbarn nicht zurechtkommen, und die kündigen, weil sie mit ihren Mitarbeitern Probleme haben. Bei diesen impulsiven Aktionen wird aber kein Konflikt wirklich gelöst. Mit Merkur in Haus 8 ist es wichtig, die Dinge zu einem Ende zu bringen. Aufgrund der Selbstsüchtigkeit, die du in der Vergangenheit gezeigt hast, waren dir andere Menschen gleichgültig, und es hat dich nicht besonders interessiert, was aus dieser oder jener Entwicklung wurde.

Wenn Saturn und Jupiter in Haus 5 stehen, wäre dies eine besondere Betonung des karmischen Aspektes, die zeigt, welch große Rolle die Probleme der Vergangenheit auch heute noch spielen. Falls einer dieser beiden Planeten rückläufig ist, bedeutet das, daß bestimmte Probleme der Vergangenheit auch in diesem Leben zum

Ausdruck kommen (rückläufige Planeten zeigen, daß negative Charakterzüge aus der Vergangenheit sich im aktuellen Leben erneut bemerkbar machen). Wenn du in deinem Horoskop Jupiter im 5. Haus hast und Saturn im gleichen Haus rückläufig ist, könnte es für dich ratsam sein, dieser Tatsache immer wieder Aufmerksamkeit zu schenken.

Der absteigende oder auch südliche Mondknoten bedeutet die Tendenz, zyklischen Mustern zu folgen. Diese stehen für unbewußte Antriebskräfte, die aus der Vergangenheit übernommen worden sind. Der aufsteigende oder nördliche Mondknoten repräsentiert dagegen die Art und Weise, wie du diese übernommenen Muster transformieren solltest. Das heißt also, daß du Merkur – wo immer er auch stehen mag – in Beziehung zum aufsteigenden Mondknoten setzen solltest. Merkur verdeutlicht, wie du am Karma arbeiten kannst. Der aufsteigende Mondknoten zeigt dir den neuen Weg oder den neuen Kanal, auf den du deine Aufmerksamkeit richten solltest. Es handelt sich dabei nicht um den Zusammenhang zwischen zwei oder mehr Horoskop-Faktoren, sondern um das Zusammenspiel von allen.

Saturn und Jupiter zusammen in einem Haus stellen eine besondere Betonung des karmischen Aspektes dar, gemäß der Weisheit: »Was du gesät hast, wirst du ernten.«

Saturn im 6. Haus

Wenn im Horoskop Saturn im 6. Haus steht, spielen gesundheitliche Faktoren, die Einstellung zur Dienstbarkeit sowie die Reaktionen auf die Öffentlichkeit, auf Mitarbeiter und Untergebene eine wichtige Rolle. Dies sind die wichtigsten Faktoren des 6. Hauses im Hinblick auf Reinkarnation und Karma (wir wollen uns hier nicht mit den nebensächlicheren Punkten wie zum Beispiel Operationen oder der Armee auseinandersetzen). Von Saturn in Haus 6 ist angezeigt, daß daß du in der Vergangenheit deine Verantwortung gegenüber der Gesellschaft nicht anerkannt hast. Wir wollen nun beispielshalber annehmen, daß Saturn dabei im Skorpion steht. Du hast in diesem Fall Gleichgültigkeit gegenüber den Problemen deiner Mitmenschen gezeigt und brachtest infolgedessen eine herablassende und ablehnende Haltung zum Ausdruck. Es ging dir früher nur um dein eigenes Wohlergehen und nicht um das der anderen.

Ein anderes Beispiel soll Saturn in 6 in der Waage sein. Dies wäre ein Anzeichen für Gleichgültigkeit aufgrund der Tatsache, daß du keine Lust verspürtest, dich mit vermeintlich nebensächlichen Problemen zu beschäftigen. Das 6. Haus ist das Jungfrau-Haus, was uns zeigt, daß du dich vielleicht im Übermaß mit deiner Gesundheit beschäftigt hast und möglicherweise ein Hypochonder warst. In diesem Leben geht es für dich darum, im Hinblick auf die angeführten Bereiche Verantwortungsbewußtsein zu beweisen. Dies ist nicht möglich mit einer oberflächlichen Herangehensweise. Du mußt nun dafür tätig werden, eine solide und ernsthafte Einstellung zum Ausdruck zu bringen. Du mußt dir immer darüber im klaren sein, daß mit Saturn in Haus 6 eine Beziehung zum entgegengesetzten 12. Haus gegeben ist, welches für das Karma steht. Aufgrund dieser Tatsache bedeutet Saturn hier die Notwendigkeit, sich der verschiedenen Formen der Dienstbarkeit bewußt zu sein. Mit dieser Bewußtheit kannst du, wenn du dich um die Entwicklung deiner seelischen Qualitäten bemühst, Spiritualität zum Ausdruck bringen. Der Herrscher des 12. Hauses ist Neptun, und Neptun ist unser spiritueller Führer, nicht nur, was die Menschheit betrifft, sondern auch hinsichtlich der Erde und der Planeten überhaupt. Worum es geht, ist Dienstbereitschaft in jeder Beziehung.

Das 6. Haus steht für das Ernten, wobei sich das Ernten nicht nur auf die Saat dieses Lebens bezieht, sondern auch auf frühere Lebzeiten. Dieses Haus bedeutet des weiteren die Möglichkeit zur Selbstvervollkommnung, unter der Voraussetzung, daß sich der Mensch anstrengt. Hier liegt die Entsprechung zu dem biblischen Motto: An dem, was sie ernten, sollt ihr sie erkennen. Das 6. Haus symbolisiert auch Unterscheidungsvermögen und Ungeduld, aufgrund der Verbindung zu der Jungfrau. Saturn in diesem Haus zeigt, daß in der Vergangenheit derartige Eigenschaften vorhanden gewesen sind.

Wenn Saturn zum Beispiel im 6. Haus verletzt im Zeichen Steinbock steht, können wir daran ablesen, daß der Mensch zu früheren Lebzeiten keine Verantwortung für die Bedürfnisse anderer übernommen hat. Der Grund hierfür lag in der Weigerung, sich mit gesellschaftlichen Trends zu identifizieren und Anteilnahme am Fortkommen der anderen zu zeigen. Diese Stellung unterstreicht, daß es um so wichtiger ist, jetzt anderen seine Dienste zur Verfügung zu stellen. Der Steinbock tendiert dazu, konservativ zu sein, und er ist nicht unbedingt an Zusammenarbeit interessiert. Saturn aber in dieser Stellung zeigt, daß der Mensch auf gesellschaftliche Bedürfnisse reagieren muß. Dies könnte sich zum Beispiel in einer Lehrtätigkeit äußern.

Eine gute Stellung bei Saturn in 6 ist Jupiter im 12. Haus. Hier geht es um die Liebe zur Menschheit, um Brüderlichkeit und um Universalität. Indem du bei der Arbeit an deinem Karma die Jupiter-Energien zum Ausdruck bringst, kannst du ein Bewußtsein des Göttlichen erlangen. Jupiter steht immer für den Aspekt der Weisheit gemäß dem Christlichen Prinzip. Weisheit entspringt nicht nur unseren täglichen Erfahrungen und dem, was wir aus diesen lernen, sondern auch einer Lebensanschauung, die auf konstruktiven und positiven Werten beruht. Mit der Jupiter-Stellung im 12. Haus ist die Forderung verbunden, daß die Lebensanschauung spirituell ausgerichtet ist und auf Mitgefühl und Verständnis gründet. Die Basis dieser Philosophie ist durch die seelischen Qualitäten gekennzeichnet, wie sie vom 12. Haus dargestellt sind. Es geht hier auch um den Charakter der innerlichen Person. Jupiter an dieser Stelle zeigt, daß sich der Mensch im Inneren über all die positiven Zügen der Lebensanschauung im klaren sein sollte. Was die äußere Persönlichkeit angeht, muß diese eine Widerspiegelung des innerlichen Charakters sein.

Jupiter herrscht über das 9. Haus. Dies bedeutet die Forderung, daß du anhand von einer strukturierten Ausbildung Wissen sammelst – durch Lesen oder die Mitarbeit in Gruppen, wobei beides einen spirituellen Anstrich haben sollte. Diese Stellung bringt auch zum Ausdruck, daß du es dir nicht leisten kannst, Vorurteile zu haben – aufgrund der Tatsache, daß du in der Vergangenheit Vorurteile gezeigt hast. Bei der Stellung im 12. Haus ist Jupiter ein Anzeichen dafür, daß diese Vorurteile den Gefolgsleuten gegenüber auf äußerlichen Zügen sowie auf religiösen und philosophischen Ansichten beruhten. Es könnte insofern sein, daß jetzt du in dieser Hinsicht die Zielscheibe von Vorurteilen bist: »Was du säst, wirst du ernten.« Das 9. Haus steht immer mit dem höheren Geist in Verbindung, mit dem äußeren Selbst und dem Christlichen Prinzip.

Bei Jupiter in Haus 12 haben wir es mit dem Quadrat zum 9. Haus zu tun, über das dieser Planet herrscht. Dies zeigt, worin die Herausforderung im Hinblick auf die Jupiter-Energie besteht. Jupiters Stellung im 12. Haus bringt zum Ausdruck, daß das Karma am besten abgearbeitet werden kann durch die Arbeit für bestimmte Einrichtungen oder Institutionen. Dies würde in einem unmittelbaren Zusammenhang mit den Bedürfnissen und Wünschen der Öffentlichkeit stehen (die Opposition zum 6. Haus). Jupiter symbolisiert den humanitären Aspekt. Das soll nicht heißen, daß du auf diesem Gebiet zu einer Führungspersönlichkeit werden mußt – es geht nur darum, daß du dich dort, wo sich Jupiter in deinem Horoskop befindet, um die Verbindung mit den Bedürfnissen der Gesellschaft und mit sozialen Bewegungen bemühst und dein Selbst gemäß der gesellschaftlichen Rahmenbedingungen zum Ausdruck bringst. Du könntest der Mensch sein, der mit anderen an der Umgestaltung der Gesellschaft arbeitet oder der hilft, Beschränkungen zu überwinden. In der Vergangenheit hast du es versäumt, dies zu tun. Um dir hier nicht wieder etwas zuschulden kommen zu lassen, solltest du unter Berücksichtigung der Merkur-Stellung in deinem Horoskop gegen die entsprechenden negativen Eigenschaften angehen. Das schlußendliche Resultat, das mit der Arbeit gemäß Jupiter im 12. Haus verbunden sein kann, könnte dir viel Respekt, Anerkennung und Ehre einbringen.

Eine andere günstige Stellung bei Saturn im 6. Haus ist Jupiter in Haus 11. In diesem Fall kann am Karma am besten gearbeitet werden, indem die Verbindungen zu anderen so positiv wie nur möglich gestaltet werden. Die Beziehungen sollten hier unbedingtes Vertrauen widerspiegeln. Es geht in diesem Fall für dich darum, eine angemessene und wohlüberlegte Lebensanschauung zu entwickeln, was dann zur Folge hätte, daß dich andere um Hilfe bitten und dich in gewisser Beziehung als Führer sehen.

Wenn Jupiter im 11. Haus negativ aspektiert ist, bedeutet das die eindringliche Warnung vor einer vorurteilsbeladenen Einstellung, wie du sie in früheren Leben in deinen Beziehungen gezeigt hast. In deinen Kontakten mußt du deine Vision zum Ausdruck bringen, dabei aber darum bemüht sein, auch die Vorstellungen und Werte der Mitmenschen zu berücksichtigen. Mit dieser Stellung mußt du für den freien Ausdruck von Überzeugungen und Meinungen eintreten. Aufgrund der Opposition zu Haus 5 spielt in diesem Fall auch das Element der Kreativität in den Beziehungen eine Rolle. Was Kinder betrifft (ebenfalls als Reaktion auf das 5. Haus), wäre zum Beispiel die Arbeit in einem Ferienlager für Jungen und Mädchen vorstellbar, die aus armen Familien stammen. Die Opposition zum 5. Haus steht für die Warnung, nicht plötzlich auf impulsive oder dramatische Art umfassende Veränderungen vorzunehmen. Mit dieser Stellung mußt du es auch vermeiden, an unklaren oder riskanten Projekten mitzuarbeiten.

Ein weiteres Beispiel soll nun Jupiter im 2. Haus sein. In diesem Fall haben wir es hauptsächlich mit der Etablierung von wahren Werten zu tun. Hier zeigt Jupiter, daß es hinsichtlich der Öffentlichkeit um positive Werte geht, die auf einem Bewußtsein für gesellschaftliche Bedürfnisse beruhen. Dies fordert allerdings die Einsicht, daß sich die Menschen auf verschiedenen Entwicklungsstufen befinden. Wenn diese Stellung bei dir gegeben ist, hast du ohne Zweifel in der Vergangenheit Menschen auf niedrigeren Entwicklungsstufen nicht viel Aufmerksamkeit geschenkt, wobei du außer acht ließest, was für ein Entwicklungspotential der Mensch in sich hat. Die Tendenz war, daß du andere gemäß der materiellen Besitztümer und der Stellung in der Gesellschaft eingeschätzt hast. Mit anderen Worten: Es haben nur äußerliche Gesichtspunkte für dich eine Rolle gespielt.

Als Reaktion auf das 8. Haus zeigt Jupiter hier, wie du höhere Werte zur Entwicklung bringen kannst. Du könntest in dieser Beziehung Erfolg haben, wenn du dich der unbedingten Suche nach Wahrheit verschreibst. Die Suche nach Wahrheit kann das Studium der okkulten Lehren, der Astrologie, der Religion oder der Philosophie bedeuten. Für welches Gebiet du dich auch entscheidest: Du mußt hier zum Ausdruck bringen, daß du es ernstmeinst. Du solltest keine von diesen Lehren aus dem Grunde studieren, dein Selbst zu erweitern. In der Vergangenheit bist du außerordentlich selbstsüchtig und dünkelhaft gewesen. Was die Gegenwart betrifft, mußt du dich auf eine entschiedene Weise für die Prinzipien der Humanität und der Harmonie einsetzen und ein umfassendes Verständnis entwickeln.

Wir wollen uns nun damit beschäftigen, was die Stellung von Merkur im Hinblick auf Saturn in Haus 6 erkennen läßt. Was Merkur angeht, darfst du nicht vergessen, daß er esoterisch gesehen eine bipolare Qualität hat. Bei Merkur im 10. Haus zum Beispiel sind Auswirkungen bezüglich des Berufes und der Karriere zu erwarten sowie Ereignisse, die mit Autoritätspersonen oder Behörden zu tun haben. Als Reaktion auf das 4. Haus geht es hier um den Einfluß, den wir auf andere ausüben. Merkur in Haus 10 fordert dazu auf, daß du die Menschen auf angemessene Weise anleiten mußt, ohne dabei einen persönlichen Nutzen aus ihnen ziehen zu wollen, wie es in der Vergangenheit der Fall gewesen war.

Ein anderer Irrtum, dem du in der Vergangenheit unterlegen warst, betraf den Einsatz von Autorität. Autorität muß auf eine intelligente Weise zum Einsatz gebracht werden, mit viel Geduld und Fingerspitzengefühl. Du hast in dieser Beziehung früher die Tendenz gezeigt, deine Autorität oder Privilegien ohne Rücksicht auf andere einzusetzen. Das Karma kann hier am besten abgearbeitet werden, indem du dich intensiv mit dir auseinandersetzt. Du mußt dich selbst als den Kanal sehen, durch den andere konstruktive Hilfe und Unterstützung erfahren. Das Problem, das sich in diesem Zusammenhang erhebt, ist, daß du dein Wissen und deine Weisheit auf eine angemessene und praxisbetonte Weise zum Ausdruck bringen mußt. Dies erfordert Geduld, Toleranz und Respekt für die Mitmenschen. Bei deiner Vorgehensweise sollte Gelassenheit und Ernsthaftigkeit erkennbar sein und deutlich werden, was deine Absicht ist. Dies verlangt die Fähigkeit, abstrakte Gedanken und Vorstellungen zur absoluten Wahrheit anderer auf eine konkrete und praxisbezogene Art und Weise mitzuteilen. Was du im Zusammenhang mit dem 4. und dem 10. Haus und Saturn vermeiden mußt, ist Impulsivität.

Wir wollen nun Merkur in Haus 1 näher beleuchten. Hier bezieht sich die Dualität auf die Persönlichkeit, welche sich ihrer selbst bewußt ist und sich zugleich mit sich identifiziert. Sich seiner selbst bewußt zu sein bedeutet, daß sich der Mensch auch im Umgang mit anderen seiner Person bewußt ist. Die Identifikation mit sich selbst hat zur Folge, daß er mit anderen eins wird. Es geht hier nicht mehr darum, wie es um die Verbindung zu den Mitmenschen bestellt ist, sondern darum, daß der Mensch sich als eins mit ihnen empfindet. Merkur im 1. Haus weist dich an, dich als ein praktisches und denkendes Individuum darzustellen. Versuche dabei, Tendenzen der Rastlosigkeit, Über-Emotionalität und Spitzfindigkeit zu unterdrücken.

Auf der esoterischen Ebene stellt nicht der Mond, sondern Merkur die Persönlichkeit dar, was im Hinblick auf Karma die Notwendigkeit betont, die persönliche Entwicklung aufmerksam zu verfolgen. In der Vergangenheit hat es in dieser Hinsicht Mängel gegeben. Als Reaktion auf das 7. Haus ist der Kanal, in den die Energien zur Entwicklung deiner Persönlichkeit einfließen sollten, der des Wir-Konzeptes. Was deine Persönlichkeit und deine Aktivitäten angeht, ist es notwendig, daß du immer einen Blick für deine Mitmenschen hast. In der Vergangenheit war dem nicht so. Zu früheren Zeiten hast du dich an die erste Stelle gesetzt.

Die Selbst-Identifikation ist allerdings nicht darauf zu beschränken, nur auf die Mitmenschen zu schauen. Es geht hier um die Berücksichtigung des Lebens überhaupt, und es handelt sich darum, deine Persönlichkeit gemäß deiner Einstellung dem Leben gegenüber zum Ausdruck zu bringen, welches auch als eine Art Partnerschaft aufzufassen ist. Wie bei der Waage kommt es nur dann zu einem Gleichgewicht, wenn wir auf beiden Seiten des Horoskops in gleichem Maße aktiv sind. Gleichgewicht ist das, worum es im Leben geht. Mit Merkur in Haus 1 müssen wir uns darum bemühen, ein ausgewogenes Verhältnis zwischen dem Ich und dem Wir in unserem Leben herzustellen.

Allen Planeten wohnt eine Dualität inne. Die höhere Oktave von Merkur würde bedeuten, daß sich der Mensch auf eine konstruktive Weise mit sich selbst identifiziert, indem er anderen seine Dienstbarkeit bezeugt. Die höhere Oktave von Merkur ist Uranus, welcher für das höhere Selbst (die Essenz der Seele) und das Christliche Prinzip steht.

Wir wollen jetzt einmal annehmen, daß sich Merkur in Haus 8 befindet. Bei Saturn in 6 bedeutet diese Stellung die dringende Notwendigkeit, im Hinblick auf die Öffentlichkeit sich auf allen Ebenen mit der Wahrheit auseinanderzusetzen. Weil hiermit eine Stellung in der Südhälfte des Horoskops gegeben ist, spielt auch die intellektuelle, die spirituelle und die kulturelle Entwicklung eine Rolle. Als Opposition zu Haus 2 zeigt diese Merkur-Stellung, daß der Mensch das Bedürfnis hat, sich mit anderen über die höheren geistigen, spirituellen und kulturellen Werte auszutauschen. Merkur steht hier in der Mitte des 3. Quadranten, was ein Anzeichen dafür ist, daß sich unsere Bemühungen um Ausgleich auf den Bereich des Wir-Konzeptes beziehen sollten. Nur wenn uns dies gelingt, kann das 9. Haus – das Haus des höheren Geistes – auf eine entwickelte Art und Weise zum Ausdruck kommen.

Merkur bedeutet den praktischen Geist, was zur Folge hat, daß du mit seiner Stellung in 8 darauf achten mußt, dein Wissen und deine Erfahrungen im Alltag einzusetzen. Wenn du dem gerecht wirst, kannst du ein harmonisches Verhältnis zwischen der Süd– und der Nordhälfte deines Horoskops herstellen. Es geht hier um eine ausgewogene Beziehung zwischen dem Ich– und dem Wir-Konzept, welches seinerseits die Voraussetzung für eine wahrhafte und intensive Identifikation darstellt.

Merkur in 8 heißt, daß dein Leben von zuvielen impulsiven Bedürfnissen geprägt gewesen war, und vielleicht hast du niemals Kontinuität zum Ausdruck gebracht. Du kannst dies nun wiedergutmachen, indem du alles, was du beginnst, auch tatsächlich zu einem Ende bringst. Überall, wo sich Veränderungen ergeben können, mußt du deine Entscheidungen sorgfältig abwägen. Dies gilt insbesondere im Hinblick darauf, wie du im Alltag deine Ideen anderen übermittelst. Laß es nicht dazu kommen, daß du aufgrund von Impulsivität deine Stellung verlierst oder daß Freundschaften enden, nur weil andere deinen Gedankensprüngen nicht folgen können. Und führe deine Aktivitäten – selbst dann, wenn du dich einmal langweilst – auch tatsächlich zu einem Ende!

SATURN IM 7. HAUS

Mit Saturn im 7. Haus muß der Mensch seine Aufmerksamkeit auf die Partnerschaften richten. Partnerschaften können sich auf den Geschäftsbereich beziehen oder auch auf die Ehe. In esoterischer Hinsicht ist die wichtigste Partnerschaft diejenige, die gegenüber dem Leben überhaupt besteht. Diese Stellung symbolisiert, daß der Geborene viele Pflichten und viel Verantwortung zu tragen hat. Wenn Saturn in diesem Haus gut aspektiert ist, werden dem Menschen seine Partnerschaften viel Anerkennung und Nutzen bringen, was ein Hinweis darauf ist, daß er in der Vergangenheit seiner Verantwortung gerechtgeworden ist. In diesem Fall können wir davon ausgehen, daß er sich durch eine ernsthafte Einstellung ausgezeichnet hat. Durch die sorgfältige Erfüllung aller Pflichten ergeben sich dann im aktuellen Leben Vorteile.

Positiv aspektiert zeigt Saturn in 7 auch, daß der Geborene in der Vergangenheit ein guter Ehepartner war und sich um die Bedürfnisse seiner Familie gekümmert hat. In diesem Leben dürfte er es seinerseits mit einem Partner zu tun haben, der vertrauenswürdig ist und mit Bestimmtheit, Ernsthaftigkeit und Loyalität zu ihm steht. Wenn wir die Partnerschaft auf das Leben in seiner Gesamtheit ausweiten, können wir die Aussage machen, daß dieser Mensch Ernsthaftigkeit und Zuverlässigkeit zum Ausdruck gebracht hat. Er hat sich auf die wirklich wichtigen Dinge konzentriert und dies im Rahmen seiner eigenen Person sowie im Umgang mit anderen deutlich gemacht.

Saturn steht im 7. Haus in Opposition zum 1. Haus, welches die Persönlichkeit und das Ich-Konzept beschreibt. Mit dieser Stellung ist es für den betreffenden Menschen notwendig, sich über das Wir-Konzept und die Verantwortung anderen gegenüber klarzuwerden. Dies könnte heißen, daß du in der Vergangenheit dazu geneigt hast, dein Selbst aufgrund von zu großer Dienstbarkeit und Opferbereitschaft zu vernachlässigen. Der Wunsch, ein Wohltäter zu sein, kann anderen aber sogar zur Last werden. Es könnte hier so gewesen sein, daß du dich im Übermaß mit den Idealen von Brüderlichkeit und Universalität beschäftigt und dich darüber selbst zum Opfer gemacht hast. Es ist nicht notwendig, daß wir unser Selbst aufgeben, aufgrund der Tatsache, daß es das Selbst ist, mit dem wir identifiziert werden.

In negativer Hinsicht zeigt Saturn im 7. Haus, daß du es in früheren Leben abgelehnt hast, Verantwortung für Partnerschaften zu übernehmen, und daß du nicht für die Bedürfnisse deines Partners eingetreten bist. Vielleicht bist du ein untreuer Ehemann gewesen, der die Institution der Ehe beengend und beschränkend fand. Es wäre in diesem Fall denkbar, daß es nur aufgrund von gesellschaftlichen oder familiären Zwängen zur Ehe gekommen war. Weiterhin könnte dies ein Anzeichen dafür sein, daß in deinem häuslichen Leben keine oder nur wenig Liebe vorhanden war. Es ist möglich, daß es aufgrund deines negativen Karmas nun in diesem Leben hinsichtlich der Ehe zu Beeinträchtigungen kommt oder daß Verbindungen, die du anstrebst, keine Chance haben. Vielleicht heiratest du auch erst sehr spät im Leben oder verbindest dich mit einer Person, die viel älter oder von einem eher kargen Wesen ist.

Um dies noch etwas näher zu erläutern, wollen wir einmal annehmen, daß zu Saturn von Neptun aus ein Spannungsaspekt besteht. Daran ist abzulesen, daß du in der Vergangenheit unzuverlässig warst und andere hintergangen hast. Du hast dich nicht an Abmachungen gehalten und dir nichts dabei gedacht, deine Partner zu betrügen. Dies gilt im Hinblick auf die Ehe wie auch bezüglich der beruflichen Verbindungen.

Ein Spannungsaspekt zwischen Venus und Saturn wäre ein zusätzlicher Beleg dafür, daß du es in der Vergangenheit gegenüber deinem Partner an Liebe hast fehlen lassen. Ein Spannungsaspekt zwischen Sonne und Saturn würde darauf hinweisen, daß du selbst dein ärgster Feind gewesen bist, was das Thema Ehe angeht.

Wenn bei dieser Saturn-Stellung Jupiter im 4. Haus steht, können wir daran ablesen, daß es dir in deinen früheren Leben nicht gelungen war, eine angemessene häusliche Umgebung herzustellen. Bezüglich der Ehe hat es sich erwiesen, daß du nicht für deinen Partner sorgen konntest. In deinem Zuhause fehlte es sowohl an einer harmonischen Atmosphäre als auch an der notwendigen materiellen Sicherheit. Diese Stellung wäre ein Beleg dafür, daß du deine Fähigkeiten, gute Verbindungen zu deinen Mitmenschen herzustellen, nicht nutztest. Du warst von einem voreingenommenen und rechthaberischen Wesen. Die Meinung anderer hat dich nicht besonders interessiert. Deine Lebensphilosophie bezog die Überzeugungen deiner Umgebung in keiner Weise ein, und dir selbst war der Eindruck, den du auf andere machtest, vollständig gleichgültig. Folgerichtig hat man dir auch wenig Anerkennung oder Respekt bewiesen. Die Lektion, die hiermit verbunden ist, besteht darin zu lernen, daß du auf deinem Weg – welcher Art dieser auch sein mag – andere beeinflußt. Es geht darum, daß du eine Lebensperspektive entwickelst, welche auch den Blick für deine Mitmenschen umfaßt.

Mit Jupiter in Haus 6 ist das Thema Dienstbereitschaft verbunden. Diese Stellung zeigt an, daß viele Möglichkeiten bestehen, der Menschheit auf uneigennützige und selbstlose Weise zu helfen. Wenn Jupiter im 6. Haus negativ gestellt ist, kommt dadurch zum Ausdruck, daß der Aspekt der Dienstbereitschaft in früheren Leben keine Rolle gespielt hat. Alles, was dieser Mensch unternommen hat, tat er aus egoistischen Motiven wie Prestigesucht und dem Drang nach Anerkennung. In Opposition zum 12. Haus geht es mit dieser Jupiter-Stellung um die Transformation von Selbstzentriertheit zum Einssein und zur Brüderlichkeit. In der Vergangenheit hast du keine Anzeichen erkennen lassen, daß dir humanitäre Ideale wichtig gewesen wären. Insofern ist diese Jupiter-Stellung Ausdruck des Sachverhalts, daß die Seele in den früheren Leben nicht weiterentwickelt wurde. All dies kann nun aber dadurch überwunden werden, daß der Geborene tatsächlich dient – und zwar Dienst leistet um des Dienens willen. Des weiteren geht es hier darum, sich der Mitmenschen und ihrer Bedürfnisse bewußt zu werden.

Wenn sich zum Beispiel Jupiter im 12. Haus gut gestellt findet, bestand in der Vergangenheit eine große Sensibilität gegenüber der seelischen Entwicklung sowie eine Bewußtheit, die auf Selbst-Identifikation und Selbst-Vervollkommnung gemäß humanitärer Bestrebungen beruhte. Hier geht es um seelische Weisheit, die in der Vergangenheit erlangt wurde. Diese Stellung könnte bedeuten, daß der Mensch in diesem Leben einen höheren Bewußtseinszustand erreicht.

Bei einer negativen Aspektierung hast du dich in diesem Fall der Erkenntnis, daß die Entwicklung deiner Seele ein notwendiger Prozeß ist, verschlossen. Statt dessen zogst du es vor, dich gemäß deiner äußerlichen Persönlichkeit und nicht in Übereinstimmung mit deinem inneren Wesen darzustellen. Insofern war der Ausdruck von Weisheit sehr oberflächlich. Es mangelte dir an Verständnis und an Mitgefühl.

Wenn bei Saturn im 7. Haus Merkur im 3. Haus steht, können wir erwarten, daß Kommunikation und Selbst-Identifikation wichtige Themen sind. Der Mangel dürfte hier darin bestanden haben, daß diese Selbst-Identifikation nicht mit der Wahrnehmung des eigenen Wesens in Beziehung gesetzt wurde.

Es spielt eine sehr wichtige Rolle, in welchem Haus Merkur steht, weil dies zeigt, welche Eigenschaften du in der Kommunikation mit anderen nicht zum Ausdruck gebracht hast. Im aktuellen Leben ist das Wichtigste für dich, daß du dich mit allem, was existiert, im Einklang fühlst, und daß du anderen mitteilst, was das bedeutet. Dabei solltest du aber keine Züge von Ungeduld erkennen lassen und dich unbedingt auf eine ernsthafte Weise zum Ausdruck bringen.

Merkur im 1. Haus bei Saturn in 7 zeigt, daß der Mensch verantwortlich dafür ist, eine Persönlichkeit zu entwickeln, die auf die Welt einen positiven Einfluß hat. Das Ich und das Wir sollten in ein ausgewogenes Verhältnis zueinander gebracht werden, gemäß einem Bild des Selbstes, das auf dem Prinzip der Universalität beruht. Bei negativen Aspekten läßt Merkur hier erkennen, daß du in der Vergangenheit andere bedrängt oder abgewertet hast oder dich weigertest, Kontakt aufzunehmen. Dies könnte bedeuten, daß du eine zwiespältige Persönlichkeit gewesen bist, eine Art Dr. Jekyll und Mr. Hyde. Du zeigtest nur wenig Ernsthaftigkeit hinsichtlich deiner Einstellung dem Leben und den Mitmenschen gegenüber. Es ist gut denkbar, daß du von sehr flatterhafter Art gewesen bist und niemals eine bestimmte Absicht oder ein Ziel über längere Zeit hinweg verfolgt hast.

Merkur im 5. Haus fordert bei dieser Saturn-Stellung dagegen dazu auf, in den Beziehungen zu anderen wahre Kreativität zum Ausdruck zu bringen. Es geht hier darum, neue und ungewöhnliche Herangehensweisen an das Thema Kommunikation zu finden. Negative Aspekte zu dieser Planetenstellung zeigen, daß diese Kreativität in der Vergangenheit nicht gegeben war. Vielleicht hatte dieser Mensch zwar gute kommunikative Fähigkeiten, versäumte es aber, hier tatsächlich Verantwortung zu übernehmen. Die Merkur-Stellung zeigt, welche Mängel sich der Geborene im Hinblick auf seine Kreativität hat zuschulden kommen lassen und was er nun tun sollte, um dafür einen Ausgleich zu schaffen.

SATURN IM 8. HAUS

Ein gut gestellter Saturn in Haus 8 zeigt an, daß du dich ernsthaft um die Suche nach Wahrheit bemüht hast. Du bist mit Entschiedenheit vorgegangen, und du hast mit viel Energie an der Verbesserung deines Wesens gearbeitet. Diese Stellung ist ein Beleg dafür, daß du deiner Verantwortung, deine Wahrheit zu finden, gerechtgeworden bist. Weiterhin können wir ihr entnehmen, daß die Anwendung dieser Wahrheit auf dein Leben dich in materiell-physischer Hinsicht gestärkt hat. Alles, was du in der Vergangenheit unternommen hast, war von großer Ernsthaftigkeit und Zielstrebigkeit gekennzeichnet, was zur Folge hatte, daß du beständig Fortschritte machtest. Du hast dich auf tiefgehende Weise mit dem Studium der Metaphysik, der Astrologie oder einer anderen derartigen Lehre beschäftigt. Mit einem positiven Saturn in 8 konntest du Nutzen daraus ziehen, daß du von vielen Lehrern unterrichtet wurdest. Was dieses Leben betrifft, sind große Erfolge und viel Anerkennung möglich – allerdings nur dann, wenn du dich nicht in deinem Sessel zurücklehnst und alles laufen läßt.

Bei einer negativen Aspektierung von Saturn ist zwar ebenfalls angezeigt, daß du auf der Suche nach Wahrheit gewesen bist. Allerdings hast du dann das, was du dabei herausfandest, auf eine mißbräuchliche Weise benutzt. Die Art des Mißbrauchs wird näher beschrieben durch den Planeten, der Saturn aspektiert. Wenn es sich dabei um Merkur handelt, können wir sagen, daß du nicht intensiv genug gesucht hast. Du hast in diesem Fall ein eher flatterhaftes Wesen gezeigt und dich nicht um die praktische Anwendung deines Wissens gekümmert. Du erkanntest in diesem Fall nicht, daß mit dem Erwerb von Wissen immer eine Verantwortung verbunden ist. Deine Erkenntnisse hast du für dich behalten, weil es dir am Sinn für das Teilen fehlte.

Ein Spannungsaspekt zwischen Saturn und Neptun ist ein Beleg dafür, daß du spirituelle Lehren mißbräuchlich benutzt hast. Wenn Jupiter im Spannungsaspekt zu Saturn steht, bist du zu früheren Lebzeiten möglicherweise ein Angehöriger der Geistlichkeit – welcher Religion auch immer – gewesen, ohne zu erkennen, welche Verantwortung mit der Verkündung der Wahrheit verbunden ist (was für jede Religion gilt). Du warst vielleicht ein Priester, ein Pfarrer oder ein Rabbi, der an die Macht des Materiellen und nicht des Spirituellen glaubte und dem die religiöse Lehre zweitrangig war. Die Spannung zu Jupiter zeigt, daß du sehr engstirnig warst und deine eigenen Vorstellungen zur Anwendung der religiösen Lehre auf das Leben hattest.

Wenn Saturn in Haus 8 verletzt ist, zeigt das auch, daß du das Geld und die Sachen anderer Menschen in früheren Leben mißbrauchtest. Vielleicht warst du ein Politiker gewesen, der die Öffentlichkeit betrog. Diese Saturn-Verletzung läßt immer auf eine charakterliche Unzuverlässigkeit schließen. In diesem Leben solltest du den bewußten Versuch unternehmen, die Wirkungsweise der kosmischen Gesetze und Prinzipien zu studieren. Du solltest dir darüber klar werden, daß Wissen keinen Wert hat, wenn es nicht angewendet wird. Dabei sollte sich die Anwendung von Wissen nicht nur auf die Entwicklung der eigenen Persönlichkeit beziehen, sondern auch auf die Dienstbereitschaft gegenüber anderen. Weiterhin ist es mit dieser Saturn-Stellung die Aufgabe, in diesem Leben eine positive Ausstrahlung zu zeigen.

Wenn Saturn in Haus 8 und Jupiter im 4. Haus steht, heißt das, daß du durch die Entwicklung einer angemessenen Persönlichkeit und positiver Werte sowie durch eine konstruktive Herangehensweise an das Leben eine Stellung erreichen kannst, die dir Anerkennung und Respekt verschafft. Deine Mitmenschen werden dir dann ihr Vertrauen aussprechen und dich um deinen Rat bitten. Jupiter könnte hier auch zur Folge haben, daß sich bezüglich deiner Gefühle ein höherer Bewußtseinszustand ergibt, ein Zustand, der durch Mitgefühl und Verständnis und nicht mehr durch rein emotionale Reaktionen gekennzeichnet ist. Die Folge davon wäre möglicherweise, daß du für deine Umgebung eine Art salomonischer Richter wirst.

Falls Jupiter in Haus 2 steht, kommt es zur Opposition zu Haus 8. Dies würde die Ausgewogenheit symbolisieren, die hier erreicht werden könnte. In diesem Fall könntest du dein Karma am besten abarbeiten, indem du einen Sinn für die höheren Werte entwickelst. Diese Werte können sich auf Geld, Dinge, das Leben überhaupt, auf Menschen oder auf Weisheit beziehen. Die Lektion, um die es hier geht, ist sehr subtil; sie hängt damit zusammen, daß der Stier der Herrscher des 2. Hauses ist. In der Vergangenheit hast du mit dieser Stellung Werte nur im Hinblick auf die äußerlichen Züge des Lebens betrachtet und keinen Blick für die wahren Realitäten gehabt. Saturn in 8 zeigt, daß der Mensch materielle Werte in spirituelle umformen muß. Die Balance zwischen Saturn und Jupiter, um die es hier geht, beruht auf der Anerkennung der Tatsache, daß wir spirituelle Wesen sind, die in einer materiellen Welt leben. Es sollte hier nicht dazu kommen, daß ein Aspekt auf Kosten des anderen betont wird. Wie schon angesprochen: Ausgewogenheit ist hier das Stichwort.

Wenn Saturn in Haus 8 steht, wäre die Merkur-Stellung in Haus 3 sehr positiv. In diesem Haus zeigt Merkur die Entwicklung der Bewußtheit des eigenen Wesens durch die gesteigerte Selbst-Identifikation. Saturn in 8 zeigt, daß du dich auch schon in der Vergangenheit mit metaphysischen Gedankengängen auseinandergesetzt hast, es aber am Verantwortungsgefühl dafür fehlte, die Erkenntnisse auf das Leben anzuwenden. Merkur in 3 zeigt, daß du in deinem jetzigen Leben dein Wissen unbedingt mit anderen teilen mußt.

Auf der esoterischen Ebene ist Merkur der «Götterbote». Die merkurische Kommunikation setzt uns in die Lage, die abstrakten Ideen der Wahrheit auf einer alltäglichen und praktischen Basis zum Ausdruck zu bringen. Die Fähigkeit, diese Abstraktionen zu verstehen, basiert auf den Zwillingen als dem Herrscher des 3. Hauses (die Kommunikation über diese abstrakten Ideen geht auf Merkur zurück). Das Merkur-Symbol zeigt geistige Bewußtheit, welche im Alltag zum Ausdruck kommt. Mit Merkur in Haus 3 hat der Mensch die Fähigkeit, über seine Probleme zu triumphieren, aufgrund der Tatsache, daß ihn der Geist unterstützt. Diese Probleme fördern dabei die persönliche Entwicklung, indem sie zu spirituellen Anstrengungen zwingen und Erkenntnisse bringen. Merkur versetzt uns in die Lage, etwas über das objektive Wesen der Dinge herauszufinden. Des weiteren öffnet er uns die Augen für die subjektiven Realitäten. Merkurs energetischer Einfluß bezieht sich auf die Veräußerlichung von Gedanken. Eine andere Qualität, die mit diesem Planeten verbunden ist, besteht in der Möglichkeit, diese Gedanken auf der allgemeinen alltäglichen Ebene zum Ausdruck zu bringen.

Im 9. Haus steht Merkur für die fundamentale Notwendigkeit, Verständnis zu entwickeln und zum Ausdruck zu bringen. Er hilft dabei, einen freien Blick zu erlangen. Diese Beziehung zum Objektiven oder zum Abstrakten hängt eng mit dem Wohlergehen des Menschen zusammen. Merkur hat zwei Ausdrucksformen, welche beide mit der Integration der Persönlichkeit zu tun haben: Einmal geht es um Identifikation, das andere Mal um Wissen, welches wir aus der Erfahrung gewinnen. Wir müssen uns zunächst damit beschäftigen, unser Selbst zu integrieren und uns seiner bewußt zu werden. Denke hier an den Ausspruch: »Erkenne dich selbst«, und werde dir bewußt, daß dies die Grundlage für dein Verständnis der Welt ist. Merkur ist es, der uns diese Identifikation und diese Integration ermöglicht. Dies gilt nicht nur im Hinblick auf die Persönlichkeit, sondern auch bezüglich des Charakters und der seelischen Qualitäten. All dies muß allerdings in Zusammenhang mit den Mitmenschen gesehen werden und im Rahmen der Kommunikation auch zum Ausdruck kommen.

Merkur in Haus 6 ist ein Beleg dafür, daß der Mensch über ein solides Wissen verfügt, welches er auch zur Anwendung bringt. Das 6. Haus entspricht der Jungfrau und steht für Dienstbereitschaft. Dieser Aspekt sollte bei der Suche nach der zugrundeliegenden Wahrheit zum Ausdruck gebracht werden. Das Reden über Erfahrungen bei dieser Suche ist dann möglicherweise für andere eine Quelle der Unterstützung. Es kann die Mitmenschen lehren zu erkennen, welchen Sinn ihr Leben hat.

Als Reaktion auf Haus 12 geht es hier um die Balance zwischen dem Aspekt der Dienstbereitschaft und der Identifikation mit dem Kosmischen, der Spiritualität und der Menschheit in ihrer Gesamtheit. Auch hier handelt es sich einmal mehr darum, Mitgefühl und Verständnis auf einer praktischen und alltäglichen Ebene zu beweisen.

Merkur im 6. Haus steht immer für die Verwurzelung des Bewußtseins im Gesetz von Ursache und Wirkung. Seine Stellung verdeutlicht, wo du die meisten Erfahrungen hinsichtlich der äußeren Welt machst. Aufgrunddessen kannst du dann ein Bewußtsein dafür gewinnen, wie dich diese Erfahrungen im Inneren prägen. Negative Aspekte zu Merkur können es mit sich bringen, daß du eine oberflächliche oder auch unvernünftige Einstellung zeigst, was deine spirituelle Entwicklung und deine Dienstbereitschaft betrifft. Wenn Merkur sehr stark beeinträchtigt ist, könnte das die Öffnung deines Bewußtseins sowie deine Integration behindern oder gar unmöglich machen.

Merkur in Haus 11 hat mit der Art und Weise zu tun, wie du im Rahmen deiner Selbst-Identifikation mit anderen kommunizierst. Die Frage, die sich dabei stellt, ist die, ob du hier tatsächlich als «Götterbote» in Erscheinung trittst oder nicht. Es könnte sein, daß dein Verhältnis zu anderen durch ein Moment der Unaufrichtigkeit oder Falschheit gekennzeichnet ist. Vielleicht unternimmst du nur ungenügende Anstrengungen, dich mit deinen Mitmenschen zu verbinden und siehst dich selbst als die Realität des 4. Quadranten an. Als Reaktion auf das 5. Haus geht es hier darum, im Umgang mit anderen sowie in der Lebenseinstellung Kreativität zu beweisen. Merkur in 11 ist ein Hinweis darauf, daß du andere nicht zu kritisch beurteilen solltest. Das Entscheidende ist, daß du dich deines persönlichen Vorteils wegens keiner unmoralischen Methoden bedienst. Auf der esoterischen Ebene könnte Merkur in 11 ein Indiz dafür sein, daß andere dich anerkennen und respektieren, unter der Voraussetzung, daß du dich durch Weisheit, Wissen und Lebenserfahrung auszeichnest. Merkur zeigt, auf welche Weise du dich im Hinblick auf deine Beziehungen entwickeln kannst und wie du für dich persönlich die äußerliche Welt erlebst.

SATURN IM 9. HAUS

Saturn positiv gestellt in Haus 9 bedeutet, daß du dich in der Vergangenheit gemäß dem höheren Geist und dem Höheren Selbst zum Ausdruck gebracht hast. Weil dies so war, hast du – in Übereinstimmung mit der Essenz deiner Seele – erkennen können, wie das Christliche Prinzip in dir zur Wirkung kam. Es ist das 9. Haus, welches für das Christliche Prinzip steht. Wenn Saturn sich im 9. Haus befindet, heißt das, daß du in diesem Zusammenhang vielerlei positive Erfahrungen machen konntest. Du hast viel Wert auf Bildung gelegt und intensive Studien, zum Beispiel auf dem Gebiet der Psychologie und der Religion, betrieben. Deine Lebensanschauung gründete auf einem soliden und wohlfundierten praktischen Ansatz.

Wenn Saturn im 9. Haus verletzt ist, läßt das erkennen, daß du im Hinblick auf den höheren Geist keine Werte zur Entwicklung gebracht hast. Es bestanden für dich viele Gelegenheiten, dich weiterzubilden, welche ungenutzt verstrichen. Du hast deinen Geist nicht entwickelt, weder durch ein strukturiertes Vorgehen noch durch eine intensive Lektüretätigkeit oder ein Studium. Du hast dich nicht der religiösen Lehren bedient und es versäumt, dein Wissen im Alltag zur Anwendung zu bringen. Diese Saturn-Stellung verdeutlicht weiterhin, daß du dein Ego auf mißbräuchliche Weise eingesetzt hast und daß du es ablehntest, dich mit dem Wir-Konzept zu identifizieren. Es gab für dich zahllose Chancen, dies zu tun, denen du aber nicht nachgekommen bist.

Die Tatsache, daß du die Gelegenheiten zur Weiterentwicklung deines Verstandes in der Vergangenheit nicht genutzt hast, könnte im jetzigen Leben zur Folge haben, daß du dein Studium nicht zuende führen konntest oder kannst. Vielleicht besteht auch der Wunsch nach einem Studium, der aufgrund von Hindernissen nicht zu befriedigen ist. Ein verletzter Saturn im 9. Haus bedeutet auch die Tendenz, das Gesetz und die allgemeinen Verhaltensnormen nicht anzuerkennen sowie Autorität auf eine destruktive Weise einzusetzen. Das Zeichen, in dem Saturn steht, macht klarer, worin der Grund dafür liegt.

Saturn hat mit Beschränkungen und Begrenzungen zu tun. Diese Qualitäten haben sich in der Vergangenheit als Engstirnigkeit und als beschränkter Horizont manifestiert – dieser Mensch hat den Glauben der anderen nicht akzeptiert. Gerade im Hinblick auf Saturn in 9 ist aber von besonderer Wichtigkeit, wo sich Jupiter befindet (aufgrund der Tatsache, daß Jupiter über dieses Haus herrscht). Jupiter als Herrscher des Schützen könnte bedeuten, daß es hier um den Ego-Komplex geht, was zum Ausdruck bringen würde, daß du in der Vergangenheit zu selbstbezogen gewesen warst. Das 9. Haus steht für die Vollendung des Wir-Konzeptes. In der Vergangenheit hast du alle Chancen gehabt, diese Entwicklung zu einem Abschluß zu bringen, sie aber nicht genutzt.

Um Karma abzuarbeiten, wäre die Stellung von Jupiter im 7. Haus die beste. Als Reaktion auf das 1. Haus würde es hier um die Ego-Probleme der Vergangenheit und der Gegenwart gehen. Jupiter in 7 fordert eine konstruktive Entwicklung der Persönlichkeit sowie deren angemessenen Ausdruck. Es handelt sich hier darum, daß das Ich-Konzept mit dem Wir-Konzept in Übereinstimmung gebracht wird und der Mensch Anteilnahme gegenüber anderen zeigt. Diese Jupiter-Stellung läßt erkennen, daß du dein Bewußtsein erweitern mußt und keine Vorurteile zeigen darfst. Es kommt hier darauf an, eine umfassendere und weisere Erkenntnis der eigenen Persönlichkeit in Beziehung zum Leben zu entwickeln, gemäß den Erfahrungen und dem Sinn, der unserer Existenz zugrundeliegt.

Wir wollen jetzt annehmen, daß sich Jupiter im 12. Haus befindet. Diese Stellung bedeutet, daß der höhere Geist beziehungsweise dein höheres Selbst und das Christliche Prinzip in dir die Erweiterung deines Bewußtseins fordern. Es geht hier um das Bewußtsein für die eigene Person, welches auf den seelischen Qua litäten beruht. Du bist dir in der Vergangenheit deiner selbst nicht in einem ausreichenden Maße bewußt gewesen. Jupiter im 12. Haus steht in Verbindung zu den Fischen, weil diese über dieses Haus herrschen. Über die Fische herrscht wiederum Neptun. Dies heißt, daß du dich sehr intensiv mit spirituellen Aktivitäten beschäftigen sollest, um die Entwicklung von seelischen Qualitäten wie Universalität, Einheit und Brüderlichkeit voranzutreiben. Mit der Entwicklung der Spiritualität aufgrund des Jupiter-Einflusses werden die Ansprüche, die mit dem Wir-Konzept einhergehen, erfüllt (im Gegensatz zur Vergangenheit). Indem du Jupiter jetzt akzeptierst und seinen Forderungen gerechtwirst, kannst du das Wir-Konzept nun auf eine angemessene Weise in deinem Leben anwenden und darüber hinaus noch vervollkommnen. Diese Stellung von Jupiter bedeutet, daß das, was vom 2. Quadranten symbolisiert wird, betont ist: Die persönliche Weisheit und das Wissen im Alltag zum Ausdruck zu bringen.

Wenn Saturn in 9 steht, ist es am besten, wenn sich Merkur im 3. Haus befindet. Dies ergibt sich aufgrund dessen Zusammenhang mit unseren kommunikativen Fähigkeiten. Hinsichtlich des 3. Hauses bezieht sich Kommunikation immer auf die praktische Basis. Was die esoterische Lehre angeht, steht Merkur für die Fähigkeit, objektives Verständnis zu erlangen und zu erkennen, welches Prinzip hinter den Erscheinungen verborgen ist. Merkur befähigt den Menschen, im Äußeren Erfahrungen zu machen, und er kommt immer auf eine sehr konkrete Weise zum Ausdruck.

Mit der Stellung in Haus 3 und einem verletzten Saturn in 9 besteht für uns die Aufgabe darin, unsere geistigen Fähigkeiten im Umgang mit anderen auf einer konkreten und alltäglichen Basis nach außen hin deutlich werden zu lassen und den Aspekt des Physischen ausreichend zu würdigen. Theoretische oder abstrakte Gedankenkonzepte müssen auf der konkreten Ebene zum Ausdruck kommen. Merkur in Haus 3 hat auch mit der Selbst-Identifikation zu tun und damit, Bewußtheit für das eigene Sein zu erlangen. Weil diese Stellung der von Saturn in Haus 9 entgegengesetzt ist, können wir die Schlußfolgerung ziehen, daß die Selbst-Identifikation am besten durch eine angemessene Art der Kommunikation entwickelt werden kann.

Mit Merkur im 4. Haus steht die Selbst-Identifikation mit Erfahrungen in der konkreten physischen Welt in Verbindung. Du mußt hier deine Persönlichkeit zur Entwicklung bringen, um auf andere einen positiven Einfluß auszuüben. Diese Kommunikation im Zusammenhang mit deiner Persönlichkeit braucht nicht unbedingt in Worten zum Ausdruck kommen, sie kann sich auch in Taten manifestieren oder im Rahmen einer reflektierten und wirklich konstruktiven Einstellung. Statt mit Worten Eindruck zu machen, solltest du im Hinblick auf Wahrheit und Wissen mit deiner Art der Erscheinung ein Beispiel sein. Worauf du hier sehr achten mußt, ist, dich nicht auf eine oberflächliche Weise zu präsentieren. Eine negative Tendenz in dieser Hinsicht könnte bei Merkur in 4 sein, sich im Kontakt mit anderen als Wohltäter aufzuspielen.

Mit Merkur in Haus 6 kannst du auf eine sehr intensive Weise an deinem Karma arbeiten, weil Merkur beziehungsweise die Jungfrau über das 6. Haus herrscht. Als Reaktion auf Haus 12 zeigt uns diese Stellung, daß du der Menschheit uneigennützig dienen solltest. Sei nicht darauf aus, daß andere dir fortwährend auf die Schulter klopfen. Wenn du von dienstbereitem Wesen bist, weil du dir Anerkennung davon erhoffst, hast du in Wirklichkeit nichts gegeben. Das 6. Haus ist auch das Haus der Öffentlichkeit. Merkur in dieser Stellung läßt erkennen, daß du Geduld und Unterscheidungsvermögen zeigen und dich mit den allgemeinen Zügen der Menschheit identifizieren mußt. All dies kannst du erreichen, indem du dich um Verständnis bemühst.

Es könnte sein, daß du mit dieser Stellung über eine zu ungeduldige oder zu kritische Einstellung verfügst. Du solltest das Perfekte aber nicht in anderen, sondern in dir selbst suchen. Weil du es hier mit der Jungfrau sowie mit der Opposition zum 12. Haus zu tun hast, besteht für dich mit Merkur in 6 die Gelegenheit, den Pulsschlag des Universums wahrzunehmen. Hierbei handelt es sich um einen weiteren Bereich, den wir bei dieser Stellung in Betracht ziehen müssen: Merkur muß sich nicht nur als Wissen und Erfahrungen im Hinblick auf alltägliche Dinge bemerkbar machen. Er ist auch der Kanal, durch den sich der Kosmos manifestiert. Merkur ist in esoterischer Hinsicht der Bote der Götter.

SATURN IM 10. HAUS

Positiv aspektiert bedeutet Saturn in Haus 10, daß du in der Vergangenheit eine gute Stellung in der Gesellschaft erlangt und deine Autorität auf konstruktive Weise genutzt hast. Du hast in diesem Fall in deiner Karriere viel Verantwortungsgefühl gegenüber deinen Pflichten bewiesen. Ohne Frage hast du ein großes Ansehen genossen und viele Ehrungen erhalten – ohne dabei aber deine Position zu mißbrauchen. Dein gut entwickeltes Gefühl für Werte könnte dich in die Lage versetzt haben, die Öffentlichkeit positiv zu beeinflussen.

Bei negativer Aspektierung bedeutet Saturn in Haus 10 gegenteilige Auswirkungen. Du hattest in diesem Fall zwar Macht, Autorität und viel Prestige, diese aber nicht konstruktiv genutzt. Diese Stellung könnte, in Abhängigkeit von dem Zeichen, welches an der Spitze des 10. Hauses steht, bedeuten, daß du der Verantwortung nicht gerechtgeworden bist, die dein Beruf oder die soziale Arbeit für deine Stadt oder dein Land mit sich brachte. Weil es sich hier um das Haus handelt, über das Saturn herrscht und das zum Steinbock gehört, hingen dein Gefühl für Prestige und Ehre in der Vergangenheit insbesondere mit dem Motiv zusammen, dich abzusichern (der Steinbock bedeutet ein starkes Bedürfnis nach Sicherheit).

Diese Stellung ist ein Indiz dafür, daß deine Ziele und Aktivitäten auf dem Wunsch nach materiellen Besitztümern beruhten. Wenn zum Beispiel der Löwe an der Spitze von 10 steht, weist das darauf hin, daß du deine Führungseigenschaften zu früheren Lebzeiten auf eine mißbräuchliche Weise benutzt hast. Vielleicht warst du in dieser

Hinsicht von einem diktatorischen Wesen. Es könnte sich beispielsweise um einen Geschäftsmann gehandelt haben, der vor nichts
zurückschreckte, um sich seiner Konkurrenten zu entledigen.

Bei Saturn in Haus 10 ist Jupiter in Haus 2 eine gute Stellung. Sie
bedeutet, daß es die Aufgabe ist, einen höheren Sinn für Werte zu
entwickeln. Die Stellung in 2 ist auch im Zusammenhang mit dem
8. Haus zu untersuchen, bei welchem es wieder darum geht, von
der niederen Oktave im Hinblick auf Werte zur höheren zu gelangen. Dies könnte durch das Studium der höheren Wahrheiten erreicht werden. Du mußt jetzt Werte zur Entwicklung bringen, die
der Verantwortung entsprechen, welche die Führerrolle mit sich
bringt. Deine Führerschaft sollte nicht von deinem Ich ausgehen,
sondern ein Bewußtsein für die Pflichten, die mit dem Führen verbunden sind, widerspiegeln. Weiterhin müssen deine Werte auf die
alltäglichen Dingen des Lebens bezogen sein. Du mußt dich in deinem Verhalten ehrlich, loyal und vertrauenswürdig zeigen. Deine
Aktivitäten sollten nicht aus egoistischen Motiven oder einem Bedürfnis nach Sicherheit entspringen. Vermeide es auch, deinen Erfolg an Äußerlichkeiten festzumachen. Es ist notwendig, daß du
Geld und Dinge auf eine positive Weise für etwas benutzt. In der
Vergangenheit war es zu oft der Fall gewesen, daß du deine Besitztümer zur Schau gestellt und den Prahlhans gespielt hast.

Ein negativ gestellter Jupiter kann aber auch die Tendenz anzeigen, den materiellen Dingen zu wenig Aufmerksamkeit zu schenken. Hinsichtlich der Vergangenheit wäre dies die Ignorierung der
Tatsache, daß wir uns in der Materie zum Ausdruck bringen müssen
und daß sich unsere Erfahrungen am Materiellen orientieren. Es ist
nicht sinnvoll, den Wert von Ökonomie und Besitztümern generell
infragezustellen, weil unser Wachstum von ihnen abhängt.

Wenn Saturn in Haus 10 verletzt ist und Jupiter in Haus 12 steht,
mußt du deine seelischen Qualitäten auf der höchstmöglichen Ebene
zur Entwicklung bringen (weil das 12. Haus immer mit Karma und
der Seele sowie mit Universalität und Spiritualität zusammenhängt).
Diese Stellung verdeutlicht auch, daß Spiritualität ohne das Prinzip
der Brüderlichkeit nicht möglich ist. Wie dem auch sein mag: du hast
jedenfalls jetzt die Möglichkeit, dich im Rahmen deiner spirituellen
Entwicklung auf das kosmische Bewußtsein einzustimmen.

Deine Aktivitäten und Ziele, die mit dem 12. Haus zusammenhängen, werden auf eine harmonische Weise zum Ausdruck kom-

men, wenn du dem Aspekt des selbstlosen Dienens gemäß dem 6. Haus gerecht wirst. Jupiter in 12. gibt dir die Möglichkeit, das Wir-Konzept zur Vollendung zu bringen. Bei dieser Jupiter-Stellung ist von großer Wichtigkeit, wo die Venus im Horoskop steht. Auf der esoterischen Ebene bedeutet die Venus die Rolle, die du im kosmischen Muster für die Evolution der Menschheit spielst. Es könnten sich hier außerordentlich interessante Zusammenhänge ergeben.

Jupiter in Haus 9 wäre ein Beleg dafür, daß du an deinem Karma arbeiten solltest, indem du eine angemessene Lebensphilosophie entwickelst, indem du Wissen hinsichtlich der verschiedenen Religionen erwirbst sowie allgemein für Freiheit im Ausdruck eintrittst. Das letztere ist von besonderer Wichtigkeit, weil das 9. Haus mit Freiheit zu tun hat. Auch der Aspekt der Weisheit ist mit dieser Jupiter-Stellung betont. Du solltest dich in diesem Fall mit dem höheren Geist, mit Philosophie, Psychologie, Soziologie und anderem mehr beschäftigen und danach streben, dich weiterzubilden. Wovor du dich in acht nehmen mußt, sind Vorurteile und eine bigotte Haltung. Diese würden auf deine spirituelle Entwicklung einen äußerst schädlichen Einfluß ausüben und die Arbeit an deinem Karma behindern. Du mußt wirklich willens sein, andere Meinungen und Ideen zu akzeptieren, auch dann, wenn sie im Widerspruch zu den deinigen stehen. Geistige Offenheit sollte eine deiner auffälligsten Tugenden sein. Als Reaktion auf das 3. Haus geht es mit dieser Jupiter-Stellung um eine höhere Ebene der Kommunikation hinsichtlich der intellektuellen und spirituellen Aktivitäten. Du mußt hier anderen gegenüber auf eine Art und Weise aktiv werden, die auf die Praxis und allgemeine Verständlichkeit ausgerichtet ist.

Merkur in Haus 3 bedeutet generell, daß Kommunikation von besonderer Wichtigkeit ist. Merkur steht hier im eigenen Haus, was in Verbindung mit Saturn in 10 heißen würde, daß Karma am besten durch die merkurischen kommunikativen Fähigkeiten abgearbeitet werden kann, vielleicht im Rahmen einer Führungsposition. Zu oft haben Menschen, die eine Führungsposition bekleiden, diktatorische und autoritäre Züge entwickelt – was deine Stellung mit Merkur in 3 angeht, mußt du nun die betreffenden Qualitäten auf eine Weise zum Ausdruck bringen, die deiner Rolle angemessen ist. Wenn du tatsächlich ein Führer bist, zeigt dir diese Merkur-Stellung als Reaktion auf Haus 9, daß du die Freiheit von Meinungen und Ideen gewährleisten mußt. Mit Führerschaft geht eine Verpflichtung einher, die nicht mißachtet werden darf. Du mußt in aller Geduld dein Wissen an deine Mitmenschen weitergeben, in dem Bewußtsein, daß jeder sein eigenes Tempo hat und auf seine Weise lernt. Eine andere Eigenschaft, die du in diesem Leben entwickeln solltest, ist die der Stetigkeit und Zielgerichtetheit. Die Eigenschaften, um die es sich hier handelt, stehen im Zusammenhang damit, daß das 3. Haus den Zwillingen entspricht und von Merkur regiert wird. Respektiere die Ideen der anderen und fördere deine Mitmenschen bei ihrer Kommunikation. In der Vergangenheit hast du dazu geneigt, zu kritisch mit deiner Umgebung zu sein, und zuviel von anderen erwartet.

Merkur in 9 ist ein Anzeichen dafür, daß du dich intensiv mit den höheren Wahrheiten sowie mit dem höheren Geist auseinandersetzen und für die allgemeine Freiheit im Ausdruck eintreten solltest. Mit dieser Stellung liegt deine Aufgabe darin, eine angemessene Lebensphilosophie zu entwickeln, die auf dem Christlichen Prinzip von Harmonie und Weisheit beruht. Beschränke dies aber nicht auf den Bereich des Abstrakten, sondern bemühe dich darum, es auch im Hinblick auf das Alltägliche und Materielle zum Ausdruck zu bringen. Du mußt lernen, dich in mündlicher oder in schriftlicher Form auf dem höchstmöglichen Niveau mit anderen über die fundamentalen Wahrheiten und über den höheren Geist auseinanderzusetzen. Dein Wissen über das Abstrakte muß in die Sprache des Alltags übersetzt werden. Merkur steht für die Tatsache, daß du nur durch Erfahrungen Wissen erwerben kannst. Im wahren Sinn des Wissens liegt ein weiterer Aspekt von Merkur in Haus 9: nämlich der, daß es allen Menschen möglich sein muß, ihre Meinungen oder Gedanken zum Ausdruck zu bringen. Diese Stellung mahnt auch davor, in eine pseudo-intellektuelle Haltung zu verfallen. Oberflächliches Wissen könnte die Falle sein, in die du stürzt, wenn du andere zu blenden versuchst.

Mit Merkur im 8. Haus geht es um den verstandesmäßigen Ansatz bezüglich der höheren Wahrheiten, der Astrologie sowie der esoterischen und religiösen Lehren. Das 8. Haus ist das Haus der höheren Wahrheit und der höheren Werte. Um diese Werte verstandesmäßig zu erörtern, ist eine höhere Bewußtseinsebene notwendig. Diese kann erreicht werden, indem der Mensch sich die Praxisorientierung Merkurs zunutze macht, welcher sowohl für das höhere Bewußtsein als auch die Fähigkeit steht, dieses auf der konkreten und alltäglichen Basis zum Ausdruck zu bringen. Allerdings gibt es dabei die Tendenz, bezüglich dieser Eigenschaften auf oberflächliche Weise aktiv zu werden. Es kann nicht genug betont werden, daß diese Merkur-Stellung dem Menschen die Möglichkeit beschert, sein Selbst in Übereinstimmung mit den kosmischen Gesetzen und Prinzipien zu erfahren. Diese Stellung zeigt weiterhin, daß die Persönlichkeit die Wahrheiten, um die es hier geht, reflektieren kann. Sei aber aufmerksam gegenüber den negativen Faktoren, die in Erscheinung treten können, zum Beispiel Frustrationen oder Trugschlüsse. Merkur ermöglicht es uns, Wahrheiten von der Ebene des Abstrakten herunter in unseren Alltag zu bringen. Er steht für unsere Fähigkeit, Erfahrungen und Wissen zu objektivieren.

Saturn im 11. Haus

Diese Stellung bringt zum Ausdruck, daß wir gegenüber unseren Freunden, im gesellschaftlichen Leben und im Hinblick auf die Entwicklung unserer Beziehungen Verantwortung tragen. Das Leben selbst hat viel mit Beziehungen zu tun. Saturn in 11 ist ein Anzeichen dafür, daß es unsere Aufgabe in diesem Leben ist, etwas über den Wert von Beziehungen herauszufinden.

In positiver Stellung bedeutet Saturn hier, daß der Geborene in den früheren Leben seiner Verantwortung gegenüber den Mitmenschen gerecht geworden ist. Seine Freundschaften hatten für lange Zeit Bestand, und im Hinblick auf seine Beziehungen und das gesellschaftliche Leben war eine ernsthafte und zielgerichtete Einstellung gegeben. Das gesellschaftliche Leben, das diesem Menschen vorschwebte, hatte nichts von Müßiggang oder Flatterhaftigkeit. Diese Person zeichnete sich durch eine solide und verläßliche Haltung aus und wurde oftmals von anderen um Rat oder um Trost gebeten.

Wenn Saturn negativ aspektiert ist, läßt das bezüglich der Vergangenheit den Schluß zu, daß du Menschen mißbraucht hast und deiner Aufgabe, für andere zu sorgen, nicht gerecht geworden bist. Die Art und Weise des Mißbrauchs kannst du an dem Zeichen ablesen, welches an der Spitze des 11. Hauses steht.

Wir wollen einmal annehmen, daß sich Saturn hier im Löwen befindet. Bei dieser Stellung könnte ein dominierendes Verhalten mit wenig Rücksichtnahme für die Gefühle anderer oder mit viel

SATURN IM 11. HAUS ♄/11

Brüskheit gegeben gewesen sein. In diesem Fall hast du einfach herrschen wollen, ungeachtet der Umstände. Alles sollte so laufen, wie du es wolltest.

Mit Jungfrau an der Spitze des 11. Hauses dürfte die Tendenz bestanden haben, außerordentlich kritisch zu sein und auf eine vorurteilsbeladene Weise über andere zu urteilen. In Hinblick auf Freundschaften dürfte der Mensch keine glückliche Hand bewiesen haben.

Skorpion an der Spitze des 11. Hauses und Saturn im Skorpion zeigen, daß du zu früheren Lebzeiten sehr egoistisch oder auch rachsüchtig gewesen bist. Vielleicht hast du auch ein snobistisches Verhalten gezeigt und Menschen nach falschen Kriterien beurteilt.

Wenn die Zwillinge an der Spitze des 11. Hauses stehen, weist der negativ aspektierte Saturn auf die frühere Neigung hin, an die geistigen Fähigkeiten der Mitmenschen zu appellieren und diese vielleicht auch auszunutzen.

Der Stier an der Spitze von 11 läßt in Verbindung mit einem negativ gestellten Saturn die Vermutung zu, daß du wenig Wert auf Freundschaften oder überhaupt auf Beziehungen gelegt hast. Beziehungen bist du nur dann eingegangen, wenn du dir davon einen materiellen Vorteil versprachst. Nur der Besitz oder die Position im Leben war das, was für dich zählte. Dies könnte auch bedeutet haben, daß du dich in dem Glanz, den andere Menschen um sich verbreiteten, gesonnt hast.

Saturn in Haus 11 steht in direkter Beziehung zum 5. Haus. Vom Blickpunkt der Reinkarnation aus geht es hier eher um die Qualität der Kreativität als um Kinder, Liebesaffären und dergleichen mehr. Im Hinblick auf den Zusammenhang zu Haus 5 können wir aber die Vermutung aussprechen, daß es in deinen Beziehungen an Kreativität gemangelt hat.

Wenn Saturn im 11. Haus steht, gibt es drei Jupiter-Stellungen, die für die Abarbeitung von Karma sehr günstig sind. Jupiter in Haus 7 bedeutet eine Betonung des Partnerschaftsaspektes. Partnerschaften beziehen sich auf Geschäfte, auf die Ehe sowie auf das Leben überhaupt. Was den Beruf betrifft, bedeutet Jupiter in 7, daß du dich in Verbindung mit Saturn in 11 als vertrauenswürdiger und ehrlicher Partner präsentieren mußt, um dein Karma abzuarbeiten. Deine Partner würden sich dann sicher sein, daß du ihr Vertrauen nicht mißbrauchst. Im Hinblick auf die Ehe solltest du dich als treu-

259

er Ehemann oder als treue Ehefrau erweisen und Weisheit und
Würde im Rahmen des ehelichen Zusammenseins zum Ausdruck
bringen. Weil Jupiter auch über das Finanzielle herrscht, wäre in
diesem Fall das Moment der Verantwortung und der materiellen
Unterstützung des Partners betont. Im Hinblick auf das Leben in
seiner Gesamtheit ginge es hier um die Entwicklung einer positiven
Philosophie, welche auf dem Wir-Konzept beruht. Es ist wichtig,
daß du mit dieser Stellung Mitgefühl für andere zeigst und rücksichtsvoll handelst.

Jupiter in Haus 4 ist eine weitere gute Stellung für den Fall, daß
Saturn verletzt in 11 steht. Das 4. Haus hat neben unserer häuslichen Struktur damit zu tun, welchen Einfluß wir auf andere haben.
Jupiter hier zeigt, daß wir dafür verantwortlich sind, konstruktive
und positive Charakterzüge in unserer Persönlichkeit zum Ausdruck zu bringen. Jupiter steht in 4 im Quadrat zu Haus 1 – dem
Haus der Persönlichkeit – und im Trigon zu Haus 12, welches mit
den Eigenschaften unserer Seele zusammenhängt. Diese Kombination bringt zum Ausdruck, daß es bei der Jupiter-Stellung in 4 darum geht, die innere und die äußerliche Person zu einem Ganzen zu
integrieren, um dann andere auf eine positive Weise zu beeinflussen. In allgemeinerer Hinsicht handelt es sich darum, daß der
Mensch seine Aufmerksamkeit auf sein Zuhause richten und hier
eine angemessene Struktur schaffen sollte. Die häusliche Umgebung muß eine Widerspiegelung der reifen und weisen Lebenseinstellung des Geborenen sein.

Das natürliche Zuhause eines jeden Menschen ist seine Aura.
Die Aura ist das, was er mit sich trägt, wohin er auch geht. Wenn
wir positive Einstellungen entwickeln und unsere Emotionen und
Begierden im Zaum halten, schaffen wir damit eine Aura, die andere auf wohltätige Weise beeinflussen kann. Insofern ist es auch die
Umgebung, an der wir mit Jupiter in 4 im Hinblick auf unser Karma
arbeiten müssen.

Jupiter in Haus 1 ist in unserem Zusammenhang ebenfalls eine
günstige Stellung, weil hier das Sextil zu Haus 11 gegeben ist. Bei
Haus 1 haben wir es mit der Entwicklung der Persönlichkeit und
der Entwicklung der Bewußtheit für unser Wesen zu tun. Bewußtheit für das eigene Wesen steht in Zusammenhang mit dem Selbstbild, das du aufgrund deiner Kontakte zur Welt hast (Reaktion auf
Haus 7). Es geht hier um das «Alles» und nicht um das Ich. Wenn du

dies beherzigst, entwickelst du deine Persönlichkeit auf eine positive Weise. Was die Vergangenheit betrifft, ist davon auszugehen, daß du dich sehr selbstbezogen oder auch egoistisch gezeigt hast (Jupiter regiert über den Schützen). Jupiter in 1 bedeutet den Hinweis, daß wir über das Selbst hinauswachsen müssen. Dies ist die Botschaft, die wir der Opposition zu Haus 7 entnehmen sollen: Vom Selbst beziehungsweise vom Ich zum Wir. Alle deine Ideale, Hoffnungen und Wünsche sollten auf dem Konzept der Brüderlichkeit und der Universalität beruhen. Deine Lebenseinstellung, die – um es noch einmal zu sagen – nichts anderes als deine Beziehung zum Leben ist, sollte ein Element der Dienstbarkeit gegenüber anderen beinhalten.

Wir wollen noch eine andere Jupiter-Stellung näher untersuchen. Jupiter in Haus 8 steht im Quadrat zu Haus 11. Dies wäre ein Anzeichen dafür, daß der Mensch höhere Werte zur Entwicklung bringen sollte. Hier liegt in diesem Fall die Möglichkeit zur Expansion. Saturn steht in 11 im Quadrat zu Haus 2, welches die niederen Werte symbolisiert. Jupiter in 8 zeigt mit der Opposition zu 2 und dem Quadrat zu Saturn in 11, daß es von grundlegender Wichtigkeit ist, positive und konstruktive Werte zum Ausdruck zu bringen. Pluto ist die höhere Oktave des Skorpions, und der Skorpion wiederum herrscht über das 8. Haus. Wenn wir das erneuernde Element von Pluto innerlich zum Einsatz bringen, können wir zumindest etwas von unserem Karma abtragen. Auslöschen können wir es nicht, nur mildern.

Mit der Stellung in Haus 8 steht Jupiter für den menschlichen Drang nach höheren Wahrheiten, wie sie zum Beispiel in der Metaphysik, der Astrologie, der Philosophie oder der Psychologie verkündet werden. Wenn du dich hier gemäß Jupiter zum Ausdruck bringst, heißt das, daß du die alten und ausgetretenen Wege verlassen mußt. Hier geht es um den Tod des Überlebten, des alten Selbstes und der alten Muster aus der Vergangenheit (welche von Pluto repräsentiert werden).

Merkur sagt uns, auf welche Weise wir an unserem Karma arbeiten sollten. Bei Saturn in 11 und Jupiter in einem der gerade angeführten Häuser würde Merkur in Haus 6 die Botschaft bedeuten, daß du an deinem Karma im Rahmen der Dienstbereitschaft gegenüber anderen arbeiten kannst. Es muß sich dabei nicht um einen beschränkten Personenkreis handeln – als Reaktion auf das 12.

Haus geht es um Dienstbarkeit gegenüber der Menschheit insgesamt. Aufgrund des Zusammenhangs zu Haus 12 solltest du in deinem Umgang mit den Mitmenschen Einfühlungsvermögen und Verständnis zum Ausdruck bringen. Wichtig ist vor allem, daß du von einer spirituellen Motivation aus tätig wirst.

In allgemeiner Hinsicht steht Merkur in 6 für die Kommunikation mit Mitarbeitern und Untergebenen sowie mit der Öffentlichkeit in ihrer Gesamtheit. Es könnte zum Beispiel sein, daß du mit dieser Planetenstellung ein Lehrer bist. In diesem Fall müßtest du dir deiner Verantwortung bewußt sein und darauf achten, dein Wissen auf eine praxisbezogene Weise zu vermitteln und Offenheit und Vertrauen lehren. Auf der höheren Oktave wird Wissen zu Weisheit – deine Schüler sollten erkennen, daß Wissen nichts anderes als ein Werkzeug ist, mit dem sie der Menschheit dienen können. Dies ist wichtiger, als Kenntnisse aus egoistischen Motiven für den persönlichen Erfolg einzusetzen.

Ein anderes Beispiel wäre in diesem Fall der Verkäufer. Bei diesem Beruf kommt es darauf an, ohne Oberflächlichkeit und Falschheit der Menschheit zu Diensten zu sein. Für den Verkäufer ergeben sich die verschiedensten Kontakte mit Menschen in den verschiedensten Gemütsverfassungen, und die Zurschaustellung von Dienstbereitschaft und Aufrichtigkeit könnte zur Nachahmung anspornen. Auf der esoterischen Ebene steht Merkur für das Ideal der Selbst-Identifikation. Hier könntest du jemand sein, der sich im Kontakt zu anderen findet beziehungsweise durch seine Eigenschaft der Dienstbarkeit und Hilfsbereitschaft für die Bedürfnisse der Mitmenschen. Es wäre denkbar, daß sich dies im Rahmen der Arbeit für eine Institution ergibt.

Merkur in Haus 9 bei Saturn in 11 zeigt, daß hinsichtlich der Arbeit am Karma der Geist im Brennpunkt steht. Die Entwicklung des Geistes und geistige Anregung müssen sich auf einem hohen Niveau abspielen, auf das Leben aber auf praktische und konkrete Art angewendet werden. Das bedeutet auch, daß die Suche nach Wahrheit nicht aus einer bloßen intellektuellen Neugier geschehen soll. Wissenserwerb um seiner selbst willen ist hier nicht genug.

Das 9. Haus ist auch das Haus der Freiheit. Merkur bedeutet Ausdruck, so daß es hier um die Freiheit des Ausdrucks geht, nicht nur hinsichtlich der eigenen Person, sondern für alle. Merkur in 9 zeigt, daß du nicht nur auf deine Meinung bezogen sein darfst. Du mußt die Größe haben, auch andere Ideen und Einstellungen gelten zu lassen. Ob sich die Suche nach Wahrheit nun vorwiegend auf philosophischem, psychologischem oder religiösem Gebiet vollzieht, ist dabei nebensächlich. Die wichtigste Lektion besteht darin, das höhere Wissen auf den konkreten und praktischen Ausdruck zu reduzieren, der dessen Einsatz im alltäglichen Leben möglich macht. Es wäre hier interessant zu analysieren, wofür das Haus steht, in dem sich Mars befindet, aus dem Grund, daß Mars in esoterischer Hinsicht zeigt, wo wir die Dinge in unserem Alltag zum Ausdruck bringen. Die abstrakteren und höheren Gedanken werden mit Merkur auf eine Weise umgeformt, daß sie in unserem Alltag zum Ausdruck kommen können. Wenn wir aber sehen wollen, in welchem Lebensbereich sie sich hauptsächlich manifestieren, müssen wir untersuchen, in welchem Haus Mars steht.

Das 9. Haus symbolisiert das Christliche Prinzip. Wenn sich Merkur in diesem Haus befindet, heißt das, daß du dich gemäß diesem Prinzip darstellen mußt. Das Christliche Prinzip herrscht über den zweiten Strahl, welches der Strahl der Liebe und Weisheit ist. Die Erde befindet sich im Augenblick in dem Entwicklungsstadium der sieben Phasen, die diesem Strahl entspricht. In anderen Worten: Sie lernt gerade die Lektion des zweiten Strahles.

Um zu analysieren, was Merkur in Haus 12 bedeutet, möchte ich noch einmal an die Ausführungen zu Haus 6 erinnern. Auch hier ist die Opposition von Bedeutung (wobei es nicht notwendig ist, daß sich vom Aspekt her die genaue Opposition ergibt). Es handelt sich in diesem Fall um die Themen Allgemeinheit und Dienstbarkeit im Rahmen von institutioneller Arbeit.

Bei Merkur in Haus 10 geht es um viel mehr als um Autorität, Ehre und Ruhm. Diese Stellung bezieht sich auf deinen Beruf, und als Reaktion auf das 4. Haus steht hier die Frage im Blickpunkt, welchen Einfluß du auf andere hast. Merkur in 10 läßt erkennen, daß du dich durch deinen Beruf oder deine berufliche Laufbahn zum Ausdruck bringst. Merkur ist der Planet der Selbst-Identifikation. Durch deinen Beruf und dadurch, daß du dir in dir selbst ein Bild deines Wesens gemacht hast, kannst du andere auf eine positive Art und Weise beeinflussen.

Bei Merkur in 10 haben wir es mit dem 4. Quadranten des Horoskops zu tun. Das heißt, daß du dein Selbstbild mit dem Prinzip der Einheit in Übereinstimmung bringen mußt. Du stehst an der

Schwelle, und du solltest damit beginnen, dein Wissen nach außen hin deutlich zu machen. Sei zu jeder Zeit und an jedem Ort ein Beispiel, für alle Menschen.

Mit Merkur in Haus 1 geht es um die Ausbildung des Ich-Konzeptes und der Persönlichkeit. Das 1. Haus zeigt, wie die Welt dich sieht. Um dein Karma abzuarbeiten, mußt du dich auf eine angemessene Art entwickeln. Dies ist die Voraussetzung, um dich mit deinen Mitmenschen und dem Leben überhaupt zu verbinden. Eine neurotische Persönlichkeit kann hier kein Vorbild sein – aus dem Grund, daß der Neurotiker nicht mit dem Leben in Verbindung steht. Um dein Karma abzuarbeiten, muß du alle neurotischen Züge ausmerzen.

Auf der esoterischen Ebene symbolisiert Merkur das menschliche Bedürfnis, das eigene Wesen zu erkennen: Zu wissen, wer du bist, warum du bist und was du tun sollst. Dies verlangt Geduld, geistige Aufmerksamkeit, Unterscheidungsvermögen und den Willen zur Dienstbarkeit. Ideale müssen praktisch anwendbar sein. Dies ist keine Kritik am Idealismus, sondern nur die Warnung vor Illusionen. Ein praktisch nutzbarer Idealismus wäre derjenige, der die Realität des eigenen Wesens und die Realität des Lebens berücksichtigt. Mit Merkur in 1 ist davon auszugehen, daß du dies in der Vergangenheit nicht getan hast.

Für den Fall, daß sich die Dreiheit von Saturn, Jupiter und Merkur in einem Haus ereignet, ist alles, was dieses Haus betrifft, von außerordentlich großer Wichtigkeit.

Saturn in Haus 11 in einem Spannungsaspekt zu Haus 2 bedeutet eine starke Betonung des Materiellen aufgrund der Tatsache, daß Saturn der Planet der Materie beziehungsweise der stofflichen Welt ist und für Schwere und Dichte steht. Das Quadrat würde hier zum Ausdruck bringen, daß du für alles, was über den Erwerb von materiellen Besitztümern hinausging, kein Verständnis hattest. Du wolltest Geld um des Geldes willen und nicht deshalb, weil es bei diesem oder jenem helfen kann.

Laß uns nun annehmen, daß ein Trigon zu Haus 7 vorhanden ist. Dies würde anzeigen, daß im Zusammenhang mit Partnerschaften beziehungsweise der Ehe günstige Umstände gegeben sind. Die Ehe könnte dir möglicherweise dabei helfen, bessere Wertvorstellungen zu entwickeln. Deine Partnerschaft mit dem Leben bedeutet für dich die Möglichkeit, harmonische Energien zu empfangen und das negative Karma zumindest abzuschwächen.

SATURN IM 12. HAUS

Saturn in 12 bedeutet eine doppelte Betonung des karmischen Faktors, weil nicht nur das 12. Haus, sondern auch Saturn für Karma steht. Dieses Haus symbolisiert weiterhin die seelischen Eigenschaften sowie die unterbewußten Ebenen des Lebens. Ein gut gestellter Saturn in 12 zeigt, daß in dieses Leben ein gutes Karma mitgebracht worden ist, in Verbindung mit der Entwicklung positiver seelischer Eigenschaften zu früheren Lebzeiten. Es ist ein Anzeichen dafür, daß du dem Wir-Prinzip gemäß gehandelt hast und es zur Entwicklung brachtest. Weiterhin läßt diese Stellung erkennen, daß du ein verläßlicher, verantwortungsbewußter und spirituell ausgerichteter Mensch warst. Mit dem Trigon zu Haus 8 ist verbunden, daß du in der Vergangenheit deine seelischen Qualitäten im Rahmen der Auseinandersetzung mit den Lehren der höheren Wahrheit weiterentwickelt hast. Dies geschah möglicherweise auf den Gebieten der Metaphysik und des Okkulten.

Der Herrscher des 12. Hauses ist Neptun, welcher seinerseits über die Fische herrscht. Diese beiden Faktoren haben mit der spirituellen Initiation zu tun. Ein gut gestellter Saturn in Haus 12 ist ein Indiz dafür, daß du in diesem Leben eine wichtige spirituelle Initiation erleben könntest. Ob es dazu kommt, hängt davon ab, ob du der Menschheit mit ganzem Herzen zu dienen bereit bist und Verständnis für alle Wesensformen des Lebens aufbringst. Ein Bewußtsein für das Göttliche oder das Kosmische sollte das Endresultat dieses Lebens sein. Allerdings muß in diesem Zusammenhang vor einer Sache gewarnt werden. Oftmals ist es so, daß wir an unseren positiven Aspekten nicht weiterarbeiten, aus dem Grund, daß alles von allein läuft und wir die Dinge als gegeben hinnehmen. Es ist hier also nicht unbedingt von einem Mißbrauch zu sprechen, sondern eher von einer Mißachtung. Wenn du tatsächlich in deinem Leben die Angelegenheiten vernachlässigst, die mit Saturn in 12 zusammenhängen, wirst du in deinem nächsten Leben Saturn im gleichen Zeichen wie jetzt haben. Allerdings wird das Zeichen dann eingeschlossen sein.

Wenn Saturn in 12 verletzt ist, steht das für den Mißbrauch von seelischen Qualitäten oder für die Unfähigkeit, selbstlos zu dienen. In diesem Fall hast du in der Vergangenheit anderen nur deshalb geholfen, um dich selbst größer zu machen oder um Wohlwollen von deinen Mitmenschen zu erhalten. Die Hilfe um ihrer selbst willen war dir gleichgültig. Es bestanden zu früheren Lebzeiten viele Gelegenheiten, die seelischen Qualitäten zu entwickeln, welche du allesamt nicht genutzt hast. Diese Stellung ist weiterhin ein Beleg dafür, daß du hinsichtlich einer spirituellen Initiation versagt hast. Auch dies resultierte aus der Weigerung, anderen gegenüber Dienstbereitschaft zum Ausdruck zu bringen. Möglicherweise hat dabei ein Mangel an Mitgefühl und Verständnis für die Mitmenschen eine Rolle gespielt. Als Reaktion auf Haus 6 kommt hier zum Ausdruck, daß der Geborene den Forderungen des Ich-Konzeptes nicht gerechtgeworden ist und sich nicht mit der Menschheit identifiziert hat. In negativer Aspektierung ist diese Stellung ein Hinweis darauf, daß die Lehren der Höheren Wahrheiten abgelehnt oder aber mißbraucht worden sind, was eine Pervertierung des zugrundeliegenden religiösen Konzeptes bedeutete.

Eine gute Stellung ist hier Jupiter im 11. Haus. Dies wäre ein Anzeichen dafür, daß du an deinem Karma arbeiten kannst, indem du dich darum bemühst, bessere Verbindungen zu anderen herzustellen. Diese Stellung würde die Expansion des Selbstes und der Persönlichkeit nahelegen, mit dem Resultat, daß für den Menschen seine Seele wichtiger ist als sein Ego.

Jupiter regiert das 9. Haus, welches mit Philosophie, Religion, Psychologie, der Suche nach Wahrheit und dem Christlichen Prinzip zu tun hat. Als Reaktion auf Haus 5 bedeutet Jupiter in 11, daß du auf eine kreative Weise nach einer Lebensphilosophie und der Wahrheit suchen mußt. Das, was du bei deiner Suche herausfindest, mußt du dann anderen mitteilen. Möglicherweise kommt es hier bei der Arbeit am Karma aufgrund von Vorurteilen und Voreingenommenheit zu störenden Einflüssen. Du mußt an der Entwicklung deiner seelischen Eigenschaften arbeiten, um auf andere einen wohltätigen Einfluß ausüben zu können. Wenn du dies tust – und damit gewissermaßen als Laienpriester wirkst –, werden dir Anerkennung und Ehre gewiß sein.

Mit deiner Jupiter-Stellung bist du ein Instrument, welches anderen helfen kann, ihre Aufgabe und ihre Bedeutung im Leben zu entdecken. Die meisten Leute haben hierzu keine Vorstellung. Es gibt nur wenige Menschen, die wissen, was das Leben bedeutet, oder die sogar eine Idee dazu haben, was sie selbst tun sollten. Wenn Jupiter in Haus 4 steht und Saturn in 12, könntest du diese beraten. Zunächst aber wäre es notwendig, daß du selbst Spiritualität und seelische Qualitäten zum Ausdruck bringst, damit sich andere an dir ein Beispiel nehmen können. Du solltest dich dabei aber nicht lauthals als jemand darstellen, der die Lösung aller Probleme weiß. Es geht vielmehr darum, daß du in aller Ruhe dein Werk verrichtest und deine Energie nicht durch eine prahlerische Selbstdarstellung verschwendest. Es ist nicht erstrebenswert, einer von diesen selbsternannten Gurus zu sein, von denen es heutzutage nur so wimmelt.

Jupiter ist in 9 stärker als in jedem anderen Haus des Horoskops gestellt, weil er über dieses herrscht. Diese Stellung bedeutet die Betonung des Aspektes der Philosophie, der Psychologie, des höheren Geistes und des höheren Selbstes. Das höhere Selbst ist hier von besonderer Wichtigkeit, weil es in Verbindung mit unserer Seele steht. Es handelt sich in dieser Beziehung um das Göttliche in uns selbst, ein Aspekt, der in der religiösen Literatur sehr betont wird. Wie dem auch sein mag: all das Angeführte hängt mit Saturn in 12 und der Entwicklung unserer Seele zusammen. Die Art und Weise, wie wir unserer Seele Ausdruck verleihen, ist mit Jupiter in 9 von besonderer Wichtigkeit. Die Gefahren, die mit dieser Stellung einhergehen, sind übermäßige Selbstbezogenheit und Voreingenommenheit.

Bei einer guten Aspektierung verleiht Jupiter in 9 die Fähigkeit, andere an der Wahrheit teilhaben zu lassen – ob diese sich nun auf den Bereich der Philosophie oder der Religion bezieht. Wahrheit mit anderen zu teilen ist wichtig. Insbesondere ist es Jupiter in 9, der uns dazu befähigt, das Christliche Prinzip zum Ausdruck zu bringen und weiterzuentwickeln. Mit dieser Stellung kann der Mensch zu einem philosophischen oder religiösen Führer werden und einen tiefgreifenden Einfluß auf die Welt ausüben. Mit der Opposition zu Haus 3, welches für Kommunikation steht, bedeutet Jupiter hier das drängende Bedürfnis, sich mit anderen über die höheren Wahrheiten auszutauschen, wobei es sein kann, daß die lokale Basis dabei überschritten wird. Dieser Mensch muß über das hinausgehen, was sein Leben ausmacht.

Jupiter im 2. Haus zeigt in Verbindung mit Saturn in 12, daß du die Existenz seelischer Werte anerkennen und diese weiterentwickeln mußt. Mit dieser Stellung mußt du zwischen wahren und falschen Realitäten des Lebens zu unterscheiden lernen. Wichtig ist dabei, daß du dir der Bedeutung des Physischen oder Materiellen in der Entwicklungsspirale, die jeder Mensch mitmacht, bewußt wirst. Zugleich aber geht es um die Erkenntnis, daß die Entwicklung des Materiellen auf der Entwicklung der Seele beruht. Jupiter in dieser Stellung gibt dir die Möglichkeit, zwischen wichtigen und unwichtigen Werten und Realitäten zu unterscheiden. Entscheidungen, die du hier triffst, machen deutlich, wie es um deine Lebensphilosophie bestellt ist. Sie stellen heraus, ob du nun materialistisch oder spirituell geprägt bist. Mit der Stellung in Haus 2 weist Jupiter in Reaktion auf Haus 8 darauf hin, daß all das, was eben angeführt wurde, erreicht werden kann, indem sich der Mensch mit den Lehren der höheren Wahrheit auseinandersetzt. Allerdings könnte aus Egoismus oder aus einer Art Dünkelhaftigkeit ein selbstbezogenes Verhalten resultieren oder aber der Versuch, den plutonischen Aspekt nicht auf der Ebene des Bewußtseins, sondern auf der der Masse zum Ausdruck zu bringen.

Bei Spannungsaspekten können mit dieser Jupiter-Stellung destruktive Tendenzen verbunden sein. Diese würden sich in Auflösungserscheinungen bezüglich deines Wesens äußern, die mit der Herrschaft des Stiers über das 2. Haus zusammenhängen. Geld könnte hier eine große Rolle spielen. Auf der niederen Ebene könnte es der Fall sein, daß du dich aus dem Bedürfnis nach Sicherheit heraus zu sehr um Geld kümmerst. Auf der höheren Ebene können wir erwarten, daß sich der Mensch viele Gedanken dazu macht, wie Geld anderen helfen kann. Die Lektion, auf die es hier ankommt, besteht möglicherweise darin, von materialistischen zu spirituellen Werten zu kommen.

Wenn sich Jupiter in Haus 7 befindet, ist dies in Verbindung mit Saturn in 12 eine Betonung der Südhälfte des Horoskops. In diesem Fall solltest du Anteil nehmen an den intellektuellen, kulturellen und spirituellen Aktivitäten des Lebens. Diese Stellung wäre ein Indiz dafür, daß die Entwicklung des Zwecks des 3. Quadranten beziehungsweise des Wir-Konzeptes vollendet wird, indem sich der Mensch seine Umgebung bewußt macht und Anteil an ihr nimmt. Dies würde sich darin zeigen, daß er sich selbst als integralen Bestandteil des Lebens sieht, wie es sich in der Welt manifestiert. Hier geht es, weil es sich um Haus 7 und um Haus 12 handelt, sowohl um den Anfang als auch um das Ende des Wir-Konzeptes. Wichtig ist in diesem Zusammenhang, im Hinblick auf das Leben und alles, was damit verbunden ist, die richtige Einstellung und die richtige Philosophie zu entwickeln.

Wir wollen uns jetzt die Frage stellen, was es bedeutet, wenn sowohl Saturn als auch Merkur in Haus 12 stehen. Merkur symbolisiert, wie wir unser Karma auf der konkreten Ebene abarbeiten. Mit der Stellung in 12 mußt du Techniken oder Fertigkeiten entwickeln, die es dir ermöglichen, von der praktischen Ebene zu der spirituellen zu kommen. Alles, was du sagst, tust oder denkst, sollte seinen Ausgang von der seelischen beziehungsweise der höheren Bewußtseinsebene nehmen. Aus esoterischer Sicht geht es darum, daß das mit Merkur verbundene Element der Selbst-Identifikation dich auffordert, dich mit dem Teil des Geistes zu identifizieren, der dein Wesen darstellt – was nichts anderes als deine Seele bedeutet. Mittels dieser Identifikation kannst du sowohl das innere als auch das äußere Karma integrieren und auflösen. Wir haben sowohl ein inneres als auch ein äußeres Karma. Das innere Karma bedeutet die seelischen Qualitäten beziehungsweise deinen Charakter, während das äußerliche deine Persönlichkeit repräsentiert. Im Normalfall sollten diese beiden einander entsprechen. Zu oft aber ist es so, daß der Mensch mit seiner Persönlichkeit über seinen Charakter hinwegtäuschen möchte. Wie dem auch sein mag: die Integration fördert die Ganzheitlichkeit des Selbstes, in der Persönlichkeit und Charakter miteinander in Einklang sind.

Merkur in 12 bedeutet die Möglichkeit, unser Karma zu mildern, indem wir auf uneigennützige Weise unsere seelischen Qualitäten für den Dienst an anderen einsetzen. Wenn Merkur hier mit Saturn zusammensteht, heißt das häufig, daß der Geborene für seine

Bemühungen keine Anerkennung erhält und ihm nichts anderes bleibt, als das zu akzeptieren. Es ist so, daß der Dienst selbst die Belohnung darstellen sollte. Das Wissen, richtig und gut gehandelt zu haben, muß hier genug sein, unabhängig von jeder äußerlichen Anerkennung oder Belobigung. Erforderlich ist in diesem Fall Geduld, Verständnis und die Fähigkeit zu harter Arbeit.

Das Moment der Selbst-Identifikation, welches mit Merkur verbunden ist, könnte die Erweiterung des Bewußtseins bedeuten und eine spirituelle Initiation in diesem Leben anzeigen. Allerdings handelt es sich dabei möglicherweise um eine Initiation, die nach außen hin nicht als solche zu erkennen ist. Diese sehr subtile Auswirkung könnte sich in Form von persönlichem Wachstum manifestieren und nicht in einem plötzlichen Aufgehen in einer pulsierenden Spiritualität. Falls es doch zu letzterem kommt, könnte dies vielleicht mit außersinnlichen Wahrnehmungen oder anderen ungewöhnlichen psychischen Erlebnissen verbunden sein.

Merkur in Haus 5 zeigt, daß in den Beziehungen zu anderen Kreativität zum Ausdruck gebracht werden muß. Diese Kreativität muß ihre Wurzeln in deinem spirituellen Wachstum haben und im Rahmen von seelischer Bewußtheit und Aktivität demonstriert werden. Weil es sich beim 5. Haus um die Nordhälfte des Horoskops handelt, muß das, was hiermit in Verbindung steht, seinen Niederschlag im alltäglichen Verhalten finden. Spirituelles Wachstum darf nicht als etwas Abstraktes oder als etwas aufgefaßt werden, das den Menschen nur im Inneren angeht. Es muß gerade im Gegenteil bei den alltäglichsten Dingen zum Ausdruck gebracht werden. Auch hier geht es wieder um die Identifikation des Ichs mit dem Leben, diesmal allerdings auf einer sehr praktischen Ebene.

Merkur in Haus 8 bedeutet, daß der Geborene verantwortlich dafür ist, die Wahrheiten der Metaphysik, der Astrologie und anderer verwandter Gebiete den Mitmenschen auf einer sehr konkreten Ebene mitzuteilen. Wir dürfen in diesem Zusammenhang nicht vergessen, daß Merkur auf das Praktische und Allgemeine bezogen ist. In diesem Fall beruht die Selbst-Identifikation darauf, daß sich der Mensch in einer Gruppe mit den praktischen sowie mit den höheren Wahrheiten auf eine ernsthafte Weise auseinandersetzt. Die Oberflächlichkeit, die häufig mit Merkur einhergeht, könnte sich hier sonst als Fallstrick erweisen. Diese Merkur-Stellung bedeutet vielleicht ein Interesse an Dingen, die mit dem Leben nach dem

Tode zu tun haben (aufgrund der Tatsache, daß Haus 8 mit dem Tod und allem, was damit in Verbindung steht, zusammenhängt). In diesem Fall besteht die Möglichkeit, sich auf inneren Ebenen zum Ausdruck zu bringen (Pluto als Herrscher des 8. Hauses). Die Konzentration auf das Innerliche kann gefördert werden durch den Gebrauch der transzendentalen Energie. Dabei geht es darum, die materiellen Aspekte des Lebens in höhere Werte umzuformen. Merkur in 8 kann aber auch bedeuten, daß sich der Mensch von alten Mustern hinsichtlich des Verhaltens, des Denkens, des Glaubens und des Lebens überhaupt lösen muß. All dies ist auf der esoterischen Ebene von Pluto angezeigt.

Als letztes wollen wir annehmen, daß bei Saturn in 12 Merkur in 1 stcht. Hierbei handelt es sich um den 1. Quadranten des Horoskops. Durch die Horoskop-Planeten im 1. Haus entwickeln wir das Bewußtsein unserer selbst. Diese Merkur-Stellung betont das Bedürfnis nach einem positiven Selbstbild, sowohl, was die Beziehungen zu anderen als auch die Beziehung zum Leben in seiner Gesamtheit betrifft. Nötig sind hierzu die Eigenschaften der Geduld und der Ernsthaftigkeit sowie ein gut ausgeprägtes Unterscheidungsvermögen. Wichtiger als alles andere ist aber die Bereitschaft, auf selbstlose Weise zu dienen. Merkur in 1 steht immer für eine Lehrerpersönlichkeit, gleichgültig, ob es sich dabei um den Lehrer in einer Schule oder um einen Menschen handelt, der andere etwas im Hinblick auf die alltägliche Basis des Lebens lehrt. Auf jeden Fall geht es hier darum, daß die Persönlichkeit dieses Menschen Ernsthaftigkeit und Vertrauenswürdigkeit widerspiegelt.

* * *

Der Verlag **Hier & Jetzt** beschäftigt sich ausschließlich mit «der Königin der esoterischen Wissenschaften» – der Astrologie.

Unser Interesse gilt den Autorinnen und Autoren, die den psychologischen Ansatz in der Astrologie abrunden beziehungsweise über ihn hinausgehen und auch spirituelle Elemente mit in ihre Arbeit einbeziehen. Dazu gehören:

Stephen Arroyo, Tracy Marks, Karen M. Hamaker-Zondag, Donna Cunningham, Babs Kirby & Janey Stubbs, Doris Hebel, Dane & Leyla Rudhyar, José Luis S. M. de Pablos, Alexander Ruperti, Alan Leo, Wulfing von Rohr

Unsere Bücher gibt es in jeder Buchhandlung – oder direkt beim Verlag.

Fordern Sie unseren ausführlichen Gesamtprospekt an.

Verlag Hier & Jetzt, Erzbergerstr. 10, 22765 Hamburg